유통·물류 전문 변달수 교수가 직접 강의하는
'최신 기출문제 해설 강의 3회분' 무료 제공

시험안내
유통관리사 국가자격

1 유통관리사

유통관리사는 대한상공회의소에서 시행하는 국가공인 유통관리사 자격시험에 합격하여 소비자와 생산자 간의 커뮤니케이션, 소비자 동향 파악 등 판매 현장에서 활약하는 전문가로 백화점이나 대형할인점, 대형전문점 등에서 유통실무와 유통관리, 경영지도, 판매관리, 판매계획의 수립 및 경영분석 등의 업무를 담당한다.

2 검정기준

자격명칭		검정기준
유통 관리사	1급	유통업 경영에 관한 전문적인 지식을 터득하고 경영계획의 입안과 종합적인 관리업무를 수행할 수 있는 자 및 중소유통업의 경영지도능력을 갖춘 자
	2급	유통에 관한 전문적인 지식을 터득하고 관리업무 및 중소유통업 경영지도의 보조업무 능력을 갖춘 자
	3급	유통실무에 관한 기본적인 지식과 기술을 터득하고 판매업무를 직접 수행할 수 있는 능력을 갖춘 자

3 주요업무

소비자와 생산자 간의 커뮤니케이션과 소비자의 동향을 파악한다.

유통관리사 1급	유통업체의 경영자, 지점장급으로 경영 담당
유통관리사 2급	유통업체의 매장 주임이나 감독자, 실장, 과장급으로 일선관리업무 담당
유통관리사 3급	고객을 직접 상대하는 일반판매원으로 고객응대업무 담당

4 시험정보

- **주관** : 산업통상부
- **시행처** : 대한상공회의소
- **응시자격** : 제한 없음(2 · 3급)
- **시험일정** : 2급은 연 3회 실시

5 시험과목별 문항 수 및 제한시간

등급	검정방법	시험과목	문항 수	총문항 수	제한시간	출제방법
1급	필기시험	유통경영 물류경영 상권분석 유통마케팅 유통정보	20 20 20 20 20	100	100분	객관식 5지선다
2급	필기시험	유통·물류일반관리 상권분석 유통마케팅 유통정보	25 20 25 20	90	100분	객관식 5지선다
3급	필기시험	유통상식 판매 및 고객관리	20 25	45	45분	객관식 5지선다

6 출제기준

- 상위 급수는 하위 급수의 출제범위를 포함함.
- 세부출제기준은 해당 연도에 변경될 수 있으며, 변경 시에는 시험시행일로부터 2개월 전에 별도 공지함.

7 합격결정기준

매과목 100점 만점에 과목당 40점 이상, 전 과목 평균 60점 이상(절대평가)

8 가산점수

유통산업분야에서 2년 이상 근무한 자로서 산업통상부가 지정한 연수기관에서 실시한 유통연수과정을 30시간 이상 수료한 후 2년 이내에 3급 시험에 응시한 자는 10점 가산

출제기준

제1과목 유통상식

대분류	중분류	세분류
유통의 이해	유통의 이해	유통의 기본개념과 기초 용어
		유통산업의 환경과 사회적, 경제적 역할
		도소매업의 유형과 특징
		도소매업의 발전추세
		유통업태의 유형과 특성
판매원의 자세	판매원의 자세	판매의 개념
		판매원의 자세와 마음가짐
		판매원의 역할
		판매원과 고객과의 관계
직업윤리	인간과 윤리	윤리의 개념
		윤리의 기능과 성격
	직업과 직업윤리	직업윤리의 개념과 성격
		직업윤리의 필요성과 중요성
		직업윤리의 특성
	상인과 직업윤리	상인의 지위
		상인의 윤리강령과 거래수칙
	양성평등의 이해	사회발전과 성역할의 변화
		양성평등에 대한 이해
유통관련 법규	유통산업발전법	유통산업발전법에서 규정하는 용어의 정의
		유통산업시책의 기본방향
		체인사업관련 규정
		상거래질서
	소비자기본법	소비자의 권리와 책무
		소비자단체
		소비자안전
		소비자분쟁의 해결
	청소년보호법	청소년보호법에서 규정하는 용어의 정의
		청소년유해매체물의 청소년대상 유통규제
		청소년유해업소, 유해물 및 유해행위 등의 규제

제2과목 판매 및 고객관리

대분류	중분류	세분류
매장관리	상품지식	상품의 이해
		상품분류 및 상품구성(진열)
		브랜드의 이해와 브랜드전략
		디스플레이와 상품연출
	매장의 구성	매장 레이아웃 계획 및 관리
		매장공간 계획, 관리
		매장 환경 관리
		온라인 쇼핑몰 구성 및 설계
		온라인 쇼핑몰 UI, UX
판매관리	판매와 고객서비스	고객서비스의 특징
		고객서비스의 구조와 품질
		판매의 절차와 특성
		디스플레이 기술과 응용
		상품 특성에 따른 판매전략
		고객서비스와 고객행동
		POS의 이해와 활용
		정산관리
	촉진관리	촉진관리전략의 이해
		프로모션믹스 관리 및 전략적 활용
		접객판매기술
		POP광고(구매시점 광고)
	고객만족을 위한 판매기법	고객유치와 접근
		고객욕구의 결정
		판매제시
		상품포장
		판매 마무리
		고객유지를 위한 사후관리
고객관리 /응대	고객의 이해	고객의 욕구와 심리 이해
		고객의 유형분석과 구매행동
		고객관계관리(CRM)
	고객응대	고객응대 및 접객화법
		커뮤니케이션
		전화응대 예절과 고객칭찬
		고객만족과 충성도 관리
	고객의 소리 관리	고객의 소리(VOC) 대응 및 관리
		고객불만 대응 및 관리

기출분석

제1과목 유통상식

구분	2025년 1회	2025년 2회	2025년 3회	합계	비율(%)
유통의 이해	5	6	4	15	25%
도·소매업의 이해	5	4	6	15	25%
판매원의 자세	4	3	5	12	20%
직업윤리	3	4	1	8	13%
유통관련 법규	3	3	4	10	17%
총계(문항수)	20	20	20	60	100%

제2과목 판매 및 고객관리

구분	2025년 1회	2025년 2회	2025년 3회	합계	비율(%)
매장관리	8	7	8	23	31%
판매관리	9	10	11	30	40%
고개관리와 응대	8	8	6	22	29%
총계(문항수)	25	25	25	75	100%

차례

최신 4개년 기출문제 수록

유통관리사

3급 기출문제집

2025년
기출문제

2025. 05. 03. 시행 유통관리사 3급
2025. 08. 30. 시행 유통관리사 3급
2025. 11. 22. 시행 유통관리사 3급

유통관리사 3급 기출문제

제 1 과목 유통상식(01~20)

01 제조업체의 인터넷 채널을 통한 D2C(Direct to Customer) 전략에 대한 설명으로 가장 옳지 않은 것은?

① 최대 강점은 유통 단계를 줄여 얻을 수 있는 가격 경쟁력이다.
② 거래 횟수를 줄여 거래비용을 감소시킴으로써 고객이 얻는 가치를 증진시킨다.
③ 고객과의 직접 소통으로 소비자 반응 및 시장 트렌드를 보다 빠르게 알 수 있다.
④ 유통업체에 대한 의존도를 줄여 상대적 협상력의 증가를 가져올 수 있다.
⑤ 최첨단 물류센터를 가진 거대 온라인 유통업체와의 배송 경쟁에서는 밀릴 수밖에 없다.

해설 D2C 전략의 경우 유통단계를 줄여 가격 경쟁력을 얻는 것은 맞으나, '거래 횟수를 줄인다'는 표현은 적절치 않다. 총거래 횟수를 줄이는 것은 중간상(유통업체)이 존재할 때 발생하는 효과이다.

02 특정 전문품에 대해 깊은 상품구색을 갖추고 매우 저렴한 가격으로 판매하는 할인형 대규모 전문점으로 옳은 것은?

① 팩토리 아울렛　　　　　　　② 카테고리 킬러
③ 양판점　　　　　　　　　　　④ 하이퍼마켓
⑤ 회원제 창고형 도소매점

해설 낮은 비용으로 저렴한 상품가격을 제시하고, 고객에게 제공하고자 하는 상품이나 서비스를 전문화한 소매기관인 카테고리 킬러에 대한 설명이다.

정답　01 ②　　02 ②

03 아래 글상자 내용은 소매업태의 변천과정을 설명하는 이론 중 하나이다. 가장 적합한 것은?

> 제품구색의 변화에 초점을 맞춘 소매이론으로서 제품구색이 넓은 소매업태에서 전문화된 좁은 제품구색의 소매업태로 변화되었다가 다시 넓은 제품구색의 소매업태로 변화되어 간다는 이론

① 소매아코디언이론 　　　　　　② 소매수명주기이론
③ 소매업수레바퀴가설이론 　　　④ 거래비용이론
⑤ 대리인이론

해설　소매상의 변천과정을 가격이 아니라 상품구색의 변화에 기초하여 설명하는 소매아코디언이론에 대한 설명이다.
　② **소매수명주기이론**(life cycle theory): 한 소매기관이 출현하여 사라지기까지 일반적으로 진입단계(초기 성장단계), 성장단계(발전단계), 성숙단계, 그리고 쇠퇴단계를 거친다는 이론이다.
　③ **소매업수레바퀴가설이론**: 소매기관들은 다소 '제한된 원' 안에서 변화하는데 처음에는 혁신적인 형태에서 출발하여 성장하다가 새로운 개념으로 등장한 신업태에게 그 자리를 양보하고 사라진다는 이론이다.
　④ **거래비용이론**: 거래비용이 증가하는 문제를 해결하는 방향으로 유통경로가 결정된다는 이론이다.
　⑤ **대리인이론**: 사용자의 대리인비용 최소화를 목적으로 여러 시스템이 개발되고 효율적 구조가 설계된다는 이론이다.

04 유통경로가 존재해야 하는 근거 중에서 총거래수 최소의 원칙에 대한 설명으로 가장 옳은 것은?

① 중간 단계의 유통경로를 가능한 늘려서 다양한 유통경로를 확보하는 것이 핵심이다.
② 생산자와 소비자 간의 직거래를 추구하는 주장에 대한 근거로 작용한다.
③ 유통경로가 개입됨으로 인해 전체 거래 횟수가 최소화되어 사회적으로 효율성이 달성되는 것을 설명한다.
④ 총거래수가 많을수록 시장 경쟁력이 증가하므로 가능한 많은 중간 단계를 거쳐야 한다.
⑤ 소비자의 선택권을 보장하기 위해 적절한 유통 단계를 유지하는 것이 필수적이다.

해설　① 총거래수 최소의 원칙은 다양한 유통경로를 확보하는 것이 아니라 총거래수를 감소시키는 것이 핵심이다.
　② 총거래수 최소의 원칙은 생산자와 소비자 간 직거래를 줄이고 중간 유통경로(중간상)의 필요성을 강조하는 것이다.
　④ 총거래수가 많을수록 거래비용이 증가하게 되므로 시장 경쟁력이 감소할 수 있다.
　⑤ 총거래수 최소의 원칙은 소비자의 선택권이 아닌 거래수 최소화와 효율성을 강조한다.

정답　03 ①　　04 ③

05 서비스를 제공하는 과정에서 고객의 참여를 증진시킬 수 있는 방안으로 가장 옳지 않은 것은?

① 고객이 참여한 공헌도에 따라 금전적, 시간적, 심리적 보상을 지급한다.
② 충분한 설명과 교육을 통해 고객이 자신의 역할을 효과적으로 수행할 수 있도록 한다.
③ 고객기대 관리를 위해 기업에서 제공할 수 있는 서비스의 범위를 광고나 인플루언서 등을 통해 고객에게 알린다.
④ 제품 애호도가 높은 고객에게만 참여를 권장해서 기업의 수익을 증진시킨다.
⑤ 서비스 과정에 참여하는 고객의 수준에 맞춘 과업 수준을 적절히 설정해야 한다.

> **해설** 제품 애호도가 높은 고객 등 특정 고객층에게만 참여를 제한하는 것은 판매기회손실비용을 야기할 수 있다. 신규고객의 참여를 유도하여 잠재적 충성 고객으로 전환시키는 것이 장기적인 관점에서 기업의 성장에 더 유리하다.

06 개별 소매업체가 운영하는 업태의 다양성과 업태들 사이의 전략적 조정의 정도를 기준으로 소매점의 성장 과정을 구분하기도 한다. 이런 관점에서 파악한 소매점 발전 과정의 단계별 순서로서 가장 옳은 것은?

① 싱글채널 – 멀티채널 – 옴니채널 – 크로스채널
② 싱글채널 – 옴니채널 – 멀티채널 – 크로스채널
③ 싱글채널 – 멀티채널 – 크로스채널 – 옴니채널
④ 싱글채널 – 크로스채널 – 옴니채널 – 멀티채널
⑤ 싱글채널 – 옴니태널 – 크로스채널 – 멀티채널

> **해설**
> 1. **싱글채널(single–channel)**: 오프라인 매장만 또는 온라인 쇼핑몰만 운영하는 등 하나의 채널을 통해 고객에게 제품이나 서비스를 제공하며 가장 기본적인 형태이다.
> 2. **멀티채널(multi–channel)**: 두 가지 이상의 채널을 운영하는 형태이다.
> 3. **크로스채널(cross–channel)**: 두 가지 이상의 채널을 운영하는 것은 멀티채널과 동일하지만, 채널 간 부분적 통합이 이루어지는 형태이다. 예 온라인에서 주문하고 오프라인 매장에서 픽업
> 4. **옴니채널(omni–channel)**: 채널이 통합되고 유기적으로 연결되어 고객에게 일관된 경험을 제공하는 형태이다.

정답   05 ④   06 ③

07 유통경로구성원이 수행하는 기능에 대한 설명으로 가장 옳지 않은 것은?

① 취급하는 제품을 보유하는 경우 발생하는 재고에 대한 위험을 분담한다.
② 판매하는 모든 제품에 대해 소유권을 가진다.
③ 제품의 판매를 촉진한다.
④ 시장의 정보를 제공한다.
⑤ 가격 및 기타 거래조건을 협상한다.

> **해설** 유통경로구성원이 판매하는 '모든' 제품에 대해 소유권을 가지는 것은 아니다.
> **예** 대리인과 브로커는 거래되는 제품에 대한 소유권을 보유하고 있지 않으며, 단지 제품거래를 촉진시키는 역할만을 수행한다.

08 도매상에 대한 설명으로 가장 옳지 않은 것은?

① 제조업자는 재고통제와 판매 및 촉진관리를 향상시킬 목적으로 자신 소유의 제조업자 도매상을 운영하기도 한다.
② 도매상인은 일반적으로 소매상을 상대로 거래하고 소매상에게 최대한의 종합적인 서비스를 제공한다.
③ 산업유통업자는 제조업자에게 제품을 판매하는 도매상으로 다른 유형의 도매상과 유사한 서비스를 제공한다.
④ 한정서비스 도매상은 한 가지 제품 계열 중에서 세분된 일부분만을 매우 깊이 있게 취급하는 유형의 도매상이다.
⑤ 대리인과 브로커는 거래되는 제품에 대한 소유권을 보유하고 있지 않으며 단지 제품거래를 촉진시키는 역할만을 수행한다.

> **해설** 한정서비스 도매상은 유통기능 중 소수의 기능에 전문화되어 있고 소매상 고객에게 제한된 서비스만을 제공하는 도매상이다. 즉, 한정서비스 도매상은 서비스의 범위가 좁다는 의미이지, 취급 제품의 깊이와는 관련이 없다.

정답 **07** ② **08** ④

09 소매점의 입장에서 제품 속성과 그에 맞는 유통경로에 대한 설명으로 가장 옳지 않은 것은?

① 고가의 제품은 일반적으로 짧은 유통경로를 갖는다.
② 표준화된 제품은 직접 유통경로를 사용한다.
③ 부패가능성이 있는 제품은 유통경로가 짧을수록 좋다.
④ 제품의 구매주기가 짧을수록 유통경로가 길어지는 경향이 있다.
⑤ 무게가 무겁고 부피가 큰 경우는 직접 유통경로를 사용한다.

> **해설** 표준화된 제품은 판매 노력이 많이 필요하지 않아 간접 유통경로(중간상 활용)를 사용하는 것이 일반적이다.

10 인적판매가 가지는 장점으로 가장 옳지 않은 것은?

① 인적판매를 통해 고객에 대한 정확한 정보를 수집할 수 있다.
② 고객의 태도와 행동변화에 대해 유연하고 즉각적으로 대응할 수 있다.
③ 고객 특성에 맞는 다양한 판매 촉진 수단을 사용하여 구매 가능성을 높일 수 있다.
④ 매우 저렴한 비용으로 인적판매 수단을 활용할 수 있다.
⑤ 고객과의 강한 신뢰관계를 구축할 수 있다.

> **해설** 인적판매의 경우 판매원 교육과 유지·관리 비용이 많이 들고, 촉진의 속도가 느린 단점이 있다.

11 다음 중 경청의 태도로 가장 옳은 것은?

① 고객의 시선을 막지 말고 사선으로 비켜서서 듣는다.
② 고객의 말에 방해되지 않게 반응을 최대한 자제하고 듣는다.
③ 고객의 생각보다 감정을 이해하려는 태도로 듣는다.
④ 의문이 있으면 이야기 도중 말을 가로막지 말고 말이 끝난 뒤에 묻는다.
⑤ 구체적이고 실용적인 해결책을 제시하지 못한다면 경청이라 할 수 없다.

> **해설** 경청이란 감정의 상호 교환에 있어서 고객의 방어적인 태도와 행동을 줄이게 하는 대화기법으로서, 고객에 의해서 표현된 감정을 확인하고, 그 내용을 파악하고 정의하며, 정확하게 반응하는 능력을 의미한다.
> ① 사선으로 비켜서서 듣는 것은 올바르지 못한 자세이다. 상대를 정면으로 마주하는 자세는 그와 함께 의논할 준비가 되었음을 알리는 자세이므로 정면으로 서야 한다.
> ② 상대방을 향하여 상체를 기울여 다가앉은 자세를 통해 자신이 열심히 듣고 있다는 사실을 강조하는 편이 좋다.
> ③ 고객의 생각과 감정 모두 이해하려는 태도로 듣는다.
> ⑤ 구체적이고 실용적인 해결책을 제시하지 못하더라도 고객으로부터 신뢰를 얻어 고객이 판매원에게 편안해지는 느낌과 더불어 호감을 지닐 수 있다면 경청의 순기능이라 할 수 있다.

정답 **09** ② **10** ④ **11** ④

12 다음 중 유통 관련 소비자 보호법으로 옳지 않은 것은?

① 전자상거래법

② 방문판매법

③ 약관법

④ 표시광고법

⑤ 청약철회법

해설 청약철회법은 존재하지 않는 법률이다.

13 아래 글상자의 항목들 가운데 인간의 도덕적 행위의 근거가 되는 도덕 원리나 인간의 성품을 탐구하고 이를 바탕으로 도덕적 문제의 해결과 실천 방법을 제시하는 윤리학의 대표적 분야를 모두 포함하는 내용으로 가장 옳은 것은?

> ㉠ – 기술 윤리학
> ㉡ – 규범 윤리학
> ㉢ – 메타 윤리학

① ㉠

② ㉡

③ ㉢

④ ㉠, ㉡

⑤ ㉠, ㉢

해설 ㉡ **규범 윤리학(normative ethics)**: 도덕적 행위의 정당성을 연구하여 '어떠한 행동이 도덕적으로 옳은 것인가'에 대한 문제해결과 실천방법을 제시하는 분야이다.
㉠ **기술 윤리학(descriptive ethics)**: 실제 사람들이 어떤 도덕적 신념을 가지고 행동하는지를 조사하고 설명하는 분야이다.
㉢ **메타 윤리학(meta–ethics)**: 도덕적 용어나 개념, 논리 구조를 분석하고 도덕 자체에 대한 형이상학적 질문을 다루는 분야이다.

14 유통업 종사자가 가져야 할 직업적 윤리로 가장 옳은 것은?

① 고객에게만 이익이 되도록 업무를 진행한다.

② 회사의 이익을 극대화하기 위해 고객의 불편함을 무시한다.

③ 고객이 요청한 사항은 무조건 실행한다.

④ 제품을 최대한 많이 판매하기 위해 제품 성능을 과장하여 부풀린다.

⑤ 고객의 개인 정보를 함부로 노출시키지 않는다.

정답 **12** ⑤　**13** ②　**14** ⑤

해설
① 고객과 기업 모두에게 이익이 되도록 업무를 진행한다.
② 고객의 불편함을 무시한다면 장기적으로는 기업 이미지 손상이 될 수 있으므로 옳지 않다.
③ 고객의 요청 사항이라 할지라도 불법이거나, 비윤리적인 경우 실행해서는 안 된다.
④ 제품 성능을 과장하여 부풀리는 것은 과장 광고에 해당하며, 직업윤리에 있어 부적절한 행동이다.

15 경쟁자 정보를 획득하는 다양한 방법들 중 명백하게 윤리적 문제가 되는 것은?

① 시장조사보고서
② 공개된 출판물, 재판기록, 특허기록 등
③ 판매사원의 보고
④ 경쟁사 상품의 분석
⑤ 경쟁사에 위장 취업

해설
경쟁사에 위장 취업하는 행위는 해당 경쟁사를 속이고 피해를 입히는 행위이므로 명백하게 윤리적 문제가 된다.

16 유통산업발전법 [법률 제20444호, 2024. 9. 20., 일부개정]에서 명시하고 있는 체인사업자의 경영개선 추진 내용으로 옳지 않은 것은?

① 체인점포의 시설 현대화
② 유통관리사의 고용 촉진
③ 집배송시설의 설치 및 공동물류사업의 추진
④ 체인사업자와 체인점포 간의 생산정보시스템의 구축
⑤ 체인점포에 대한 원재료·상품 또는 용역 등의 원활한 공급

해설
유통산업발전법 제16조(체인사업자의 경영개선사항 등) 제1항

체인사업자는 직영하거나 체인에 가입되어 있는 점포(이하 "체인점포"라 한다)의 경영을 개선하기 위하여 다음 각 호의 사항을 추진하여야 한다.
1. 체인점포의 시설 현대화 (선지 ①)
2. 체인점포에 대한 원재료·상품 또는 용역 등의 원활한 공급 (선지 ⑤)
3. 체인점포에 대한 점포관리·품질관리·판매촉진 등 경영활동 및 영업활동에 관한 지도
4. 체인점포 종사자에 대한 유통교육·훈련의 실시
5. 체인사업자와 체인점포 간의 유통정보시스템의 구축 (선지 ④)
6. 집배송시설의 설치 및 공동물류사업의 추진 (선지 ③)
7. 공동브랜드 또는 자기부착상표의 개발·보급
8. 유통관리사의 고용 촉진 (선지 ②)
9. 그 밖에 중소벤처기업부장관이 체인사업의 경영개선을 위하여 필요하다고 인정하는 사항

정답 15 ⑤ 16 ④

17 청소년 보호법 [법률 제19841호, 2023. 12. 26., 타법개정]에서 규정한 청소년유해매체물이 아닌 것은?

① 청소년에게 성적인 욕구를 자극하는 선정적인 것이거나 음란한 것
② 성폭력을 포함한 각종 형태의 폭력 행위와 약물의 남용을 자극하거나 미화하는 것
③ 도박과 사행심을 조장하는 등 청소년의 건전한 생활을 현저히 해칠 우려가 있는 것
④ 청소년에게 포악성이나 범죄의 충동을 일으킬 수 있는 것
⑤ 특정한 정치적 사상이나 종교적 신념을 노출시키는 것

해설 ⑤는 청소년유해매체물이 아니다.
청소년 보호법 제9조(청소년유해매체물의 심의 기준) 제1항

> 청소년보호위원회와 각 심의기관은 심의를 할 때 해당 매체물이 다음 각 호의 어느 하나에 해당하는 경우에는 청소년유해매체물로 결정하여야 한다.
> 1. 청소년에게 성적인 욕구를 자극하는 선정적인 것이거나 음란한 것 (선지 ①)
> 2. 청소년에게 포악성이나 범죄의 충동을 일으킬 수 있는 것 (선지 ④)
> 3. 성폭력을 포함한 각종 형태의 폭력 행위와 약물의 남용을 자극하거나 미화하는 것 (선지 ②)
> 4. 도박과 사행심을 조장하는 등 청소년의 건전한 생활을 현저히 해칠 우려가 있는 것 (선지 ③)
> 5. 청소년의 건전한 인격과 시민의식의 형성을 저해(沮害)하는 반사회적·비윤리적인 것
> 6. 그 밖에 청소년의 정신적·신체적 건강에 명백히 해를 끼칠 우려가 있는 것

18 다음 중 양성평등에 대한 설명으로 가장 옳지 않은 것은?

① 상대적으로 불평등을 겪는 여성의 성차별을 해소하고자 하는 것을 기본이념으로 한다.
② 여성과 남성이 동등한 참여와 대우를 받는 사회를 이루고자 하는 것이다.
③ 여성과 남성이 모든 영역에서 평등한 책임과 권리를 공유해야 한다는 것이다.
④ 성별에 따른 차별, 편견, 비하 및 폭력 없이 인권을 동등하게 보장받아야 한다.
⑤ 모든 국민은 가족과 사회 등 모든 영역에서 양성평등한 생활을 영위할 권리를 가진다.

해설 양성평등과 관련하여 「양성평등기본법」은 개인의 존엄과 인권의 존중을 바탕으로 성차별적 의식과 관행을 없애고, 여성과 남성이 동등한 참여와 대우를 받고 모든 영역에서 평등한 책임과 권리를 공유함으로써 실질적 양성평등 사회를 이루는 것을 기본이념으로 한다. 즉, 양성평등은 단순히 '여성의 성차별 해소'에만 국한되지 않는다.

정답 17 ⑤   18 ①

19 유통경로 커버리지와 관련하여 제조업자의 제품에 대한 희소성과 중간상에 대한 통제에 가장 유리한 전략은?

① 전속적 유통경로
② 단계적 유통경로
③ 선택적 유통경로
④ 순차적 유통경로
⑤ 집중적 유통경로

해설 전속적 유통경로는 소수의 중간상에게만 판매를 허용하므로 제품의 희소성을 극대화할 수 있고, 중간상의 활동을 통제할 수 있다. 따라서, 제조업자가 소수의 중간상과만 거래하는 전속적 유통경로가 가장 유리한 전략이다.

20 소매업체의 대형화와 다점포화의 결과로 가장 옳지 않은 것은?

① 제조업체의 가격 결정력 감소
② 유통업체 브랜드(PB)의 비중 증가
③ 도매상의 기능 축소와 업체 수 감소
④ 소매업체의 유통경로상의 영향력 증가
⑤ 옴니채널 기반의 소매업체 간 경쟁 감소

해설 대형화 · 다점포화 · 옴니채널화는 소비자에게 다양한 채널을 제공해 주는 것이므로 소매업체 간 경쟁을 심화시킨다.

정답 **19** ① **20** ⑤

제2과목 판매 및 고객관리(21~45)

21 다음 중 공간 효율성이 높아 슈퍼마켓에서 주로 활용하는 소매점포 레이아웃으로서 가장 옳은 것은?

① 자유형 레이아웃   ② 격자형 레이아웃
③ 창고형 레이아웃   ④ 경주로형 레이아웃
⑤ 특선품 중심 레이아웃

해설
② **격자형 레이아웃**: 통로가 일정한 격자 모양으로 설계되어 슈퍼마켓, 할인점, 편의점 등에서 주로 사용되며 가장 흔한 형태의 레이아웃이다. 판매 공간을 매우 효율적으로 활용할 수 있어 공간 효율성이 높다.
① **자유형 레이아웃**: 통로배치가 자유롭고 비대칭적이어서 고객이 매장에서 머무는 시간을 늘리고 충동구매를 유도하는 데 효과적이다. 부티크나 고급 매장에서 분위기 강조용으로 사용되며 공간 효율성은 낮다.
③ **창고형 레이아웃**: 벌크상품을 파렛트나 대형 진열대에 그대로 진열하여 창고와 같은 분위기를 연출한다. 코스트코와 같은 창고형 할인점에서 사용된다.
④ **경주로형 레이아웃**: 경주로형은 loop형이라고도 하며, 주된 통로를 중심으로 여러 매장 입구가 연결되어 있어 고객들이 여러 매장들을 손쉽게 둘러 볼 수 있도록 레이아웃된 형태의 매장을 의미한다. IKEA 같은 매장에서 사용된다.
⑤ **특선품 중심 레이아웃**: 전략적 진열 방식을 말하며, 기본 레이아웃 유형이 아니다. 예를 들어, 격자형 레이아웃 내에 특선품 구역을 만드는 것을 의미한다.

22 아래 글상자의 내용이 설명하고 있는 브랜드와 관련된 용어로 가장 옳은 것은?

- 중소 제조업체가 특정 유통업체에 브랜드 상품을 독점공급
- 제조업체와 유통업체의 브랜드를 동시에 표기
- 제조업체의 품질보장과 유통업체의 가격 경쟁력이라는 장점을 동시에 가짐

① NP(National Brand)
② PB((Private Brand)
③ NPB(National Private Brand)
④ MPB(Manufacturing Private Brand)
⑤ ODM(Original Development Manufacturing)

정답 **21** ②   **22** ④

 ① NB(National Brand): 제조업체가 자체적으로 개발하고 전국적으로 유통하는 브랜드이다.
② PB(Private Brand): 유통업체가 자체적으로 기획하고 개발하여 판매하는 브랜드이다.
③ NPB(National Private Brand): 유명 제조업체가 특정 유통업체에 상품을 독점 공급하고 상위권 브랜드 제조업체(대기업)가 중심이 된다(MPB와 NPB는 제조업체와 유통업체를 동시에 표기할 수 있다).
⑤ ODM(Original Development Manufacturing): 설계·개발 능력을 갖춘 제조업체가 유통망을 확보한 판매업체에 상품이나 재화를 공급하는 생산방식이다. 이 방식은 다양한 생산업체 선정이 가능하며, 기술개발에 따른 로열티를 기대할 수 있다.

23 다음 중 육류(肉類)의 품질저하를 막기 위한 방지책이라고 보기 어려운 것은?

① 소금 등을 이용한 염장
② 건조, 밀봉과 같은 진공포장
③ 소량화, 규격화 같은 표준화
④ 냉장 또는 냉동을 통한 저온보존
⑤ 가열, 살균, 훈연 같은 열처리

해설 소량화, 규격화와 같은 표준화는 육류의 품질저하보다는 운송, 보관, 취급, 판매 등 유통의 편의성을 높이는 방법이라 할 수 있다.

24 고객의 관점에서 제품을 지각하는 내용에 대한 설명으로 가장 옳지 않은 것은?

① 고객관점에서 제품은 편익의 묶음이라고 볼 수 있다.
② 기능적 편익은 제품이 직접적으로 제공해주는 편익이다.
③ 제품의 편익은 고객의 마음속에서 객관적으로 결정된다.
④ 심리적 편익은 제품을 구입, 소유, 사용하면서 얻는 심리적 만족감이다.
⑤ 사회적 편익은 제품을 통하여 다른 사람들에게 자신의 지위나 개성을 표현하면서 얻는 편익을 말한다.

해설 제품의 편익은 고객의 마음속에서 주관적으로 지각되므로, 고객마다 느끼는 제품의 편익은 각기 다르다.

정답 23 ③ 24 ③

25 다음 중 상품분류에 대한 설명으로 가장 옳지 않은 것은?

① 소매점의 발주, 판매, 진열, 인력운영 등 점포운영의 기본이 된다.
② 목적별 구매습관, 가격 등 상품을 식별하기 위한 기준으로 분류한다.
③ 소비자의 관여도에 따라서 편의품, 선매품, 전문품으로 분류할 수 있다.
④ KAN 상품분류코드는 대분류, 중분류, 소분류의 세 단계로 구성된다.
⑤ 보통 소매점에서는 판매, 재고, 이익관리가 용이하도록 중분류단위를 중심으로 상품분류를 실시한다.

해설 KAN 상품분류코드는 대분류, 중분류, 소분류, 세분류 네 단계로 구성이 되며, 각 단계별로 두 자리 숫자의 코드로 이루어진 체계를 가지고 있다.

26 아래 글상자의 내용이 설명하는 것으로 가장 옳은 것은?

> 고객으로 하여금 서비스적 의미와 예술의 의미를 느끼게 하면서 상품을 구매하도록 하는 통과구매비율(pass–buy ratio)을 높이려는 활동

① 콘테스트   ② 점포 내 레이아웃
③ 판매촉진   ④ 점내 발주
⑤ 디스플레이

해설 디스플레이에 대한 설명이다. 디스플레이(display)는 판매대의 설비 및 배치, 조명의 배려에 따라 상품을 배열하여 고객의 구매의욕을 자극시키기 위한 판매술을 의미한다.

27 소매점은 다양한 상품들로 구성되어 있다. 다음 중 공급업체의 특성들이 구분될 수 있게 하는 것으로 가장 옳은 것은?

① 브랜드   ② 원산지
③ 스타일   ④ 사이즈
⑤ 카테고리

해설 공급업체 브랜드별로 품질, 마케팅 전략 등에서 차별화된 특성을 가지므로 브랜드는 공급업체의 특성을 구분할 수 있는 중요한 요소이다.

정답 **25** ④   **26** ⑤   **27** ①

28 매장 혼잡성으로 인해 소비자들에게 미치는 영향으로 가장 옳지 않은 것은?

① 구매 가능성 감소　　　　② 대인 커뮤니케이션 감소
③ 점포 이미지에 영향　　　　④ 만족도 감소
⑤ 구매연기 감소

> **해설** 매장이 혼잡하면 소비자들은 '혼잡도가 감소했을 때 구매해야겠다'라는 의지가 강해져 구매연기가 증가하게 된다.

29 다음 중 전진입체 진열방식에 대한 설명으로 가장 옳지 않은 것은?

① 제품을 빠르게 인지할 수 있어 소비자의 구매선택을 도울 수 있다.
② 소비자들의 눈에 잘 띄게 되어 제품의 판매율이 높아지게 된다.
③ 적은 양의 제품을 갖고도 풍부한 진열감을 연출할 수 있다.
④ 제조일자가 오래된 제품을 앞으로 내어 진열하여 선입선출이 가능하다.
⑤ 섬 진열, 벽면 진열 모두 활용되며 일손 절감과 대량 양감 진열 등에 적합하다.

> **해설** 전진입체 진열은 매력적인 매장을 만들기 위해 적은 수량의 상품이라도 앞으로 내어 쌓는 진열을 말한다. 이 방식은 제품을 항상 앞쪽으로 당겨서 채워 넣어야 하므로 상대적으로 많은 인력과 시간이 필요한 진열방식이다. 따라서 일손이 절감된다는 내용은 적합하지 않다.

30 다음 중 POS 시스템으로부터 수집된 데이터에 대한 분석과 활용으로 가장 옳지 않은 것은?

① 매출분석: 단품별 매출분석
② 고객분석: 부문별 객단가분석
③ 시계열분석: 전월 대비 당월의 매출분석
④ 상관관계분석: 광고효과분석
⑤ 물류합리화 분석: 소스마킹분석

> **해설** POS 시스템은 판매정보관리시스템으로 단품별 정보, 매출 및 고객정보 등을 알 수 있다. 소스마킹은 제조업체가 자사 상품에 일괄적으로 바코드를 인쇄하여 붙이는 것으로서 POS 시스템으로부터 수집된 데이터에 대한 분석과 활용과는 상관이 없다.

정답　**28** ⑤　　**29** ⑤　　**30** ⑤

31 다음 중 고객 서비스품질과 유통업체 생산성 간의 관계에 관한 설명으로 가장 옳지 않은 것은?

① 고객 서비스 품질은 생산성에 긍정적인 영향을 준다.
② 가격 대비 낮은 서비스품질은 고객만족도를 낮춘다.
③ 서비스품질 개선은 생산성 향상의 필연적 결과이다.
④ 서비스품질은 경쟁차별화를 통해 생산성을 개선한다.
⑤ 서비스품질은 고객 혜택에, 생산성은 기업 비용에 초점을 맞춘다.

> **해설** 생산성 향상이 서비스품질 개선으로 이어질 수도 있지만, 서비스품질 개선에는 시스템 구축 등의 투자가 필요하므로 생산성이 향상된다고 해서 서비스품질 개선이 필연적으로 일어나는 것은 아니다.

32 다음 중 개인화 서비스에 대한 설명으로 가장 옳지 않은 것은?

① 고객의 취향 및 관심사, 구매이력을 파악해 최적의 서비스를 제공한다.
② 개인화된 서비스는 일반적으로 고객에게 더 나은 맞춤 서비스를 제공한다.
③ 개인화된 서비스는 고객에 대한 소매 상호작용의 속도와 신뢰성을 향상시킨다.
④ 표준화 서비스에 비해 서비스품질이 일관적이지 않을 수 있다.
⑤ 빅데이터 기반 초개인화 서비스를 시행하는 온라인 유통이 증가하고 있다.

> **해설** 개인화된 서비스에서 맞춤형 추천을 제공하는 등 프로세스 과정에서 상호작용 속도가 저하될 소지가 있고, 고객 데이터가 부정확한 사유 등으로 인한 잘못된 상품 추천으로 신뢰성이 감소할 우려 또한 존재한다.

33 고객접점에서의 판매원의 역할로 가장 옳지 않은 것은?

① 수요창출자의 역할
② 정보전달자의 역할
③ 상담자의 역할
④ 서비스제공자의 역할
⑤ 의사결정자의 역할

> **해설** 최종 의사결정은 고객의 역할이다.

정답   31 ③   32 ③   33 ⑤

34 마케팅 커뮤니케이션 채널과 관련하여 ATL(above the line)에 대한 설명 중 가장 옳지 않은 것은?

① ATL은 전통적인 4대 매체인 TV, 신문, 라디오, 잡지를 통해 커뮤니케이션하는 방식을 의미한다.
② 상품의 노출을 극대화할 수 있는 장점이 있다.
③ 양방향 커뮤니케이션을 수행하는 특성을 보인다.
④ 막대한 비용이 들기 때문에 고객층이 한정적인 경우에는 비효율적인 단점이 있다.
⑤ 제품의 정보를 제공하고 브랜드의 인지도를 창출하는 역할을 수행한다.

> **해설** ATL은 기업이 메시지를 전달하고 소비자는 수용하는 일방향 커뮤니케이션이다.

35 POP 광고의 효과로 가장 옳지 않은 것은?

① 고객의 관심을 끌 수 있다.
② 간단한 정보를 전달할 수 있다.
③ 브랜드 인지도를 높일 수 있다.
④ 넓은 도달 범위를 가지고 있어서 효과적이다.
⑤ 상향 판매나 교차 판매에 유용하다.

> **해설** POP 광고는 소매상의 점두나 점내를 활용하여 판촉활동을 수행하는 점내광고이므로 상대적으로 다른 광고수단에 비해 좁은 도달 범위를 가지고 있다.

36 소비자를 대상으로 하는 판매촉진 방법에 대한 설명으로 가장 옳지 않은 것은?

① 샘플제공의 일종인 시식판매는 매출향상과 신뢰성을 확보할 수 있는 방법이다.
② 제한된 기간 동안 정상가격에서 일정한 금액을 할인해주는 쿠폰을 활용할 수 있다.
③ 프리미엄은 반복적으로 구매하도록 소비자를 유도하기 위해 마련된 연속기획의 일부로 이용된다.
④ 보너스팩은 정상가격에 기존제품보다 더 많은 양의 제품을 제공하는 방법이다.
⑤ 할인판매 광고를 할 경우에는 종전 거래가격 대신 할인가격을 표기하여 할인 혜택을 쉽게 인지하도록 한다.

> **해설** 할인 시 종전 거래가격을 표기해야 소비자가 얼마만큼의 할인 혜택을 받을 수 있는지 정확히 이해하기 쉽다. 따라서 종전 거래가격을 명시하는 것이 일반적이다.

정답 34 ③ 35 ④ 36 ⑤

37 소매점에서 인적판매를 사용하기 적합한 경우로 가장 옳지 않은 것은?

① 소비재 구매자의 인지도를 높여야 할 때
② 소비재 구매자의 구매를 유발해야 할 때
③ 구매자의 선호를 확신으로 전환해야 할 때
④ 상품이 복잡해서 상세한 사용설명이 필요할 때
⑤ 소수의 대량 구매자가 대부분의 매출을 올려줄 때

해설 인지도를 높여야 하는 경우 인적판매보다는 대중매체(ATL)나 디지털 마케팅이 더 효과적이다.

38 아래 글상자에서 설명하는 관계마케팅의 실천전략으로 가장 적합한 것은?

> 기존에 이용하던 상품보다 품질이나 사이즈가 업그레이드된 상품을 판매하는 전략이다.

① 크로스셀링(cross-selling) 전략   ② 업셀링(up-selling) 전략
③ 고객활성화 전략   ④ 고객충성도 제고 전략
⑤ 고객 유지 전략

해설 소비자가 구매를 고려하고 있는 상품에 대해 고급형이나 고가의 상품을 선택하도록 하는 업셀링 전략에 대한 설명이다. 참고로, 크로스셀링은 고객이 추가적인 관련 상품을 구매하도록 유도하는 전략을 의미한다.

39 다음 중 소비자가 좀 더 많은 상품정보를 필요로 하는 경우로 가장 옳은 것은?

① 고객이 동경하는 준거집단과 연관된 제품의 경우
② 특정 제품이나 브랜드를 지속적으로 구매하는 경우
③ 시간적 제한으로 정보처리에 부담을 느끼는 경우
④ 비교 제품의 성능이 비슷해서 대안 구매의 가능성이 낮은 경우
⑤ 쇼핑 중에 마음이 흔들려 충동적으로 제품을 구매하는 경우

해설 고객이 동경하는 준거집단과 연관된 제품의 경우는 제품 자체가 개인의 정체성과 연결될 수도 있다. 이러한 제품은 고관여 제품에 해당하므로 소비자에게 많은 상품정보를 제공해주는 것이 적절하다.

정답 37 ①   38 ②   39 ①

40 고객의 욕구를 이해하기 위해 사용할 수 있는 방법으로 가장 옳지 않은 것은?

① 고객들이 소매점에 대해 소셜 네트워크에 게시하는 정보 검토
② 고객 패널 설문조사 및 고객 후기 컨테스트 실시
③ 미스터리 쇼퍼를 이용한 서비스 수준이나 매장 분위기 평가
④ 소매점 내 고객 행동 및 상호작용에 대한 직접 관찰
⑤ 고객 서비스 센터에 축적된 고객들의 불편 및 불평 분석

해설 미스터리 쇼퍼(mystery shopper)는 직원 교육, 매장 운영 서비스 품질 평가를 위해 활용되며 고객 욕구 파악과는 관련이 적다.

41 아래 글상자의 내용으로 기존고객을 유지하기 위한 CRM 실행프로세스를 바르게 나열한 것은?

> ㉠ 기존고객 니즈분석　　　　　　㉡ 기존고객 세분화
> ㉢ 기존고객 유지활동 성과평가　　㉣ 기존고객유지를 위한 가치창조
> ㉤ 기존고객유지를 위한 가치제안

① ㉠ – ㉡ – ㉢ – ㉣ – ㉤
② ㉠ – ㉤ – ㉣ – ㉡ – ㉢
③ ㉡ – ㉠ – ㉣ – ㉤ – ㉢
④ ㉡ – ㉤ – ㉠ – ㉣ – ㉢
⑤ ㉣ – ㉤ – ㉢ – ㉠ – ㉡

해설 ㉡ 기존고객 세분화(최우선 수행)
㉠ 기존고객 니즈분석(세분화 이후 수행)
㉣ 기존고객유지를 위한 가치창조(니즈분석 이후 제안 전 가치창조)
㉤ 기존고객유지를 위한 가치제안(실제 실행)
㉢ 기존고객 유지활동 성과평가(실행 이후 평가)

정답 40 ③　41 ③

42 다음 중 고객 전화응대 예절로 가장 옳지 않은 것은?

① 우선 자신의 소속과 이름을 밝히고 상대방의 용건을 확인한다.

② 상대방을 직접 보지 못하고 대화하기 때문에 오해가 발생하지 않도록 분명히 확인하고 답한다.

③ 마무리 인사를 한 후 상대방이 먼저 전화를 끊는 것을 확인하고 통화를 마무리한다.

④ 통화 중 다른 사람과 부득이하게 이야기할 경우 고객과 그 내용을 공유할 수 있도록 들리게 말한다.

⑤ 상대방이 오래 기다리게 될 경우 양해를 구하고 시간을 정해 다시 연락드릴 수 있게 한다.

해설 통화 중 다른 사람과 부득이하게 이야기할 경우 먼저 고객에게 양해를 구하고 조용히 말하는 것이 적절하다.

43 아래 글상자에서 설명하는 고객 욕구를 파악하기 위한 시장조사 방법으로 가장 적합한 것은?

> 사회자의 진행 아래 6~12명의 참여자가 주어진 주제에 대하여 토론을 하도록 함으로써 자료를 수집하는 방법

① 표적집단면접법(FGI)　　② 단어연상법

③ 문장완성법　　④ 만화완성법

⑤ 역할연기법

해설 소그룹 토론을 통해 질적 데이터를 수집하는 방법인 표적집단면접법에 대한 설명이다.

② **단어연상법**: 응답자에게 특정 단어를 제시하고 가장 먼저 떠오르는 단어나 이미지를 말하도록 하는 방법이다.

③ **문장완성법**: 응답자에게 불완전한 문장의 시작 부분을 제시하고 나머지를 완성하도록 하는 방법이다.

④ **만화완성법**: 응답자에게 만화 속 인물의 대화나 생각을 빈칸으로 제시하고 채우도록 하는 방법이다.

⑤ **역할연기법**: 응답자에게 특정 상황이나 역할극을 부여하고 그 상황에서 어떻게 행동하거나 말할지 연기하도록 하는 방법이다.

정답 42 ④　　43 ①

44 소비자 구매심리 과정에 대해 "주의 – 관심 – 열망 – 행동"의 네 가지 단계가 순차적으로 이루어지는 것으로 설명하는 이론으로 가장 옳은 것은?

① AIDAS 모델　　　　　　　　② AIDA 모델
③ 저관여 학습 위계 모델　　　④ FCB 그리드 모델
⑤ DSAVI 모델

 ② AIDA 모델: 소비자 구매심리 과정에 대해 Attention(주의) → Interest(관심) → Desire(열망/욕구) → Action(행동)의 네 가지 단계로 설명한다.
① AIDAS 모델: Attention(주의) → Interest(관심) → Desire(열망) → Action(행동) → Satisfaction(만족), AIDA 모델에 Satisfaction(만족)을 추가한 5단계 모델로, 재구매 유도를 강조한다.
③ 저관여 학습 위계 모델: 소비자가 제품에 대한 관여도(예 생필품)가 낮을 때 적용되는 모델이다. "인지 → 행동 → 태도"의 순서를 따른다.
④ FCB 그리드 모델: 소비자 구매 결정 과정을 제품의 관여도(고관여/저관여)와 '사고–감정'이라는 두 축을 기준으로 네 가지 유형으로 분류하는 모델이다.
⑤ DSAVI 모델: 인터넷 기반 구매행동 또는 온라인 소비자 행동패턴을 설명하기 위한 모델이다.

45 점포를 설계함에 있어서 고려해야 하는 사항으로 가장 옳지 않은 것은?

① 소매업체가 전략을 수행하고 강화시킬 수 있는지를 고려해야 한다.
② 고객의 구매행동을 자극할 수 있는지를 고려해야 한다.
③ 점포공간에 유연성을 제공할 수 있는지를 고려해야 한다.
④ 점포를 설계하고 외관을 유지하는 데 드는 비용을 조정할 수 있는지를 고려해야 한다.
⑤ 고객이 입장한 이후 점포에 체류하는 시간을 최대한 줄일 수 있는지를 고려해야 한다.

해설 고객이 입장한 이후 점포에 체류하는 시간을 최대한 늘릴 수 있는지를 고려해야 한다.

정답 44 ②　　45 ⑤

유통관리사 3급 기출문제

제1과목 유통상식(1~20)

01 유형재인 상품과 무형재인 서비스를 동시에 제공하는 소매업의 소비자에 대한 역할로 옳지 않은 것은?

① 쇼핑의 편의를 제공하는 역할
② 쇼핑의 장소를 제공하는 역할
③ 쇼핑의 즐거움을 제공하는 역할
④ 판매활동을 대신해 주는 역할
⑤ 상품이나 유행에 대한 정보를 제공하는 역할

해설 소매업의 경우 소비자에 대해 쇼핑편의 제공, 장소 제공, 즐거움 제공, 정보 제공 등의 기능을 한다. 판매활동을 대신해 주는 역할은 생산자 및 공급자에 대한 기능이다. 소매업자는 제조업자가 생산한 제품을 판매함으로써 생산업자나 도매업자가 각자 본연의 업무에 전념할 수 있도록 해준다.

02 중간상을 포함하지 않고 유통경로를 구성하는 중간상 배제 현상의 원인으로 가장 옳은 것은?

① 상거래의 디지털화
② 사회 전체적인 총거래 수의 최소화
③ 재고의 집중을 통한 총재고량의 감소
④ 분업을 통한 유통기능 수행의 전문화
⑤ 제조업 대비 유통업의 높은 변동비 비중

해설 상거래의 디지털화는 중간상 배제 현상의 원인이다. 나머지 선지의 경우 유통경로에서 중간상이 필요한 이유를 설명하고 있다.
② **총거래 수 최소의 원칙**: 사회 전체적인 총거래 수의 최소화
③ **집중준비의 원칙**: 재고의 집중을 통한 총재고량의 감소
④ **분원의 원리**: 분업을 통한 유통기능 수행의 전문화
⑤ **변동비우위의 원리**: 제조업 대비 유통업의 높은 변동비 비중

정답 01 ④   02 ①

03 유통경로의 기능 흐름 중 전방 기능 흐름에 대한 설명으로 가장 옳은 것은?

① 전방 기능 흐름은 소비자에서부터 시작되어 생산자 방향으로 전달되는 기능을 의미한다.

② 전방 기능 흐름의 종류에는 물적 소유, 소유권, 촉진 등이 있다.

③ 전방 기능 흐름은 제품의 이동만 해당되며 소유권이나 자금 이동과는 관련이 없다.

④ 전방 기능 흐름은 생산자와 소비자 사이에서 유통경로가 담당하는 금융 및 주문 기능을 나타낸다.

⑤ 전방 기능 흐름은 소비자와 생산자 사이의 직거래에서는 발생하지 않는다.

> **해설**
> ① 소비자에서부터 시작되어 생산자 방향으로 전달되는 기능은 후방 기능 흐름을 의미한다.
> ③ 소유권은 대표적인 전방 기능 흐름이며, 자금 이동(Payment)은 일반적으로 후방 기능 흐름을 의미한다.
> ④ 주문 기능의 경우 후방 기능 흐름이며, 금융(외상거래 등)의 경우 양방 기능 흐름으로 볼 수 있다.
> ⑤ 직거래에서도 생산자 → 소비자에게로 물적 소유, 소유권 이전 등이 발생하므로 전방 기능 흐름이 발생한다고 볼 수 있다.

04 생산자와 중간상이 결합한 수직적 유통경로시스템에 관한 설명으로 가장 옳지 않은 것은?

① 도매상후원 자발적 연쇄점은 대규모 도매상 아래 독립적인 소매상들이 계약에 의해 수직적으로 통합된 경로이다.

② 소매상 협동조합은 독립된 중소 소매상들이 도매기능을 가진 대규모 조직체를 결성한 것이다.

③ 기업형 수직적 마케팅시스템은 경로구성원들이 독립성을 유지하면서 법적인 계약에 의해 구성된 조직을 의미한다.

④ 관리형 수직적 마케팅시스템은 특정 경로선도기업에 의해 비공식적인 합의나 협의를 통해 유통경로를 통합 관리하는 방식을 의미한다.

⑤ 프랜차이즈시스템은 프랜차이즈 본부가 계약에 의해 가맹점을 모집하고 가입비나 로열티를 받아 운영하는 조직이다.

> **해설**
> 경로구성원들이 독립성을 유지하면서 법적인 계약에 의해 구성된 조직은 계약형 VMS(수직적 유통경로)에 대한 설명이다. 기업형 VMS는 한 경로구성원이 다른 경로구성원들을 법적으로 소유·관리하는 유형이다. 즉, 기업형 VMS는 소유권에 기반한 강력한 통합 시스템으로, 구성원들은 독립성을 유지하기 어렵다.

정답 **03** ② **04** ③

05 아래의 글상자에서 설명하고 있는 유통업태발전에 관한 이론으로 옳은 것은?

> • 두 개의 서로 다른 경쟁적인 소매업태가 하나의 새로운 소매업태로 합쳐지는 소매업태혁신의 합성이론이다.
> • 백화점과 할인점의 장점을 합친 할인백화점의 탄생을 설명할 수 있는 이론이다.

① 진공지대이론
② 소매차륜이론
③ 아코디언이론
④ 변증법적 이론
⑤ 소매수명주기이론

 두 개의 경쟁적인 소매상이 하나의 새로운 형태로 합하면서 혁신적인 형태로 발전한다는 변증법적 이론에 대한 설명이다.

① **진공지대이론**: 기존의 업태가 가격과 서비스 수준의 조합으로 사업 영역을 가져간다고(A, B, C) 가정할 때, 최적가격과 서비스 수준이라 여겨지는 B영역 수준으로 기존업태들(A, C)은 자연스럽게 이동하려고 노력하고, C 수준 이하와 A 수준 이상은 진공지대(Vacuum Zone)가 되고 혁신업태는 바로 이 진공지대 영역으로 들어온다는 이론이다.

② **소매차륜이론**: 소매기관들은 다소 '제한된 원' 안에서 변화하는데 처음에는 혁신적인 형태에서 출발하여 성장하다가 새로운 개념으로 등장한 신업태에게 그 자리를 양보하고 사라진다는 이론이다.

③ **아코디언이론**: 소매상의 변천과정을 가격이 아니라 상품구색의 변화에 기초(다품종 업태 → 소품종 업태 → 다품종 업태 → 소품종 업태)하여, 초기에는 다양한 상품을 취급하다가 일정 시간이 지나면 전문화된 한정 상품만을 취급하고, 좀 더 기간이 지나면 다양한 제품을 다시 취급하는 과정을 반복하여 조화를 이루면서 발전한다는 이론이다.

⑤ **소매수명주기이론**: 소매수명주기이론(Retail Life Cycle Theory)은 한 소매기관이 출현하여 사라지기까지 일반적으로 진입단계(초기 성장단계), 성장단계(발전단계), 성숙단계, 그리고 쇠퇴단계를 거친다는 이론이다.

06 아래 글상자에서 설명하는 내용으로 가장 옳은 것은?

> 소비자에게 일정한 연회비를 받고 회원인 고객에게 할인된 가격으로 정상품을 판매한다.

① 백화점
② 편의점
③ 슈퍼마켓
④ 할인점
⑤ 회원제도매클럽

 일정한 회비를 정기적으로 내는 회원들에게만 30~50%의 할인된 가격으로 정상적인 유명제품들을 판매하는 유통업태인 회원제도매클럽(MWC; Membership Wholesale Club)에 대한 설명이다.

정답 **05** ④   **06** ⑤

07 유통경로구성원이 다른 유통경로구성원의 행동에 영향을 미칠 수 있는 유통경로의 파워 중 다른 구성원에게 없는 특별한 지식이나 노하우를 가지고 있음으로써 발생하는 것으로 가장 옳은 것은?

① 강압적 파워　　　　　　　② 보상적 파워

③ 합법적 파워　　　　　　　④ 전문적 파워

⑤ 준거적 파워

 전문적 파워에 대한 설명이다.

참고 유통경로상 파워원천 사례
- **강압적 파워**: 상품공급의 지연, 대리점 보증금의 인상, 마진폭의 인하, 대금결제일의 단축, 전속적 지역권의 철회, 인접 지역에 새로운 점포의 개설, 끼워팔기, 밀어내기, 기타 보상적 파워의 철회
- **보상적 파워**: 판매지원, 영업활동 지원, 관리기법, 시장정보, 금융지원, 신용조건, 마진폭의 증대, 특별할인, 리베이트, 광고지원, 판촉물 지원, 신속한 배달, 빈번한 배달, 감사패 제공, 지역독점권 제공
- **합법적 파워**: 오랜 관습이나 상식에 따라 당연하게 인정되는 권리, 계약, 상표등록, 특허권, 프랜차이즈 협약, 기타 법률적 권리
- **전문적 파워**: 경영관리에 관한 상담과 조언, 영업사원의 전문지식, 종업원의 교육과 훈련, 상품의 진열 및 전시조언, 경영정보, 시장정보, 우수한 제품, 다양한 제품, 신제품 개발능력
- **준거적 파워**: 유명상표를 취급한다는 긍지와 보람, 유명업체 또는 관련 산업의 선도자와 거래한다는 긍지, 상호 간 목표의 공유, 상대방과의 관계지속 욕구, 상대방의 신뢰 및 결속

08 다음 중 현금거래 도매상의 특성으로 옳은 것은?

① 회전이 빠른 한정된 계열의 제품만을 판매

② 고객으로부터 주문을 접수하면 협상을 통해 가격 책정

③ 슈퍼마켓, 병원, 음식점, 호텔 등을 순회하면서 현금 판매

④ 배달원은 제품을 선반에 진열하는 역할까지 수행

⑤ 주로 석탄, 목재, 중장비 등의 산업에서 활동

 회전율이 높은 식료품, 잡화 등 한정된 계열 제품만을 판매하는 것은 현금거래 도매상의 특성이다. 현금거래 도매상(cash and carry wholesaler)은 현금지불조건으로 거래를 성사하며, 배달은 하지 않고 저렴한 가격으로 공급한다. 코스트코 홀세일 클럽이 좋은 예이다.
② 현금거래 도매상의 경우 정해진 가격으로 판매한다.
③ 트럭 도매상의 특징이다.
④ 진열 도매상의 특징이다.
⑤ 직송 도매상의 특징이다.

정답 **07** ④　　**08** ①

09 유통기능은 분업에 따라 분리되는 생산과 소비를 연결한다. 다음 중 유통기능을 발생시키는 생산과 소비의 분리로서 가장 옳지 않은 것은?

① 장소적 분리
② 시간적 분리
③ 수량적 분리
④ 소득적 분리
⑤ 소유적 분리

해설 유통기능은 생산과 소비의 장소, 시간, 수량, 소유의 분리 또는 불일치 때문에 발생하는 것이다. 유통기능은 소득의 차이나 불일치를 해소하기 위한 것이 아니다.

10 대기관리를 위한 고객의 인식관리 기법으로 가장 옳지 않은 것은?

① 서비스가 시작되었다는 느낌을 준다.
② 지루하지 않게 즐길 거리를 제공한다.
③ 예측 가능하게 예상 대기시간을 알려준다.
④ 인기 매장임을 인식할 수 있게 매장 입구에 대기하도록 한다.
⑤ 대기 중 다른 활동을 할 수 있게 모바일을 이용한 가상 대기를 활용한다.

해설 매장 입구가 아닌 별도 대기공간을 마련하여 편안하고 쾌적한 대기환경을 제공하는 것이 대기관리의 기본이다.

11 인적판매가 중요한 경우로 가장 옳지 않은 것은?

① 표준화된 제품을 판매하는 경우
② 판매하는 제품의 가치가 높을 경우
③ 잠재고객의 수가 많지 않을 경우
④ 제품이 기술적으로 복잡한 경우
⑤ 고객이 지리적으로 집중되어 있는 경우

해설 인적판매는 판매원이 직접 고객을 만나 제품을 알리고 주문을 유도하는 다양한 활동을 의미하는데 산업재의 판매에 주로 많이 사용된다. 표준화된 제품은 고객이 특별한 부가 설명 없이도 쉽게 구매하고 사용할 수 있으므로 인적판매의 비용 효율성이 낮다.

정답 09 ④　**10** ④　**11** ①

12 거래지향적 판매와 비교한 관계지향적 판매에 대한 설명으로 가장 옳은 것은?

① 듣기보다는 말하는 데 치중한다.
② 판매보다는 고객의 필요와 욕구를 이해하는 데 초점을 맞춘다.
③ 설득, 화술, 가격조건 등을 앞세워서 신규고객을 확보하고 매출을 늘리고자 한다.
④ 단기적인 매출 향상에 중점을 둔다.
⑤ 고객 관계보다는 판매에 초점을 둔다.

> **해설** 관계지향적 판매는 장기적인 고객 관계 구축과 고객의 가치 극대화에 초점을 맞추는 판매 접근 방식이다.
> ①. ③. ④. ⑤ 거래지향적 판매의 특징이다.

13 기업의 사회적 책임(CSR, Corporate Social Responsibility)에 대한 설명으로 옳지 않은 것은?

① 사회적 책임은 기업의 장기적 지속 가능성 확보 차원에서 중요하다.
② 경제적 책임은 기업의 사회적 책임 중 가장 고차원적이고 상위의 책임으로 사회가 기대하는 책임이다.
③ 윤리적 책임은 법적으로 강제되지 않지만 사회적으로 기대되는 행동을 포함한다.
④ 법적 책임은 사회로부터 요구되는 책임으로 기업을 경영하면서 정해진 법률을 준수해야 함을 의미한다.
⑤ 환경 보호, 지역 사회 기여 등은 기업의 사회적 책임활동에 포함될 수 있다.

> **해설** 기업의 사회적 책임은 고용창출, 재화공급을 넘어서 사회공헌, 친환경, 약자배려, 상생경영 등을 의미한다. 사회적 책임은 일반적으로 4단계로 나누어 설명한다.
> • 1단계(경제적 책임): 기업이 이윤을 창출하여 생존하고 성장하는 가장 기초적이고 기본적인 책임을 의미한다.
> • 2단계(법적 책임): 사회로부터 요구되는 책임으로 기업을 경영하면서 정해진 법률을 준수해야 함을 의미한다.
> • 3단계(윤리적 책임): 법적으로 강제되지 않지만 사회적으로 기대되는 행동을 포함한다.
> • 4단계(자선적 책임): 환경 보호, 지역 사회 기여 등 사회적 환원 활동을 의미한다.
> ② 경제적 책임은 사회적 책임 중 가장 기초 수준의 책임이다.

정답 **12** ② **13** ②

14 다음 중 사회구성원으로서 사회문화적 기대치를 충족시키는 성역할을 습득하는 성역할 사회화가 시작되는 시기로 가장 옳은 것은?

① 태아기

② 출생

③ 취학

④ 청소년기

⑤ 사회진출

 성역할 사회화는 출생 직후부터 시작된다. 부모가 신생아에게 성별에 따라 다른 색의 옷을 입히거나, 다른 방식으로 대하는 등 성역할 사회화가 시작된다.

15 유통산업발전법(법률 제20444호, 2024. 9. 20., 일부개정)에 의거하여 유통정보화의 촉진 및 유통부문의 전자거래기반을 넓히기 위한 유통정보화시책의 내용으로 옳지 않은 것은?

① 유통표준코드의 보급

② 유통표준전자문서의 보급

③ 판매시점 정보관리시스템의 보급

④ 유통정보 또는 유통정보시스템의 표준화 촉진

⑤ 상품의 전자적 거래를 위한 인터넷 인프라망의 보급

 유통산업발전법 제21조(유통정보화시책 등) 제1항

산업통상부장관은 유통정보화의 촉진 및 유통부문의 전자거래기반을 넓히기 위하여 다음 각 호의 사항이 포함된 유통정보화시책을 세우고 시행하여야 한다.
1. 유통표준코드의 보급 (선지 ①)
2. 유통표준전자문서의 보급 (선지 ②)
3. 판매시점 정보관리시스템의 보급 (선지 ③)
4. 점포관리의 효율화를 위한 재고관리시스템·매장관리시스템 등의 보급
5. 상품의 전자적 거래를 위한 전자장터 등의 시스템의 구축 및 보급
6. 다수의 유통·물류기업 간 기업정보시스템의 연동을 위한 시스템의 구축 및 보급
7. 유통·물류의 효율적 관리를 위한 무선주파수 인식시스템의 적용 및 실용화 촉진
8. 유통정보 또는 유통정보시스템의 표준화 촉진 (선지 ④)
9. 그 밖에 유통정보화를 촉진하기 위하여 필요하다고 인정되는 사항

정답 **14** ② **15** ⑤

16 소비자기본법(법률 제20301호, 2024. 2. 13., 일부개정)에 따른 소비자의 기본적 권리로 가장 옳지 않은 것은?

① 물품등을 선택함에 있어서 필요한 지식 및 정보를 제공받을 권리
② 물품등을 사용함에 있어서 거래상대방·구입장소·가격 및 거래조건 등을 자유로이 선택할 권리
③ 물품등의 사용으로 인하여 입은 피해에 대하여 신속·공정한 절차에 따라 적절한 보상을 받을 권리
④ 안전한 구매 활동을 위해 기업의 재무정보를 열람, 요청할 수 있는 권리
⑤ 합리적인 소비생활을 위하여 필요한 교육을 받을 권리

해설 소비자기본법 제4조(소비자의 기본적 권리)

> 소비자는 다음 각 호의 기본적 권리를 가진다.
> 1. 물품 또는 용역(이하 "물품등")으로 인한 생명·신체 또는 재산에 대한 위해로부터 보호받을 권리
> 2. 물품등을 선택함에 있어서 필요한 지식 및 정보를 제공받을 권리 (선지 ①)
> 3. 물품등을 사용함에 있어서 거래상대방·구입장소·가격 및 거래조건 등을 자유로이 선택할 권리 (선지 ②)
> 4. 소비생활에 영향을 주는 국가 및 지방자치단체의 정책과 사업자의 사업활동 등에 대하여 의견을 반영시킬 권리
> 5. 물품등의 사용으로 인하여 입은 피해에 대하여 신속·공정한 절차에 따라 적절한 보상을 받을 권리 (선지 ③)
> 6. 합리적인 소비생활을 위하여 필요한 교육을 받을 권리 (선지 ⑤)
> 7. 소비자 스스로의 권익을 증진하기 위하여 단체를 조직하고 이를 통하여 활동할 수 있는 권리
> 8. 안전하고 쾌적한 소비생활 환경에서 소비할 권리

→ 선지 ④의 경우 별도로 소비자기본법상에 명시되어 있지 않다.

17 청소년 보호법(법률 제20935호, 2025. 4. 22., 일부개정)에 명시된 청소년의 출입은 가능하나 고용이 청소년에게 유해한 것으로 인정되는 청소년고용금지업소에 해당되는 것은?

① 한국마사회법에 따른 장외발매소
② 사행행위 등 규제 및 처벌 특례법에 따른 사행행위영업
③ 체육시설의 설치·이용에 관한 법률에 따른 무도학원업 및 무도장업
④ 경륜·경정법에 따른 장외매장
⑤ 회비 등을 받거나 유료로 만화를 빌려주는 만화대여업

정답 **16** ④ **17** ⑤

 청소년보호법 제2조(정의) 제5호

5. "청소년유해업소"란 청소년의 출입과 고용이 청소년에게 유해한 것으로 인정되는 다음 가목의 업소("청소년 출입·고용금지업소")와 청소년의 출입은 가능하나 고용이 청소년에게 유해한 것으로 인정되는 다음 나목의 업소("청소년고용금지업소")를 말한다. 이 경우 업소의 구분은 그 업소가 영업을 할 때 다른 법령에 따라 요구되는 허가·인가·등록·신고 등의 여부와 관계없이 실제로 이루어지고 있는 영업행위를 기준으로 한다.

  가. 청소년 출입·고용금지업소

    1) 「게임산업진흥에 관한 법률」에 따른 일반게임제공업 및 복합유통게임제공업 중 대통령령으로 정하는 것

    2) 「사행행위 등 규제 및 처벌 특례법」에 따른 사행행위영업 (선지 ②)

    3) 「식품위생법」에 따른 식품접객업 중 대통령령으로 정하는 것

    4) 「영화 및 비디오물의 진흥에 관한 법률」 제2조 제16호에 따른 비디오물감상실업·제한관람가비디오물소극장업 및 복합영상물제공업

    5) 「음악산업진흥에 관한 법률」에 따른 노래연습장업 중 대통령령으로 정하는 것

    6) 「체육시설의 설치·이용에 관한 법률」에 따른 무도학원업 및 무도장업 (선지 ③)

    7) 전기통신설비를 갖추고 불특정한 사람들 사이의 음성대화 또는 화상대화를 매개하는 것을 주된 목적으로 하는 영업. 다만, 「전기통신사업법」 등 다른 법률에 따라 통신을 매개하는 영업은 제외한다.

    8) 불특정한 사람 사이의 신체적인 접촉 또는 은밀한 부분의 노출 등 성적 행위가 이루어지거나 이와 유사한 행위가 이루어질 우려가 있는 서비스를 제공하는 영업으로서 청소년보호위원회가 결정하고 성평등가족부장관이 고시한 것

    9) 청소년유해매체물 및 청소년유해약물 등을 제작·생산·유통하는 영업 등 청소년의 출입과 고용이 청소년에게 유해하다고 인정되는 영업으로서 대통령령으로 정하는 기준에 따라 청소년보호위원회가 결정하고 성평등가족부장관이 고시한 것

    10) 「한국마사회법」 제6조 제2항에 따른 장외발매소 (선지 ①)

    11) 「경륜·경정법」 제9조 제2항에 따른 장외매장 (선지 ④)

  나. 청소년고용금지업소

    1) 「게임산업진흥에 관한 법률」에 따른 청소년게임제공업 및 인터넷컴퓨터게임시설제공업

    2) 「공중위생관리법」에 따른 숙박업, 목욕장업, 이용업 중 대통령령으로 정하는 것

    3) 「식품위생법」에 따른 식품접객업 중 대통령령으로 정하는 것

    4) 「영화 및 비디오물의 진흥에 관한 법률」에 따른 비디오물소극장업

    5) 「화학물질관리법」에 따른 유해화학물질 영업. 다만, 유해화학물질 사용과 직접 관련이 없는 영업으로서 대통령령으로 정하는 영업은 제외한다.

    6) 회비 등을 받거나 유료로 만화를 빌려 주는 만화대여업 (선지 ⑤)

    7) 청소년유해매체물 및 청소년유해약물 등을 제작·생산·유통하는 영업 등 청소년의 고용이 청소년에게 유해하다고 인정되는 영업으로서 대통령령으로 정하는 기준에 따라 청소년보호위원회가 결정하고 성평등가족부장관이 고시한 것

18 다음 중 소매업태의 유형 분류로 가장 옳지 않은 것은?

① 의류점 ② 백화점
③ 할인점 ④ 슈퍼마켓
⑤ 전자상거래

> **해설** 업태란 '어떤 방법으로 판매하고 있는가?'에 따른 분류이고, 업종이란 소매기업이 취급하는 주력상품의 총칭이다. 백화점, 할인점, 슈퍼마켓, 전자상거래 등은 업태의 분류이고, 의류점은 특정 상품(의류)을 취급하는 소매점 업종에 따른 분류이다.

19 소매판매원과 고객과의 관계에서 발생할 수 있는 윤리적 문제로 가장 옳지 않은 것은?

① 과장 광고나 허위 정보 제공
② 강매 혹은 압박 판매
③ 고객에게 중요한 정보를 숨김
④ 지키지 못할 약속을 지속적으로 제시함
⑤ 영업 비밀이나 데이터 유출

> **해설** 영업 비밀 및 데이터 유출은 소매판매원과 고객과의 관계에서 발생하는 윤리적 문제가 아닌 소매판매원과 회사 간에 발생할 수 있는 윤리적 문제로 볼 수 있다.

20 윤리적으로 상행위를 하는 방법으로 가장 옳은 것은?

① 상품의 장점만 강조하고 단점은 말하지 않는다.
② 고객이 알지 못하는 정보를 활용하여 최대의 이익을 달성한다.
③ 제품에 대한 가격을 과도하게 책정하지 않는다.
④ 고객 불만에 귀 기울이지 않고 무시한다.
⑤ 공급자로부터 납품받는 제품에 대해서는 가격을 무조건 낮춘다.

> **해설** ① 고객이 상품의 장점과 더불어 단점도 알 수 있게 한다.
> ② 이는 기만 행위의 일종이며, 고객의 무지를 악용하여 이익을 취하지 않아야 한다.
> ④ 고객과 장기적인 관계를 획득하기 위해서는 불만에 귀를 기울이고 책임지는 태도를 보여야 한다.
> ⑤ 이는 협력업체에 대한 불공정 거래 행위가 될 수 있으므로 지양한다.

정답 18 ① **19** ⑤ **20** ③

제2과목 판매 및 고객관리(21~45)

21 제품의 여러 수준 가운데, 고객의 본원적 욕구를 충족시키기 위해 제공되는 고객가치를 의미하는 수준으로서 옳은 것은?

① 확장제품
② 유형제품
③ 전문품
④ 핵심제품
⑤ 원자재와 부품

 핵심제품에 대한 설명이다.

> **참고 코틀러(P. Kotler)가 제시하는 상품의 3가지 차원**
> - **핵심제품(core product)**: 소비자가 그 상품으로부터 얻기를 원하는 편익을 의미하며 고객이 제품을 통해 얻고자 하는 근본적 혜택 또는 본원적 욕구를 충족시키는 수준을 말한다.
> - **유형제품(tangible product)**: 소비자가 상품으로부터 추구하는 편익을 구체적인 물리적 속성들의 집합으로 유형화시킨 것으로 디자인·품질·포장·브랜드 등을 의미한다.
> - **확장제품(augmented product)**: 유형상품에다 친절한 판매서비스, 품질보증기간, 기업의 브랜드, 점원의 태도 등의 속성이 부가된 것을 의미한다.

22 아래 글상자에서 설명하고 있는 제품수명주기단계로 가장 옳은 것은?

> 제품수명주기 중 해당 단계에서는 매출액 수준이 낮고 적자 상태에 있다. 제품에 대한 소비자의 인식이 부족하기 때문에 소비자의 제품 인지도 향상을 마케팅 목표로 삼는다. 또한 사용을 유도하기 위해 판매촉진을 확대하는 전략을 수행한다.

① 도입기
② 성장기
③ 성숙기
④ 반감기
⑤ 쇠퇴기

 도입기에 대한 설명이다. 도입기에서는 기본적 형태의 제품이 생산되며, 소비자가 제품정보를 가지고 있지 않고 판매가 완만하게 상승하나 제품개발비용, 광고 및 판매촉진 등의 비용이 많이 들어가 적자를 벗어나지 못하는 특징이 있다.

② **성장기**: 성장기에는 수요가 급속히 늘어난다. 이익이 발생하기 시작하고 대체로 성장기 말에 최다 이익이 실현되는 경우가 많다.

③ **성숙기**: 성숙기에는 수요의 신장이 멈추게 된다. 수요가 멈춤에 따라 생산능력은 포화상태가 되고 이익은 절정을 지나 감소하기 시작한다.

④ **반감기**: 제품수명주기를 설명할 때 사용되지 않는 용어이다.

⑤ **쇠퇴기**: 제품이 쇠퇴기에 접어들면 매출이 감소하고 이익이 매우 적어진다.

정답 21 ④　22 ①

23 특정 기업이 생산하여 판매하는 모든 제품계열과 제품 품목의 집합을 의미하는 용어로 옳은 것은?

① 선매품   ② 종속제품

③ 제품묶음   ④ 산업재 제품

⑤ 제품믹스

> **해설** 제품믹스에 대한 설명이다.
> ① **선매품(shopping goods)**: 고객이 여러 점포를 돌아다니며 상품의 가격, 특징, 신뢰성, 색채, 디자인 등을 비교하여 선택 구매하는 경향이 있다. 선매품의 종류에는 내구성 상품인 가구·기계·자동차·텔레비전·라디오·보석·의류·신발류·선물용품 등이 있다.
> ② **종속제품**: 주제품의 사용에 종속되어 사용되는 제품을 말한다(예 프린터용 잉크 등).
> ④ **산업재 제품(industrial goods)**: 기업이 제품을 생산하기 위해 직·간접적으로 필요한 재화, 원자재, 부품, 설비, 기구, 소모품 등을 말한다.

24 촉진믹스 중 광고의 목표로서 가장 옳지 않은 것은?

① 제품 구매 욕구 자극   ② 브랜드 인지도 향상

③ 제품 정보 제공   ④ 제품 구매 확신

⑤ 브랜드 선호 유도

> **해설** 광고는 구매 욕구를 자극하여 구매 행동을 유도할 수는 있으나, 소비자에게 제품 구매 확신을 직접 심을 수는 없다.

25 아래 글상자에서 설명하는 상품으로 가장 옳은 것은?

> • 고객이 가장 많이 찾는 상품으로 상시진열과 품절방지가 필요한 상품이다.
> • 진열량을 증가시켜 매출을 증대시켜야 하는 상품이다.
> • 대량 진열 또는 엔드매대에 진열하여 판매한다.

① 유인상품   ② 이익상품

③ 구색상품   ④ 중점판매상품

⑤ 로스리더상품

정답 **23** ⑤   **24** ④   **25** ④

 고객이 가장 많이 찾는 상품으로 매출 증대의 중심이 되며 가시성이 좋은 엔드매대에 진열하여 판매하는 상품은 중점판매상품이다.
① **유인상품**: 소비자를 유인하기 위해 판매가격을 대폭 할인하여 판매하는 상품이다.
② **이익상품**: 높은 마진을 얻기 위한 상품이다.
③ **구색상품(assortment goods)**: 상품 구색을 맞추기 위해 진열되는 보조적 상품이다.
⑤ **로스리더상품(loss leader)**: 미끼상품(loss leader)은 그 제품 자체로는 손실(loss)을 초래하나 다른 제품의 판매를 유도(lead)하기 때문에 로스 리더(loss leader)라고 하며, 일반적인 정상가격보다 싸게 판매하는 상품을 말한다.

26 다음 중 하나의 상품계열 내에 상품 품목의 수가 얼마나 많은지를 일컫는 용어로 옳은 것은?

① 상품믹스의 다양성
② 상품믹스의 집중화
③ 상품믹스의 폭
④ 상품믹스의 깊이
⑤ 상품믹스의 일관성

 하나의 상품계열 내에 상품 품목의 수가 얼마나 많은지를 일컫는 용어는 상품믹스의 깊이이다. ○○제약의 甲상표로 판매되는 소화제가 어린이용, 중·장년용, 노인용으로 각각 판매된다면, 품목 甲의 제품믹스의 깊이는 3이 된다.

> **참고** 상품믹스의 너비(폭)는 해당 기업이 생산·판매하는 상품계열의 수를 의미한다. 만약 ○○제약에서 소화제와 피로회복제 두 가지 계열의 제품을 생산한다면, 이 회사의 상품믹스 폭은 2가 된다.

27 점포의 혼잡성을 줄이기 위한 서비스 운영 전략으로 가장 옳지 않은 것은?

① 시설의 재배치
② 시설의 최대용량 조절
③ 고객 수 통제
④ 직원 수 조절
⑤ 매장 내 테이블 수 증대

 매장 내 테이블 수를 증대하면 더 많은 고객을 유치하게 되어 점포의 혼잡성이 증가할 수 있다.

정답 26 ④ 27 ⑤

28 아래 글상자에서 설명하는 매장의 내부 진열유형으로 가장 옳은 것은?

> 개별 카테고리별로 제품을 진열하는 것보다 하나의 전체적인 효과를 노리고 세팅되어 번들로 진열하는 것을 말한다. 예를 들어 마네킹이 의류를 비롯해서 모자와 신발까지 한꺼번에 보여주는 것을 말한다. 고객은 이를 각각 구매할 수도 있다.

① 테마별 진열 　　　　　　② 패키지 진열
③ 옷걸이 진열 　　　　　　④ 케이스 진열
⑤ 컷 케이스 진열

해설 패키지 진열은 개별 카테고리별로 제품을 진열하는 것보다 하나의 전체적인 효과를 노리고 세팅되어 번들(bundle)로 진열하는 것을 말한다.

① **테마별 진열**: 제품을 테마별로 특별한 분위기에 맞추어 진열하는 방식이다. 계절(바캉스나 스키시즌 등)이나 특별한 이벤트(발렌타인데이나 크리스마스 등)에 따라 제품을 진열한다.
③ **옷걸이 진열(hanging display)**: 옷걸이 진열은 걸어서 보여주게 되는 제품을 위한 기능적 효용을 가지고 있다. 이는 주로 의류소매업에서 이용하는데 조심스럽게 배치되어야 한다.
④ **케이스 진열**: 케이스 진열은 무겁거나 쌓을 수 있는 수많은 제품들을 진열하는 방식이다. 예전부터 레코드나 책, 스웨터 등이 이 방식으로 진열되어 왔다.
⑤ **컷 케이스 진열**: 컷 케이스는 제품을 포장된 상자 속에 그대로 넣어 둔 채로 판매하는 것이다. 슈퍼마켓이나 할인점들이 자주 이용하는 방식으로 매장 분위기를 해칠 수 있지만 진열비용이 매우 적게 든다는 장점이 있다.

29 소매업체가 매장별로 할당할 공간의 크기를 결정할 때 고려해야 할 요소로 가장 옳지 않은 것은?

① 단위 면적당 매출과 같은 할당된 공간의 생산성
② 상품의 재고회전율
③ 제품의 소비기한
④ 점포 매출에 대한 영향력
⑤ 점포나 설치물의 물리적 한계

해설 제품의 소비기한은 재고관리 측면에서 영향을 주나 공간 배분 결정에서 고려해야 할 요소로 보긴 어렵다.

정답 **28** ②　　**29** ③

30 다음 중 매장 구성에 대한 설명으로 가장 옳지 않은 것은?

① 필요한 상품이 잘 보이게 하면서 쇼핑이 편리하도록 조성한다.
② 점포의 차별적 특성이 반영되도록 구성한다.
③ 진열된 상품을 빠짐없이 돌아볼 수 있게 구성한다.
④ 신나고 재미있는 매장 환경을 제공하면 고객은 더 많은 시간과 돈을 사용한다.
⑤ 구매행동에 영향을 주는 조명, 색상, 음악, 향기 등 다양한 방법으로 분위기를 조성한다.

> **해설** 매장 구성은 매장의 콘셉트를 명확히 하여 상품에 일관된 이미지를 부여하여야 한다. 분위기가 신나고 재미있다고 해서 더 많은 돈을 쓴다는 명제는 직접적인 인과관계로 단정하기 어렵기 때문에 틀린 설명이라 볼 수 있다.

31 아래 글상자에서 설명하는 SERVQUAL의 차원으로 가장 옳은 것은?

> 서비스 품질의 평가를 위한 물리적 시설이나 장비, 직원의 복장 등과 같은 외형적인 단서를 의미한다.

① 신뢰성(Reliability) 　　② 유형성(Tangibles)
③ 확신성(Assurance) 　　④ 공감성(Empathy)
⑤ 응답성(Responsiveness)

> **해설** 유형성(tangibles)에 대한 설명이다.
> ① 신뢰성(reliability) : 약속한 서비스를 믿을 수 있고 정확하게 수행할 수 있는 능력이다.
> ③ 확신성(assurance) : 직원의 지식과 예절, 신뢰와 자신감을 전달하는 능력이다.
> ④ 공감성(empathy) : 회사가 고객에게 제공하는 개별적 배려와 관심이다.
> ⑤ 응답성(responsiveness) : 고객을 돕고 신속한 서비스를 제공하려는 자세이다.

정답 **30** ④　　**31** ②

32 모니터(monitor)제도에 대한 설명으로 가장 옳지 않은 것은?

① 일반 소비자와 동일한 구매 상황을 유지시키는 것이 필요하다.

② 매장의 서비스 개선을 주된 목적으로 한다.

③ 판매원의 친절도 등을 파악하여 판매원 평가를 위한 기초자료를 획득하는 것이 이 제도의 일차적 목표이다.

④ 고객의 불편한 점들을 사전에 예방하는 목적으로 시행하기도 한다.

⑤ 고객의 관점에서 고객접점에서의 문제점이나 개선책을 찾으려는 목적으로 시행된다.

> **해설** 모니터제도는 고객의 입장에서 매장을 방문하여 서비스 수준, 고객 응대, 불편사항 등을 평가하고 개선점을 찾는 제도이다. 모니터제도는 판매원 평가에 활용될 수는 있지만, 주 목적은 고객 만족도 향상과 서비스 개선이다.

33 다음 중 판매촉진에 대한 설명으로 가장 옳지 않은 것은?

① 샘플제공은 특히 품질이 중요한 신제품의 사용 유도에 효과적이나 비용이 많이 드는 방법이다.

② 프리미엄은 본 상품 외에 부가적인 가치를 제공함으로써 소비자가 느끼는 전체 효용을 증가시키는 방식이다.

③ 경품은 행운에 의해 특정 부상이 주어지는 촉진방법으로서, 경품 제공이 과도하면 부당한 고객유인 행위에 해당한다.

④ 보너스팩은 표적고객이 관심을 가질만한 부가상품을 정상가격보다 저렴한 가격으로 제품과 함께 포장하여 제공한다.

⑤ 가격할인을 통한 판매촉진은 즉각적인 구매를 유도한다.

> **해설** 표적고객이 관심을 가질만한 부가상품을 정상가격보다 저렴한 가격으로 제품과 함께 포장하여 제공하는 것은 프리미엄(premiums) 또는 묶음판매(bundling)에 가깝다. 보너스팩(bonus pack)은 일정한 가격에 내용물의 양을 늘려 고객으로 하여금 특매품의 기분을 느끼게 하는 기법이다. 보너스팩은 과거에 구입한 경험이 있지만 특별한 이유 없이 그 제품에 만족하지 못했던 고객에 대한 재구매를 유도하거나 이미 매력을 느끼고 있는 고객에게 만족감을 전달하기 위해 사용한다.

정답 **32** ③　　**33** ④

34 판매시점에 발생하는 정보를 즉각적으로 수집 및 처리하여 경영활동에 이용할 수 있도록 하는 시스템에 해당하는 용어로 가장 옳은 것은?

① EDI(electronic data interchange) 시스템
② POS(point of sales) 시스템
③ QR(quick response) 시스템
④ CAO(computer assisted ordering) 시스템
⑤ VMI(vendor management inventory) 시스템

해설 POS 시스템에 대한 설명이다.
① EDI(Electronic Data Interchange) 시스템: 전자문서교환 시스템이다.
③ QR(Quick Response) 시스템: 소비자의 수요 변화에 따라 재고를 최소화하면서 상품을 빠르게 공급하는 시스템이다.
④ CAO(Computer Assisted Ordering) 시스템: 컴퓨터가 과거 판매 데이터 등을 분석하여 자동으로 발주 수량을 계산하고 주문을 돕는 시스템이다.
⑤ VMI(Vendor Management Inventory) 시스템: 재고 관리와 발주를 소매상이 아닌 상품의 공급업체가 직접 관리하는 시스템이다.

35 촉진믹스를 개발할 때 고려해야 하는 요소로 가장 옳지 않은 것은?

① PR효과 측정 방식
② 제품 혹은 시장의 유형
③ 푸시 혹은 풀 전략의 적용 여부
④ 제품수명주기 단계
⑤ 구매자의 의사결정단계

해설 PR효과 측정 방식은 촉진믹스의 PR 수단이 목표를 달성한 후에 그 성과를 평가하는 방법론에 관한 것이다. 즉, 촉진믹스 개발 시 고려요소라고 보긴 어렵다.

정답 **34** ② **35** ①

36 아래 글상자에서 설명하는 서비스의 특성으로 가장 옳은 것은?

> 서비스의 생산 및 제공 과정에는 가변적 요소가 많기 때문에 한 고객에 대한 서비스가 다음 고객에 대한 서비스와 다를 가능성이 있다.

① 무형성
② 이질성
③ 소멸성
④ 비분리성
⑤ 신뢰성

해설 서비스는 개개의 고객마다 질을 달리 평가한다는 이질성(heterogeneity)에 대한 설명이다. 서비스는 어떠한 표준적인 기준이 설정되어 있지도 않고 설정할 수도 없기 때문이다.
① **무형성**(intangibility): 서비스는 실체가 없어 고객이 직접 구매하지 않고는 이를 평가하는 것이 어렵다.
③ **소멸성**(perishability): 서비스는 제공될 때 바로 사용하지 않으면 존재하지 않으므로, 재고형태로 저장할 수 없는 성질을 가지고 있다.
④ **비분리성**(inseparability): 서비스는 생산과 동시에 소비되는 특징을 가지고 있기 때문에 소비가 되면 흔적이 남아 있거나 찾을 수도 없다. 즉, 유형의 재화가 가지고 있는 저장이 불가능하다는 것이다.

37 광고매체와 관련된 설명 중 옳지 않은 것은?

① 광고도달률의 경우 다른 조건이 동일하다면 CPM이 높은 매체가 효과적이다.
② 한 사람이 동일한 광고에 노출되는 평균 횟수를 빈도라 한다.
③ 여러 개의 카피 가운데 보다 나은 것을 선택하기 위해 사전조사를 실시하는 것이 효과적이다.
④ 광고효과를 위해 상품인지율, 구매율 등을 측정한다.
⑤ 광고매체의 도달 수용자 또는 매체가 도달되는 지리적 범위를 커버리지라 한다.

해설 CPM(Cost Per Mille)은 광고가 1,000회 노출될 때마다 지불하는 비용을 의미하며, 클릭이나 전환보다 노출 자체를 중심으로 평가하는 광고 지표이다. 여타 조건이 같다면, CPM이 낮을수록 비용 효율성이 높으므로 더 효과적인 매체이다.

정답 **36** ② **37** ①

38 인적판매를 담당하는 판매원은 가망고객을 발견·평가한 후 직접 접촉하기 전에 사전접촉 (preapproach)을 실시한다. 다음 중 사전접촉 단계의 활동으로 가장 옳지 않은 것은?

① 접촉 목표의 설정
② 접촉 방법의 결정
③ 전반적인 판매 전략의 수립
④ 고객 문제에 대한 솔루션 제시
⑤ 고객전략 수립을 위한 가망고객 조사

해설 고객 문제에 대한 솔루션 제시는 사전접촉 이후 제안단계의 활동이라 볼 수 있다.

39 고객이 상품 포장을 요청할 경우에 취해야 하는 행동으로 가장 옳지 않은 것은?

① 고객의 요구사항을 반영하여 용도에 맞게 포장한다.
② 선물용의 경우 가격표를 떼어내고 포장하는 것이 원칙이다.
③ 포장 단계의 제품은 고객이 자기 소유로 생각하기에 정성을 다해 포장한다.
④ 제품의 특성과 크기를 고려하여 적절하게 포장한다.
⑤ 상품의 더럽혀진 부분이 드러나지 않고 감추어질 수 있도록 포장한다.

해설 상품에 더럽혀진 부분(오염)이 있다면 이를 감추기보다 고객에게 사실대로 알리고 교환이나 환불 등의 적절한 조치를 취해야 한다.

40 아래 글상자의 내용 가운데 구매에 불만족한 고객의 불평행동 선택에 영향을 미치는 요인을 모두 포함하여 나열한 항목으로 옳은 것은?

> ㉠ 불만족의 정도　　　　　㉡ 구매의 중요성
> ㉢ 소비자의 특성　　　　　㉣ 불평행동의 비용과 혜택
> ㉤ 불만족 원인의 추론 또는 귀인

① ㉠
② ㉠, ㉡
③ ㉠, ㉡, ㉢
④ ㉠, ㉡, ㉢, ㉣
⑤ ㉠, ㉡, ㉢, ㉣, ㉤

해설 모든 항목(㉠~㉤)이 불평행동 선택에 영향을 미치는 요인에 해당한다.

정답 **38** ④　**39** ⑤　**40** ⑤

41 소비자의 불평불만을 처리하는 고충처리에 대한 내용 중에서 가장 옳지 않은 것은?

① 불평의 주요 원인은 판매원의 설명 부족, 발송 미비, 상품 결함, 포장 파손 등이다.

② 고충을 처리하려면 비용이 발생하므로 고충처리에 따른 비용–효과분석을 우선 실시하여 고충처리 여부를 판단해야 한다.

③ 고충처리 과정은 충성고객을 확보할 수 있는 기회가 되기도 한다.

④ 고충처리를 통해 고객 회복의 기회를 얻을 수 있다.

⑤ 단순히 불평을 처리한다는 소극적 관점보다는 매출 촉진의 기회가 될 수 있다는 적극적 관점의 대처가 필요하다.

해설 고충처리는 비용을 고려하기보다는 고객 신뢰 회복과 고객과의 장기적인 관점에서의 관계유지를 위한 투자 관점으로 접근해야 한다.

42 자신의 의견을 정면으로 반박당하면 불쾌함을 느낄 수 있으므로, 고객의 말을 일단 받아들여 충격을 완화한 후에 반론을 제시하는 고객 응대법으로 옳은 것은?

① 증거제시법 　　　　　　② 이유전환법
③ 간접부정법 　　　　　　④ 직접질문법
⑤ 호기심유발법

해설 간접부정법에 대한 설명이다.
① **증거제시법**: 증거 제시를 통해 고객의 마음을 돌리는 방법이다.
② **이유전환법**: 고객이 제기한 불만이나 부정적 의견의 이유를 긍정적인 측면으로 전환하여 설명하는 방법이다.
④ **직접질문법**: 고객에게 직접 질문하여 반론의 이유를 명확히 파악하는 방법이다.
⑤ **호기심유발법**: 상품과 관련된 잘 알려진 전문가가 애용하고 있음을 들어 호기심을 유발하면서 상품 설명을 하는 방법이다.

정답 **41** ②　　**42** ③

43 아래 글상자의 괄호 안에 들어갈 내용으로 가장 옳은 것은?

> - (㉠)은(는) 구매 대안들에 대한 정보를 기억 속에서 찾는 과정이다.
> - (㉡)은(는) 구매 대안들에 대한 정보를 외부에서 찾는 과정이다.

① ㉠ 동기, ㉡ 외적 탐색
② ㉠ 외적 탐색, ㉡ 내적 탐색
③ ㉠ 내적 탐색, ㉡ 동기
④ ㉠ 동기, ㉡ 내적 탐색
⑤ ㉠ 내적 탐색, ㉡ 외적 탐색

해설 괄호 안에 들어갈 단어는 ㉠ 내적 탐색, ㉡ 외적 탐색이다.
㉠ **내적 탐색(internal search)**: 기억 속에 저장되어 있는 정보에서 의사결정에 도움이 되는 것을 끌어 내는 과정을 말한다. 내적 탐색의 결과가 만족스러우면 다음 단계로 나아가고 그렇지 않으면 외적 탐색을 하게 된다. 내적 탐색을 하여 머릿속에 떠오르는 상표들을 환기상표군(evoked set)이라고 한다.
㉡ **외적 탐색(external search)**: 기억 이외의 원천으로부터 정보를 탐색하는 활동을 말한다. 외적 탐색은 가족·친구·이웃 등 개인적인 원천을 통해서 이루어지거나, 광고·진열·포장·판매원 등 기업이 제공하는 정보를 이용하거나, 제품에 관한 정보를 제공해 주는 공적 기관을 통하여 이루어진다.

44 아래 글상자에 제시된 내용들을 소비자의 일반적인 구매의사결정과정에 맞추어 나열한 항목으로 옳은 것은?

> ㉠ 정보의 탐색 ㉡ 대안의 평가
> ㉢ 필요의 인식 ㉣ 구매 후 행동
> ㉤ 구매의사결정

① ㉠ － ㉡ － ㉢ － ㉤ － ㉣
② ㉡ － ㉠ － ㉢ － ㉤ － ㉣
③ ㉢ － ㉠ － ㉡ － ㉤ － ㉣
④ ㉤ － ㉠ － ㉡ － ㉢ － ㉣
⑤ ㉤ － ㉣ － ㉡ － ㉠ － ㉢

해설 소비자의 구매에 관한 의사결정은 보통 '㉢ 문제인식(필요인식) → ㉠ 정보탐색 → ㉡ 대안평가 → ㉤ 구매(의사)결정 및 구매 → ㉣ 구매 후 행동'의 단계를 거쳐 이루어진다.

정답 43 ⑤ 44 ③

45 일반적인 고객응대과정의 순서에 맞추어 응대 행동을 나열한 항목으로 옳은 것은?

① 접근 – 고객요구 결정 – 판매제시 – 판매결정 – 판매마무리 – 사후관리
② 접근 – 고객요구 결정 – 판매제시 – 판매마무리 – 판매결정 – 사후관리
③ 접근 – 판매제시 – 판매결정 – 고객요구 결정 – 사후관리 – 판매마무리
④ 접근 – 판매제시 – 고객요구 결정 – 판매결정 – 판매마무리 – 사후관리
⑤ 접근 – 판매제시 – 고객요구 결정 – 판매결정 – 사후관리 – 판매마무리

해설 고객응대 순서
접근 – 고객욕구 확인(고객요구 결정) – 판매제시 – 판매결정 – 판매마무리 – 사후관리

정답 **45** ①

유통관리사 3급 기출문제

제1과목 유통상식(01~20)

01 아래 글상자 괄호 안에 들어갈 내용을 순서대로 옳게 나열한 것은?

> 소매 업종은 소매상이 판매하는 (㉠)에 따른 분류방법으로 (㉡)이 그 예이다. 소매 업태는 소매점의 (㉢)에 따른 분류방법으로 주로 (㉣) 등에 의해 소매점의 업태가 결정된다.

① ㉠ 상품군, ㉡ 의류점, ㉢ 마케팅 전략, ㉣ 판매방식
② ㉠ 제품구색, ㉡ 가전점, ㉢ 차별적 상품군, ㉣ 영업시간
③ ㉠ 판매방식, ㉡ 양화점, ㉢ 고객지향성, ㉣ 가격전략
④ ㉠ 가격전략, ㉡ 정육점, ㉢ 제품 중심적 시각, ㉣ 상품군
⑤ ㉠ 영업시간, ㉡ 문구점, ㉢ 전략 지향적 시각, ㉣ 광고

해설 소매 업종은 소매상이 판매하는 상품군에 따른 분류방법으로 의류점이 그 예이다. 소매 업태는 소매점의 마케팅 전략에 따른 분류방법으로 주로 판매방식 등에 의해 소매점의 업태가 결정된다.

참고 업종은 소매상이 판매하는 상품에 따른 전통적인 분류방법이다(생산자·제품중심적 시각). 의류점, 가전제품점, 가구점, 양화점, 식품점 등이 그 예이다. 업태는 소매점의 영업전략에 따른 분류방법이다(소비자·전략지향적 시각). 백화점, 할인점, 슈퍼마켓, 카테고리 킬러, 전자상거래 등이 그 예이다.

정답 01 ①

02 유통경로의 기능으로 옳은 것을 모두 고르면?

> ㉠ 중간상의 개입으로 보다 많은 거래를 효율적으로 수행할 수 있다.
> ㉡ 구색갖추기를 통해 제조업체와 구매자 사이의 욕구 차이를 해소시켜 준다.
> ㉢ 유통경로상에서 발생하는 각종 탐색비용을 절감해 준다.
> ㉣ 제조업체를 대신해서 AS나 제품 설치 등의 기능을 수행한다.

① ㉠
② ㉠, ㉡
③ ㉠, ㉢
④ ㉡, ㉢, ㉣
⑤ ㉠, ㉡, ㉢, ㉣

해설 모두 유통경로의 기능이다.

03 소매업태의 발전을 설명하는 이론과 이에 대한 내용으로 가장 옳은 것은?

① 소매수명주기이론은 소매업태들이 다양한 상품계열을 취급하는 소매업태에서 전문적이고 한정된 상품계열을 추구하는 소매업태로 변모해 가는 것을 설명한다.
② 아코디언이론은 한 소매기관이 출현하여 사라지는 전 과정을 네 가지 단계로 구분하여 설명한다.
③ 변증법적 이론에서는 소비자의 소매점 선택에는 점포가 제공하는 서비스의 정도와 상품의 가격이 영향을 미친다는 것을 가정한다.
④ 진공지대이론은 두 개의 서로 다른 경쟁적인 소매업태가 하나의 새로운 소매업태로 합쳐지는 과정을 설명한다.
⑤ 소매수레바퀴이론은 소매기관들이 처음에는 혁신적인 형태로 시작하여 성장하다가 새로운 개념을 가진 신업태에 그 자리를 양보하고 사라진다고 설명한다.

해설
① 소매업태들이 다양한 상품계열을 취급하는 소매업태에서 전문적이고 한정된 상품계열을 추구하는 소매업태로 변모해 가는 것을 설명하는 이론은 소매아코디언이론이다.
② 한 소매기관이 출현하여 사라지는 전 과정을 네 가지 단계로 구분하여 설명하는 이론은 소매수명주기이론이다.
③ 소비자의 소매점 선택에는 점포가 제공하는 서비스의 정도와 상품의 가격이 영향을 미친다는 것을 가정하는 이론은 진공지대이론이다.
④ 두 개의 서로 다른 경쟁적인 소매업태가 하나의 새로운 소매업태로 합쳐지는 과정을 설명하는 이론은 변증법적 이론이다.

정답 **02** ⑤　　**03** ⑤

04 아래 글상자에서 한정서비스 도매상에 포함되는 것을 모두 고르면?

> ㉠ 직송 도매상 ㉡ 진열 도매상
> ㉢ 우편주문 도매상 ㉣ 현금거래 도매상
> ㉤ 전문상품 도매상

① ㉠
② ㉠, ㉡
③ ㉠, ㉡, ㉢
④ ㉠, ㉡, ㉢, ㉣
⑤ ㉠, ㉡, ㉢, ㉣, ㉤

 한정서비스 도매상(limited-service wholesaler)
유통기능 중 소수의 기능에 전문화되어 있고 소매상 고객에게 제한된 서비스만을 제공하는 도매상으로 현금거래 도매상(cash and carry wholesaler), 트럭배달 도매상(truck jobber), 선반진열 중개인(rack jobber), 직송 도매상(drop shipper), 우편주문 도매상 등이 있다.

참고 완전서비스 도매상(full-service wholesaler)은 유통경로상에서 거의 모든 유통기능을 수행하며 소매상 고객들을 위해 재고유지, 판매원 지원, 신용제공, 배송, 경영지도와 같은 종합적인 서비스를 제공하기도 한다. 일반상품 도매상, 한정상품 도매상, 전문상품 도매상(예 건강식품 도매상) 등이 있다.

05 아래 글상자에서 설명하는 중간상의 필요성으로 가장 옳은 것은?

> 중간상의 참여는 생산자와 소비자 간의 직접거래에 비해 거래빈도의 수 및 이로 인한 거래비용을 낮춘다.

① 총거래 수 최소의 원칙
② 분업의 원리
③ 변동비 우위의 원리
④ 집중준비의 원리
⑤ 정보전달 기능

 총거래 수 최소의 원칙에 대한 설명이다.
② **분업의 원리**: 유통업에서도 제조업에서와 같이 유통경로상 수행되는 수급조절기능, 보관기능, 위험부담기능, 정보수집기능 등을 생산자와 유통기관이 상호 분업의 원리로써 참여한다면 보다 사회적 경제성과 능률성을 제고시킬 수 있다는 원리이다.
③ **변동비 우위의 원리**: 유통분야에서는 제조업과는 다르게 변동비의 비중이 상대적으로 커서 제조분야와 유통분야를 통합하여 판매하여도 큰 이익을 기대하기 어려우므로, 무조건 제조분야와 유통분야를 통합하여 대규모화하기보다는 제조업자와 유통기관이 적당히 역할을 분담한다면 비용면에서 훨씬 유리하다는 원리이다.

정답 **04** ④ **05** ①

④ 집중준비의 원칙(principle of massed reserve): 중간상이 2명의 생산자 제품을 수집하여 구색을 갖추어 저장하면, 2명의 생산자가 각각 재고를 가지고 있는 것보다 재고비용을 절감할 수 있다는 원리이다.

06 유통산업의 사회·경제적 기능에 대한 설명으로 가장 옳지 않은 것은?

① 거래의 표준화
② 교환과정의 억제
③ 고객서비스의 제공
④ 제품구색 불일치의 완화
⑤ 생산자와 소비자의 연결

해설 유통경로의 경우 교환과정을 촉진시키고, 소비자와 제조업자를 연결하는 기능을 가지고 있다.

07 유통산업발전법(법률 제20357호, 2024.2.27., 타법개정)에 의한 우리나라 유통산업시책의 기본방향에 대한 설명으로 옳지 않은 것은?

① 유통산업의 국제경쟁력 제고
② 유통산업의 종류별 균형발전의 도모
③ 유통산업의 지역별 균형발전의 도모
④ 유통산업에서의 공급자 편익의 증진
⑤ 유통구조의 선진화 및 유통기능의 효율화 촉진

해설 유통산업발전법 제3조(유통산업시책의 기본방향)

> 1. 유통구조의 선진화 및 유통기능의 효율화 촉진 (선지 ⑤)
> 2. 유통산업에서의 소비자 편익의 증진 (선지 ④)
> 3. 유통산업의 지역별 균형발전의 도모 (선지 ③)
> 4. 유통산업의 종류별 균형발전의 도모 (선지 ②)
> 5. 중소유통기업(유통산업을 경영하는 자로서 「중소기업기본법」 제2조에 따른 중소기업자에 해당하는 자)의 구조개선 및 경쟁력 강화
> 6. 유통산업의 국제경쟁력 제고 (선지 ①)
> 7. 유통산업에서의 건전한 상거래질서의 확립 및 공정한 경쟁여건의 조성
> 8. 그 밖에 유통산업의 발전을 촉진하기 위하여 필요한 사항

정답 **06** ② **07** ④

08 전화상담 시 상담판매원의 듣기기법에 관한 설명으로 옳지 않은 것은?

① 주위를 산만하게 하는 것을 제거한다.

② 고객의 모든 말에 집중하는 습관을 들인다.

③ 전화로 받은 용건은 복창하여 확인할 필요가 없다.

④ 기꺼이 듣고 있음을 알리기 위해 적절한 응대의 말을 사용한다.

⑤ 중요한 숫자를 전할 때는 읽는 방법을 바꾸어 두 번 말하는 것이 좋다.

 중요한 내용은 요점을 복창할 필요가 있다.

09 아래 글상자의 제품들 중 도매상의 개입 필요성이 상대적으로 낮은 제품만을 바르게 나열한 것은?

> ㉠ 단가가 낮은 제품
> ㉡ 구매주기가 짧은 제품
> ㉢ 기술적으로 복잡한 제품
> ㉣ 무겁고 부피가 커서 다루기 힘든 제품
> ㉤ 표준화 정도가 낮은 제품

① ㉠, ㉡, ㉢　　　　　　　② ㉠, ㉢, ㉤

③ ㉡, ㉢, ㉣　　　　　　　④ ㉡, ㉣, ㉤

⑤ ㉢, ㉣, ㉤

㉢, ㉣, ㉤ 기술적으로 복잡한 제품, 무겁고 부피가 커서 다루기 힘든 제품, 비표준화된 중량품, 부패성 상품, 전문품 등은 유통경로 길이 결정 시 짧은 유통경로에 적합하다.
㉠, ㉡ 단가가 낮은 제품과 구매주기가 짧은 제품은 도매상의 개입 필요성이 높다.

정답 08 ③　　09 ⑤

10 아래 글상자에서 설명하는 소매상의 종류로 가장 옳은 것은?

> 고객으로부터 일정한 회비를 받고 거대한 창고형태의 점포에서 적은 서비스로 저렴한 가격에 제품을 판매하는 소매상이다. 주로 잡화, 가공식품, 가정용품 등 한정된 품목을 묶음 진열로 대량 판매하는 특징이 있다.

① 편의점
② 백화점
③ 회원제 창고형 매장
④ 카테고리 킬러
⑤ 전문점

해설 '일정한 회비를 받고'(회원제), '창고형태의 점포'(창고형 매장)라는 표현에서 회원제 창고형 매장임을 알 수 있다.

11 판매자가 고객을 응대할 때 윤리적으로 가장 문제가 되는 경우로 옳은 것은?
① 판매상황에서 고객에게 제품에 대한 정확한 정보를 제공하는 경우
② 판매목표를 달성하기 위해 고객에게 최고가의 제품만 권유하는 경우
③ 판매가 이루어지지 못한다고 하더라도 고객에게 지킬 수 없는 약속은 하지 않는 경우
④ 제품의 성분과 원산지를 고객에게 정확하게 알리는 경우
⑤ 고객에게 경쟁제품에 대한 악의적인 비방을 하지 않는 경우

해설 고객에게는 최고가가 아닌 제품이 더 적합할 수 있는데도 불구하고, 최고가 제품을 불필요하게 권유하는 것은 기만적 판매에 해당할 수 있다.

12 매장에서 고객을 응대하는 판매원의 자세에 대한 설명으로 옳지 않은 것은?
① 고객이 불편을 느끼지 않게 사전에 불만처리방식에 대해 알아둔다.
② 고객은 직원을 통해 그 매장을 판단할 수 있기에 최선을 다해 응대한다.
③ 고객이 무엇을 원하는지 알기 위해 항상 노력한다.
④ 자신이 잘 모르는 것에 대해 물었을 경우 솔직하게 인정하고 다른 질문으로 유도한다.
⑤ 상품에 대한 지식을 한꺼번에 모두 익히는 것이 불가능하더라도 조금씩 익혀가도록 지속적으로 노력해야 한다.

정답 **10** ③　**11** ②　**12** ④

 잘 모르는 것에 대해서는 동료나 관리자에게 도움을 요청하거나, 즉시 정보를 찾아 고객에게 정확한 답변을 제공하는 것이 좋다. 다른 질문으로 유도하는 것은 고객의 질문을 무시하거나 주의를 돌리는 행동으로 볼 수 있다.

13 청소년 보호법(법률 제20935호, 2025.4.22., 일부개정)에 따른 청소년유해매체물의 심의 기준으로 볼 때 유해매체물에 해당하지 않는 것은?

① 청소년에게 성적인 욕구를 자극하는 선정적인 것이거나 음란한 것
② 청소년에게 포악성이나 범죄의 충동을 일으킬 수 있는 것
③ 성폭력을 포함한 각종 형태의 폭력 행위와 약물의 남용을 자극하거나 미화하는 것
④ 청소년의 건전한 인격과 시민의식을 형성하는 것
⑤ 도박과 사행심을 조장하는 등 청소년의 건전한 생활을 현저히 해칠 우려가 있는 것

 청소년 보호법 제9조(청소년유해매체물의 심의 기준) 제1항

청소년보호위원회와 각 심의기관은 심의를 할 때 해당 매체물이 다음 각 호의 어느 하나에 해당하는 경우에는 청소년유해매체물로 결정하여야 한다.
1. 청소년에게 성적인 욕구를 자극하는 선정적인 것이거나 음란한 것 (선지 ①)
2. 청소년에게 포악성이나 범죄의 충동을 일으킬 수 있는 것 (선지 ②)
3. 성폭력을 포함한 각종 형태의 폭력 행위와 약물의 남용을 자극하거나 미화하는 것 (선지 ③)
4. 도박과 사행심을 조장하는 등 청소년의 건전한 생활을 현저히 해칠 우려가 있는 것 (선지 ⑤)
5. 청소년의 건전한 인격과 시민의식의 형성을 저해(沮害)하는 반사회적·비윤리적인 것 (선지 ④)
6. 그 밖에 청소년의 정신적·신체적 건강에 명백히 해를 끼칠 우려가 있는 것

14 가격결정에 영향을 미치는 내부적 요인으로 옳지 않은 것은?

① 제품원가
② 조직 및 재무상태
③ 마케팅 목표
④ 마케팅 믹스전략
⑤ 시장 및 수요의 성격

해설 기업 내부의 통제 불가능한 시장 요인(시장 및 수요의 성격)은 외부적 요인으로 볼 수 있다.

정답 **13** ④ **14** ⑤

15 이해관계자인 고객과 관련해 윤리경영에서 취급해야 할 문제들로 가장 옳지 않은 것은?

① 유해상품
② 가짜상표
③ 허위·과대광고
④ 정보은폐
⑤ 고용차별

> **해설** ①, ②, ③, ④의 경우 고객과 관련한 윤리경영 문제이나, ⑤의 경우 직원과 관련된 인사 관련 문제로 볼 수 있다.

16 아래 글상자 괄호 안에 들어갈 용어로 가장 옳은 것은?

> (　　　)은(는) 개인이 조직의 가치, 표본 그리고 조직에서 요구하는 행동 패턴을 수용하고 인정하는 과정이다.

① 리더십 훈련
② 품행의 기준
③ 교정적 통제
④ 종업원의 사회화
⑤ 서비스·제품 지식

> **해설** 종업원의 사회화는 개인이 조직의 가치, 표본 그리고 조직에서 요구하는 행동 패턴을 수용하고 인정하는 과정이다.

17 비합리적인 요구를 하면서 시간을 소비하게 만드는 상습적인 불만고객을 응대하는 판매원의 자세로 옳지 않은 것은?

① 불평 속에 합리적인 불만이 담겨있는지 찾아내기 위해 적극적으로 경청한다.
② 고객이 주장하는 주된 불만 내용의 요점을 파악하여 확인한다.
③ 고객이 확대해석하는 일을 줄이기 위해 객관적인 내용을 확보한다.
④ 고객에게 공감하고 있음을 전달하기 위해 일단 사과를 먼저한다.
⑤ 고객으로 하여금 직접 문제의 해결방법을 제시하도록 유도한다.

> **해설** 상습적인 불만고객에게 일단 사과를 먼저 하는 것은 회사가 잘못을 인정했다는 신호로 해석될 수 있고 이는 상습불만고객의 비합리적인 요구를 정당화할 수 있으므로 사실관계를 파악하여 책임 유무를 확인한 이후 사과 여부를 결정하는 것이 좋다.

정답 **15** ⑤　**16** ④　**17** ④

18 양성평등기본법(법률 제18099호, 2021.4.20., 일부개정)에서 양성평등위원회가 심의·조정하는 내용으로 옳지 않은 것은?

① 기본계획 및 시행계획에 관한 사항
② 시행계획 등 양성평등정책 추진실적 점검에 관한 사항
③ 양성평등정책 관련 사업의 조정 및 협력에 관한 사항
④ 양성평등정책의 평가 및 제도 개선 등 성 주류화(性 主流化)에 관한 사항
⑤ 유네스코여성차별철폐협약 등 대한민국이 체결한 여성 관련 국제조약 이행 점검에 관한 사항

해설 양성평등기본법 제11조(양성평등위원회) 제2항

위원회는 다음 각 호의 사항을 심의·조정한다.
1. 기본계획 및 시행계획에 관한 사항 (선지 ①)
2. 시행계획 등 양성평등정책 추진실적 점검에 관한 사항 (선지 ②)
3. 양성평등정책 관련 사업의 조정 및 협력에 관한 사항 (선지 ③)
4. 양성평등정책의 평가 및 제도 개선 등 성 주류화(性 主流化)에 관한 사항 (선지 ④)
5. 국가성평등지수에 관한 사항
6. 유엔여성차별철폐협약 등 대한민국이 체결한 여성 관련 국제조약 이행 점검에 관한 사항 (선지 ⑤)
7. 여성, 평화와 안보에 관한 유엔 안전보장이사회 결의 1325호에 따라 수립한 국가행동계획의 이행 평가 및 개선방안에 관한 사항
8. 그 밖에 양성평등정책을 위하여 필요하다고 대통령령으로 정하는 사항

19 소매상이 소비자에게 제공하는 기능에 대한 설명 중 가장 옳지 않은 것은?

① 양질의 상품을 엄선하여 제공하는 역할
② 소비자가 요구하는 적절한 상품구색을 갖추는 역할
③ 자체의 신용정책을 통해 소비자의 금융부담을 덜어주는 금융기능 수행
④ 합리적인 비용으로 시장을 관리하고 유지하는 역할
⑤ 고객에게 제품 관련 정보를 제공하여 소비자들의 제품구매를 돕는 역할

해설 시장을 관리하고 유지하는 역할은 소매상이 아닌 산업협회, 제조업체, 정부 등이 수행하는 기능으로 적절하다.

정답 18 ⑤　19 ④

20 소비자기본법(법률 제20301호, 2024.2.13., 일부개정)에서 정하는 소비자와 사업자 사이에 발생한 분쟁조정에 관한 내용으로 옳지 않은 것은?

① 조정위원회는 분쟁조정을 신청받은 경우에는 지체 없이 분쟁조정절차를 개시하여야 한다.

② 조정위원회는 분쟁조정을 위하여 필요한 경우에는 전문위원회에 자문할 수 있다.

③ 조정위원회는 분쟁조정절차에 앞서 이해관계인·소비자단체 또는 관계기관의 의견을 들을 수 있다.

④ 조정위원회는 분쟁조정을 신청받은 때에는 그 신청을 받은 날부터 30일 이내에 그 분쟁조정을 마쳐야 한다.

⑤ 조정위원회의 위원장은 분쟁조정을 마친 때에는 7일 이내에 당사자에게 그 분쟁조정의 내용을 통지하여야 한다.

해설 조정위원회의 위원장은 분쟁조정을 마친 때에는 지체 없이 당사자에게 그 분쟁조정의 내용을 통지하여야 한다(소비자기본법 제67조 제1항).
① 소비자기본법 제65조 제2항
② 소비자기본법 제65조 제3항
③ 소비자기본법 제65조 제4항
④ 소비자기본법 제66조 제1항

정답 **20** ⑤

제2과목 판매 및 고객관리(21~45)

21 한 기업이 보유하고 있는 제품들에 적용되는 브랜드 유형들 간의 서열을 브랜드 계층구조(brand hierarchy)라고 한다. 다음 중 브랜드 계층구조의 구성요소에 대한 명칭으로 가장 옳지 않은 것은?

① 기업브랜드(corporate brand)
② 패밀리브랜드(family brand)
③ 개별브랜드(individual brand)
④ 제품브랜드(product brand)
⑤ 브랜드 수식어(brand modifier)

해설
① 기업브랜드(corporate brand): 기업 전체를 대표하는 최상위 브랜드를 의미한다(예 삼성).
② 패밀리브랜드(family brand): 여러 관련 제품군에 공통적으로 사용되는 브랜드를 의미한다(예 Galaxy).
③ 개별브랜드(individual brand): 특정 제품 라인업이나 카테고리를 대표하는 브랜드를 의미한다(예 Galaxy S, Galaxy Z, Galaxy Tab).
⑤ 브랜드 수식어(brand modifier): 제품의 특정 버전, 모델을 의미한다(예 S24 Ultra).

22 다음 중 유형제품(physical product)을 구성하는 요소만을 바르게 나열한 것은?

① 배달 – 신용 제공 – 스타일 – 특성
② 핵심 편익 – 설치 – 품질보증 – 포장
③ 포장 – 스타일 – 품질 – 상표
④ 핵심 편익 – 품질보증 – 스타일
⑤ 스타일 – 상표 – 품질보증 – 특성

해설 코틀러(P. Kotler)가 제시하는 상품의 3가지 차원
- 핵심상품(core product): 소비자가 그 상품으로부터 얻기를 원하는 편익을 의미한다.
- 유형상품(tangible product): 소비자가 상품으로부터 추구하는 편익을 구체적인 물리적 속성들의 집합으로 유형화시킨 것으로 디자인(스타일)·품질·포장·브랜드(상표) 등을 의미한다.
- 확장상품(augmented product): 유형상품에다 친절한 판매서비스, 품질보증기간, 기업의 브랜드, 점원의 태도 등의 속성이 부가된 것을 의미한다.

정답 21 ④   22 ③

23 다음 중 소매점의 상품구성에 대한 내용으로 가장 옳지 않은 것은?

① 소매점의 상품구성은 매장면적, 시장규모, 상품 투자자금 등에 따라 다르게 결정된다.
② 고객들은 중복상품이 많으면 상품을 선택하기 힘들어하므로 상품구성에 유의해야 한다.
③ 유사한 기능, 동일한 유통경로, 비슷한 가격대 등과 같은 특정한 기준에 따라 상품들의 집합을 나타내는 것을 품목이라고 한다.
④ 고객 욕구 충족 및 수익 극대화를 위해 상품의 폭과 깊이를 조절하여 상품구성을 결정한다.
⑤ 상품구성의 최종결정은 한정된 매장을 고려하여 목표 고객에게 적합한 상품구성계획을 수립·실시하여야 한다.

해설 유사한 기능, 동일한 유통경로, 비슷한 가격대 등의 공통 기준으로 묶인 집합은 상품계열(product line)을 의미한다. 품목(item)은 상품구성을 이루는 가장 기본 단위로 상품계열 내의 개별 상품 단위를 말한다.

24 아래 글상자의 괄호 안에 들어갈 용어로 가장 옳은 것은?

> • (   )은(는) 소비자가 자주, 쉽게, 최소한의 노력으로 구매하는 제품을 말한다.
> • 비누, 치약, 샴푸 등의 일상생활용품이 대표적이다.

① 부품   ② 원자재
③ 전문품   ④ 선매품
⑤ 편의품

해설 편의품은 소비자가 자주, 쉽게, 최소한의 노력으로 구매하는 제품을 말한다.
③ **전문품(speciality goods)**: 전문품은 소비자가 상품구매에 있어 시간과 노력을 아끼지 않는 것으로 가격보다는 상품에 특수한 매력을 갖고 있으며, 구매결정요인은 절대적으로 품질을 우선시한다.
④ **선매품(shopping goods)**: 편의품보다 선매품은 일반적으로 많은 주의를 가지고 구매하며 최종 구매결정은 몇몇 상품을 비교한 후에야 이루어진다. 품질, 스타일의 적합성과 가격 등이 비교의 기준이 되고 상당한 정도의 소비자 취미에 의해 결정된다.

정답   23 ③   24 ⑤

25 상품을 진열하기 위한 효과적인 방법들에 대한 설명으로 가장 옳지 않은 것은?

① 상품연출은 하나의 통일된 주제와 동일한 비주얼로 분위기를 조성하는 것이 효과적이다.
② POP카드는 지나치게 큰 것보다는 적정한 규격이 효과적이다.
③ 일반적으로 앞줄은 작고 옅은 색의 상품을 낮게 배치한다.
④ 상품 자체의 디자인을 살리고 상품의 전면을 볼 수 있게 진열한다.
⑤ 모든 상품은 일괄적으로 간격을 최대한 좁게 배치하여 공간을 절약한다.

> **해설** 진열 간격은 상품의 크기, 형태, 목적에 따라 조절이 필요하다. 특히 일괄적으로 간격을 좁게 배치하면 혼잡성이 증가하고 집중도를 떨어뜨릴 수 있으므로 주력 상품이나 신상품은 충분한 공간을 확보하는 것이 필요하다.

26 제품과 다르게 저장이 되지 않기 때문에 재판매되거나 돌려받을 수 없음을 의미하는 서비스의 특성으로 가장 옳은 것은?

① 기능성   ② 무형성
③ 이질성   ④ 소멸성
⑤ 비분리성

> **해설** 서비스는 제공될 때 바로 사용하지 않으면 존재하지 않으므로, 재고형태로 저장할 수 없는 성질을 가진다는 소멸성(perishability)에 대한 설명이다.
> ② **무형성(intangibility)**: 서비스는 실체가 없어 고객이 직접 구매하지 않고는 이를 평가하는 것이 어렵다.
> ③ **이질성(heterogeneity)**: 개개의 고객마다 서비스의 질을 달리 평가한다. 서비스는 어떠한 표준적인 기준이 설정되어 있지도 않고 설정할 수도 없기 때문이다.
> ⑤ **비분리성(inseparability)**: 서비스는 생산과 동시에 소비되는 특징을 가지고 있기 때문에 소비가 되면 흔적이 남아 있거나 찾을 수도 없다. 즉, 유형의 재화가 가지고 있는 저장이 불가능하다는 것이다.

정답 **25** ⑤   **26** ④

27 아래 글상자에서 설명하는 진열방식으로 가장 옳은 것은?

> 평범한 진열 가운데 어느 한 부분에 변화를 주어서 특별히 소비자의 시선을 유도하도록 한 진열을 말한다. 점내 진열, 쇼케이스 진열 등에 강한 인상을 주기 위해 채택되는 진열기법이다.

① 엔드 진열(end cap display)
② 앙상블 진열(ensemble display)
③ 점블 진열(jumble display)
④ 액센트 진열(accent display)
⑤ 곤돌라 진열(gondola display)

해설 '어느 한 부분에 변화', '특별히 소비자의 시선을 유도', '강한 인상'이라는 표현으로 액센트 진열인 것을 알 수 있다.
① 엔드 진열(end cap display): 엔드 진열은 평대 양 끝에 있는 진열대의 진열을 뜻한다.
② 앙상블 진열(ensemble display): 개별 카테고리별로 제품을 진열하는 것보다 하나의 전체적인 효과를 노리고 세팅되어 번들(bundle)로 진열하는 코디/세트 중심 진열을 의미한다.
③ 점블 진열(jumble display): 상품을 똑바로 쌓지 않고 아무렇게나 뒤죽박죽 진열하여 작업시간을 줄여주고 고객에게는 특가품이라는 인상을 주는 진열방법이다.
⑤ 곤돌라 진열(gondola display): 양쪽에서 상품을 꺼낼 수 있는 선반 진열방법으로 백화점이나 슈퍼마켓에서 주로 사용한다.

28 아래 글상자의 괄호 안에 들어갈 내용으로 가장 옳은 것은?

> • (㉠)은 아직 진열되지 않은 제품을 위해서 사용된다.
> • (㉡)은 직원들이 옷을 갈아입고, 식사 혹은 다과를 할 수 있는 장소로 사용된다.

① ㉠ 판매공간, ㉡ 재고공간
② ㉠ 재고공간, ㉡ 직원전용공간
③ ㉠ 판매공간, ㉡ 직원전용공간
④ ㉠ 재고공간, ㉡ 판매공간
⑤ ㉠ 재고공간, ㉡ 고객공간

해설 재고공간은 아직 진열되지 않은 제품을 위해서 사용된다. 직원전용공간은 직원들이 옷을 갈아입고, 식사 혹은 다과를 할 수 있는 장소로 사용된다.

정답 **27** ④   **28** ②

29 매장 내의 고객 동선을 주동선, 보조동선, 순환동선으로 구분할 경우, 주동선에 대한 설명으로 가장 옳은 것은?

① 점포의 입구에서 반대편까지의 동선으로 전 매장이 잘 보일 수 있게 구성해야 한다.

② 고객을 매장 안쪽까지 유도하는 동선으로 8자형으로 구성되어야 한다.

③ 매장의 중앙을 중심으로 횡으로 가로지르는 동선으로 고객 흐름을 유도한다.

④ 고객들이 상품을 쇼핑하는 동선으로 이동이 용이하게 구성되어야 한다.

⑤ 매장의 입구에서 계산대까지의 동선으로 붐비지 않게 설계되어야 한다.

해설
① 주동선(main aisle)은 고객이 입구에서 매장 깊숙한 곳까지 자연스럽게 이동하도록 유도하고, 매장 전체의 분위기와 주요 상품을 파악할 수 있게 한다.
② 8자형은 동선의 형태 중 하나일 뿐, 주동선의 개념으로 보긴 어렵다.
③ 횡으로 가로지르는 동선은 특정 레이아웃에 대한 설명이며 오히려, 보조동선 성격에 가깝다.
④ 고객들이 상품을 쇼핑하는 동선은 보조동선의 개념이다.
⑤ 입구에서 계산대까지의 동선은 주동선 구간의 일부일 수는 있으나, 주동선의 개념으로 보긴 어렵다.

참고
- 보조동선은 주동선에서 갈라져 나온 샛길로, 진열대(곤돌라) 사이를 지나며 실제로 고객이 상품을 쇼핑하고 선택하는 통로이다.
- 순환동선은 고객이 매장의 특정 부분을 빠뜨리지 않고, 전체적으로 둘러보도록 유도하는 동선 형태이다.

30 평행한 통로 양쪽으로 선반을 두고 그 위에 상품을 진열한 것으로, 효율성을 높이고 상품의 위치를 쉽게 파악할 수 있으나 공간구성이 단조롭다는 단점이 있는 배치는?

① 루프형 배치 ② 격자형 배치
③ 자유형 배치 ④ 부티크형 배치
⑤ 복합 배치

해설
격자형 배치에 대한 설명이다. 격자형은 설비나 통로를 반복적인 패턴의 사각형으로 배치하고, 상품은 직선형으로 병렬배치한다. 고객들이 지나는 통로에 반복적으로 상품을 배치하는 방법이며 비용면에서 효율적이다. 공간효율을 높이고자 하는 형태로 대형마트나 슈퍼마켓, 편의점에 가장 적합하다.
①, ④ **루프형 배치, 부티크형 배치**: 매장의 입구에서부터 고객의 통로를 원이나 사각형으로 배치하여 매장의 생산성을 극대화시키기 위한 레이아웃 기법이다. 융통성, 상품의 노출성, 고객 편리성, 상품의 개별매장성 등의 장점이 있어 백화점에서 주로 사용한다.
③ **자유형 배치**: 일련의 원형·팔각형·타원형·U자형 패턴으로, 비대칭적으로 배치하여 고객이 편안히 둘러볼 수 있도록 배치한다.
⑤ **복합 배치**: 격자형과 자유형 등의 장점을 살린 배치형태로, 각 부문 사이에 상품과 설치물의 종류에 따라 자유형이나 격자형 배치가 활용된다.

정답 **29** ① **30** ②

31 고객만족을 증대시키기 위한 기업의 내부 마케팅 실천 방안으로 가장 옳지 않은 것은?

① 서비스를 수행하기에 적합한 사람을 채용한다.

② 직무와 관련된 교육훈련을 실시한다.

③ 직무에 대한 경영지원을 강화한다.

④ 내부 커뮤니케이션을 증대시킨다.

⑤ 서비스 사보타주(service sabotage)를 증대시킨다.

해설 서비스 사보타주는 직원이 고의적으로 서비스 품질을 떨어뜨리는 행위를 의미한다.

32 다음 중 고객의 소리(VOC)에 대한 설명으로 가장 옳지 않은 것은?

① 고객의 소리는 고객이 기업에 제시하는 메시지로 각종 문의와 불만뿐만 아니라 칭찬 및 제안 등을 포함한다.

② 고객의 소리 관리는 고객의 메시지에 대해 효과적으로 대응하고 관리하기 위한 일련의 활동이라 할 수 있다.

③ 고객의 소리는 고객 니즈를 보다 정확하게 파악할 수 있게 하며, 내부 업무 프로세스 개선과 관련된 새로운 아이디어를 제공한다.

④ 콜센터의 인바운드와 아웃바운드 기능은 VOC 관리시스템의 주요 기능을 의미한다.

⑤ CCMS(Consumer Complaints Management System)는 소비자 불만이나 피해에 신속하고 체계적으로 대응하기 위한 프로그램이다.

해설 VOC(Voice of Customer)는 문의, 클레임, 칭찬 등 고객이 전달하는 모든 메시지를 의미한다. 인바운드/아웃바운드는 콜센터의 운영 방식을 말한다.

참고 VOC 관리시스템의 주요 기능
1. VOC 수집
2. VOC 분류, 등록 및 분석
3. VOC 처리 및 대응(담당배정), 조치
4. 프로세스 개선, 모니터링, DB 구축 등

정답 **31** ⑤ **32** ④

33 POS 시스템의 도입효과로 가장 옳지 않은 것은?

① 단품관리가 가능하다.
② 적정 발주가 가능하다.
③ 자동발주시스템을 구축할 수 있다.
④ 시간대별 매출관리가 가능하다.
⑤ 상품의 수량과 위치를 실시간으로 파악할 수 있다.

해설 판매시점(Point of Sales) 정보관리시스템은 주로 소매점포의 판매시점에서 수집한 POS 데이터를 통해 재고관리, 제품생산관리, 판매관리를 효율적으로 하려는 정보 의사소통방법을 말한다. POS의 경우 상품위치에 대한 실시간 파악은 어렵다.

34 다음 중 POS 시스템에 대한 설명으로 가장 옳지 않은 것은?

① 단말기는 스캐너와 컴퓨터 본체로 구성된다.
② 단말기는 금전등록기와 통신 기능을 수행한다.
③ 단말기는 판매 시점 자료를 수집 및 분석한다.
④ 상품마스터파일은 스토어 컨트롤러에 기록된다.
⑤ 바코드란 입력방식의 한 종류이며, POS 시스템 전체를 의미하는 것은 아니다.

해설 판매 시점 자료를 분석하는 기능은 스토어 컨트롤러에서 수행한다.

35 커뮤니케이션 모델 구성요소 중 커뮤니케이션의 전 과정에서 발생하여 메시지 수신을 왜곡하거나 방해하는 요소를 의미하는 것으로 가장 옳은 것은?

① 부호화
② 해독
③ 피드백
④ 커뮤니케이션 채널
⑤ 노이즈

해설 노이즈에 대한 설명이다.
① **부호화**: 메시지를 기호로 바꾸는 것
② **해독**: 메시지를 이해·해석하는 것
③ **피드백**: 수신자가 발신자에게 되돌려주는 반응
④ **커뮤니케이션 채널**: 메시지 전달 매체

정답 **33** ⑤ **34** ③ **35** ⑤

36 다음 중 판매촉진에 대한 설명으로 가장 옳지 않은 것은?

① 소비자의 구매의욕을 증가시키는 활동으로 가격인하나 가치가 부여된 매매제안 등을 포함한다.

② 최종소비자를 대상으로 자사브랜드 구매를 유도하는 소비자지향 촉진을 풀전략이라 한다.

③ 중간상들을 대상으로 그들의 적극적 판매를 유도하는 거래지향 촉진을 푸시전략이라 한다.

④ 소규모 제조업체 또는 지역에 국한된 브랜드 제품의 경우 일반적으로 풀전략에 의존하는 경향이 있다.

⑤ 일반적으로 편의품에는 풀전략을, 전문품에는 푸시전략을 활용한다.

해설 소규모 제조업체 또는 지역에 국한된 브랜드 제품의 경우 일반적으로 푸시전략에 의존하는 경향이 있다.

참고
- **푸시(push)전략**: 도매상이나 소매상을 대상으로 지원금이나 할인판매와 같은 촉진수단을 사용하는 전략이다.
- **풀(pull)전략**: 소비자를 대상으로 TV광고 등을 통해 촉진활동을 수행하는 전략이다.

37 아래의 글상자에서 설명하는 판매촉진 수단으로 가장 옳은 것은?

> 소비자가 제품을 선택하는 시점에 맞추어 실시하는 판매촉진 방법으로 특정 제품에 대한 광고나 제품의 특별전시, 가격표, 상징물 등을 통해 수행된다.

① 충성도 제고 프로그램   ② 시연회
③ 무료샘플   ④ 구매시점 진열
⑤ 프리미엄

해설 고객의 주의를 끌게 하고 유인하여 구매의욕을 촉진하는 데 목적을 두며, 주로 포스터, 스탠드, 풍선 등을 활용하는 구매시점 진열에 대한 내용이다.
② **시연회**: 고객의 눈앞에서 실제로 상품을 보여주면서, 실연을 통하여 상품의 사용법과 차별화된 우위성을 납득시키는 방법이다.
⑤ **프리미엄**: 백화점의 화장품 매장에서 화장품을 일정 금액 이상 구입하면 화장품 가방 또는 여행용 가방이나 머플러 등을 함께 지급하는 것을 말한다.

정답 36 ④ 37 ④

38 판매촉진은 소비자 판매촉진과 중간상 판매촉진으로 구분되는데, 다음 중 소비자 판매촉진 수단에 해당하지 않는 것은?

① 할인쿠폰　　　　　　　　　　② 보너스팩
③ 사은품　　　　　　　　　　　④ 현상경품
⑤ 진열공제

 진열공제: 중간상이 제조업자의 제품을 선반 진열대 등에 특별히 진열하거나 특별 코너를 제공하는 경우, 그 대가로 제조업자가 중간상에게 제공하는 보상

참고 소비자 대상 판매촉진의 종류: 프리미엄, 사은품, 견본품, 콘테스트, 시연회, 모니터링, 제품삽입 (PPL), 가격할인, 할인쿠폰, 리베이트, 컨티뉴어티, 보너스팩 등

39 소비자의 정보처리과정에서 어떤 대상에 대하여 호의적 또는 비호의적으로 평가하고, 느끼고, 행동하려는 지속적인 경향을 의미하는 개념으로 가장 옳은 것은?

① 기억　　　　　　　　　　　　② 지각
③ 태도　　　　　　　　　　　　④ 문제인식
⑤ 대안평가

 대상에 대한 평가 · 감정 · 행동하려는 지속적인 경향은 태도이다.

40 제품포장이 가지고 있는 주요한 기능으로 가장 옳지 않은 것은?

① 파손을 예방하여 제품을 보호하는 기능
② 소비자의 제품 선택 가능성을 높이는 기능
③ 소비자가 제품의 특징을 잘 이해할 수 있도록 돕는 기능
④ 제품을 안전하게 보관할 수 있는 장치적인 기능
⑤ 경쟁제품과 혼동을 주어 판매를 촉진시키는 기능

해설 경쟁제품과 자사제품 간에 혼동을 주는 것은 올바른 포장의 기능에 해당하지 않는다.

정답　**38** ⑤　　**39** ③　　**40** ⑤

41 다양한 고객의 특성에 맞는 고객응대기법으로 가장 옳지 않은 것은?

① 어린아이를 동반한 고객의 경우 안전사고에 유의하여 세심하게 배려한다.

② 무리하게 할인을 원하는 고객에게는 규정상 어쩔 수 없음을 정중히 설명하고 가격 대비 제품의 우수성을 설명한다.

③ 조용하고 내향적인 고객의 경우 느긋하게 둘러볼 수 있게 편안한 분위기를 조성한다.

④ 환불을 원하는 경우 매출을 위해 다른 상품으로 구매를 유도하거나 교환권을 제시하는 방법 등을 통해 최대한 환불을 미룬다.

⑤ 가격이 비싸다고 말하는 고객의 경우 그럴 수 있음을 공감해주고, 고급스러움이나 독특함을 소구한다.

해설 최대한 환불을 미루는 행위는 고객 불만을 키우고 서비스 품질이 낮아지는 결과를 가져오므로 부적절하다.

42 제품의 성능이나 편익을 효과적으로 보여주기 위한 실연(demonstration) 과정에서 유의해야 할 사항으로 옳지 않은 것은?

① 너무 많은 상품을 제시하면 고객이 혼란스러울 수 있기에 핵심상품에 집중하는 것이 효과적이다.

② 고객에게 제품에 대한 강렬한 인상을 남길 수 있게 시간이 길면 길수록 효과적이다.

③ 실연에 사용할 상품을 미리 점검하여 완벽한 제품을 활용한다.

④ 고객이 원하는 상품을 즉시 제시한다.

⑤ 고객이 원할 경우 직접 사용해 보도록 하는 것이 효과적이다.

해설 실연의 경우 너무 길거나 짧기보다는 적정한 시간 동안 실연해야 한다.

정답 **41** ④   **42** ②

43 소비자가 자신의 소득수준을 고려하지 않고 다른 사람의 소비수준에 영향을 받아 모방하려는 소비성향을 의미하는 용어로 가장 옳은 것은?

① 전시 효과
② 성취 효과
③ 사회적 상호작용 효과
④ 교류 효과
⑤ 후광 효과

 개인의 소비성향이 타인의 소비성향에 영향을 받아 모방하려는 소비성향은 심리학적인 소비성향의 변화인 전시 효과에 대한 설명이다.

⑤ **후광 효과**: 한 대상의 일반적 견해가 그 대상이나 사람의 세부적 특성을 평가하는 데 영향을 미치는 현상을 의미한다.

44 다음 중 고객관계관리(CRM)에 기반한 고객의 유형 분석 및 관리에 대한 설명으로 가장 옳지 않은 것은?

① 일반적으로 시장점유율을 통해 소비자 수의 증감을 평가하여 고객의 RFM 분석을 실행한다.
② 고객가치관리는 고객생애가치가 다른 고객들을 구분하여 관리한다는 것이다.
③ RFM 분석을 기반으로 고객이 기업에 기여하는 경제적인 가치의 정도에 따라 자원을 할당한다.
④ 목표된 잠재고객이 소비자로 전환되는 획득률과 그 비용을 기반으로 고객의 유형을 구분하기도 한다.
⑤ 고객생애가치는 잠재적이고 변화하는 개념으로 현재 실현된 가치와 잠재적인 가치로 구분하여 이해한다.

 시장점유율은 전체 시장을 기준으로 하는 기업 외부적인 지표이다. RFM 분석은 고객의 개별적인 구매 행동 데이터를 바탕으로 고객가치를 측정하는 기법이므로 시장점유율과 관계가 없다.

참고 RFM 분석법은 구매가능성이 높은 고객을 추출하여 이를 기준으로 고객을 분류하는 분석방법이다.
- **Recency(거래의 최근성)**: 고객이 얼마나 최근에 구입했는가?
- **Frequency(거래빈도)**: 고객이 얼마나 빈번하게 우리 상품을 구입했나?
- **Monetary(거래규모)**: 고객이 구입했던 총금액은 어느 정도인가?

정답 **43** ① **44** ①

45 매장에서 고객컴플레인 처리 과정 중 활용할 수 있는 MTP법에 대한 내용으로 가장 옳은 것은?

① T는 시간을 의미하며 지체 없이 즉각 처리해야 한다.

② P는 사람을 의미하며 판매 담당자에서 수퍼바이저로 바꿔서 응대한다.

③ M은 방법을 의미하여 모든 고객에게 공정하고 효과적인 방법으로 응대한다.

④ M은 금전을 의미하며 불만족한 고객에게는 재무적으로 의미 있는 보상을 해야 한다.

⑤ P는 장소를 의미하며 다른 고객이 있는 매장보다 조용한 공간으로 이동하여 응대한다.

해설 ① 즉각 처리 → 충분한 시간(냉각기간)을 두고 처리
② P: 장소(Place)를 바꾼다: 판매장소 → 사무실·소비자 상담실
③, ④ M: 사람(Man)을 바꾼다: 판매담당자 → 판매관리자(상위 관리자)

참고 고객불평의 처리방법(MTP법)
• 고객불평의 처리방법은 더 높은 고객만족 향상이라는 차원에서 처리되어야 한다.
• 고객불평의 처리방법으로 주로 MTP법(삼변주의 원칙)이 사용되었는데, 사람과 시간, 장소를 바꾸어 불평을 처리하는 방법이다.
 – M: 사람(Man)을 바꾼다: 판매담당자 → 판매관리자(상위 관리자)
 – T: 시간(Time)을 바꾼다: 즉각 처리 → 충분한 시간(냉각기간)을 두고 처리
 – P: 장소(Place)를 바꾼다: 판매장소 → 사무실·소비자 상담실

정답 45 ⑤

유통관리사 3급

2024년
기출문제

2024. 05. 04. 시행 유통관리사 3급
2024. 08. 24. 시행 유통관리사 3급
2024. 11. 16. 시행 유통관리사 3급

유통관리사 3급

유통관리사 3급 기출문제

제 1 과목 유통상식(01~20)

01 유통의 유형 중 직접유통에 대한 설명으로 가장 옳지 않은 것은?

① 직접유통은 제조업체가 중간상을 거치지 않고 소비자와 직접 거래하는 형태이다.
② 제조업체는 직접유통을 통해 유통비용을 절감할 수 있어, 이를 바탕으로 가격경쟁력을 강화시킬 수 있다.
③ 직접유통은 간접유통에 비해 제한된 일부 제품만을 취급하며 제조업체의 시장지배력이 약한 지역에서만 운영된다.
④ 직접유통은 제조업체가 소비자와 관련된 정보를 즉각적으로 획득할 수 있다는 장점을 가진다.
⑤ 직접유통을 수행하기 위해서는 제조업체가 보관, 물류, 판매 등의 기능을 수행해야 하기 때문에 업무가 대폭 증가한다.

> **해설** 직접유통은 중간상(도매업체 소매업체 등)을 거치지 않고 제조업체와 소비자가 직접 거래하는 형태이다.
> ③ 직접유통은 간접유통에 비해 제한된 일부 제품(비표준화된 중량품, 부패 가능한 상품, 기술적으로 복잡한 제품, 전문품 등)만을 취급하며 제조업체의 시장지배력이 강한 지역에서 주로 운영된다.
> 또한 직접유통은 구매단위가 큰 제품이나 구매빈도가 낮으며 비규칙적인 제품에 대해 적용된다.

02 유통경로에서 나타나는 흐름을 전방, 후방, 양방흐름으로 구분할 때 관련된 설명으로 옳지 않은 것은?

① 물적 소유는 시간효용을 창출하며 전방기능흐름에 해당한다.
② 촉진은 제품의 판매를 활성화하는 기능으로 전방기능흐름에 해당한다.
③ 위험부담은 제품의 수요변화 및 가격변화 등에 따른 각종 위험을 부담하는 기능으로 후방기능흐름에 해당한다.
④ 주문은 고정 고객의 확보와 관리를 위해 필요한 기능으로 후방기능흐름에 해당한다.
⑤ 금융은 생산자금 및 외상판매와 관련된 것으로 양방기능흐름에 해당한다.

정답 01 ③ 02 ③

 유통경로에서 나타나는 흐름에서 전방흐름(forward flow)은 생산자로부터 최종 소비자의 방향으로 가는 것으로 물리적인 상품의 이동과 소유권의 흐름, 촉진이 해당된다. 양방흐름에는 협상, 금융, 위험부담 기능 등이 있고, 후방흐름(backward flow)은 소비자로부터 생산자의 방향으로 나타나는 것으로 주문, 판매대금의 결제 등이 있다.
③ 위험부담은 제품의 수요변화 및 가격변화 등에 따른 각종 위험을 부담하는 기능으로 양방흐름에 해당한다.

03 유통경로가 필요한 이유로 가장 옳은 것은?

① 제품의 구매와 판매에 필요한 정보탐색의 노력을 증가시켜 준다.
② 교환과정에서 거래비용 및 거래횟수를 줄임으로써 효율성을 높여준다.
③ 반복적인 거래를 감소시킴으로써 구매와 판매를 용이하게 해준다.
④ 한 장소에서 최소의 상품을 취급하여 소비자 정보탐색에 따른 비용과 시간을 감소시켜 준다.
⑤ 제조업체의 다품종 소량생산, 구매자의 소품종 대량구매 욕구를 충족시켜 준다.

 유통경로에서 중간상이 필요한 이유는 총거래수 최소의 원칙, 분업의 원칙, 변동비 우위의 원칙, 집중관리의 원칙으로 설명할 수 있다.
② 중간상이 존재하여 유통경로가 형성되면 직접유통에 비해 총거래횟수가 감소하므로 거래비용을 감소시켜 유통의 효율성을 높여준다.

04 서비스의 특징인 이질성과 관련된 내용으로 가장 옳은 것은?

① 소비자가 생산과정에 참여한다.
② 재고관리가 어렵다.
③ 유형적 단서를 강조하여 문제가 해결될 수 있다.
④ 표준화와 품질관리가 힘들다.
⑤ 생산과 소비가 동시에 일어난다.

 ④ 서비스는 생산 및 인도과정에서 여러 가변적 요소가 개입되기 때문에 고객마다 다르게 제공되는 이질성(heterogeneity)의 특성을 지니고 있다. 이로 인해 서비스는 표준화하기 어렵고 따라서 서비스 품질관리가 어렵다.
이를 해결하기 위해서는 서비스 제공의 표준절차와 방법을 수립하고 매뉴얼화하는 방법이 있다.

정답 03 ② 04 ④

05 도매상의 제조업체를 위한 역할로 가장 옳지 않은 것은?

① 시장과 상품개발에 대한 정보를 제공한다.
② 상품보관이나 재고에 따른 비용을 절감한다.
③ 판매활성화에 대한 컨설팅 서비스를 제공한다.
④ 시장을 확대시키는 역할을 한다.
⑤ 원활한 주문처리를 한다.

해설 ③ 판매활성화에 대한 컨설팅 서비스를 제공하는 것은 소매상을 위한 도매상의 역할이다.
소매상을 위해 도매상이 담당하는 기능으로는 제품 공급선 기능, 신용 및 금융지원 기능, 구색 편의 제공 기능, 소분판매 기능, 조언 및 기술지원 기능 등이 있다.

06 유통업자 상표(private brand)에 대한 설명 중에서 옳지 않은 것은?

① 유통업자들의 파워가 커질수록 유통업자 상표가 늘어난다.
② 유통업자 상표는 제조업자에 대한 유통업체의 교섭력을 높이는 데 도움을 준다.
③ 제조업자 상표에 비해 지명도가 떨어지기 때문에 점포 내의 좋은 위치에 진열되지 못하여 고객의 반응을 얻는 데 다소 불리하다.
④ 유통업자 상표의 경우 상품기획은 유통업체가 하고, 생산만 제조업체에서 하기도 한다.
⑤ 소매점포에 대한 고객의 충성도를 높일 수 있다.

해설 ③ 유통업자들이 유통업자 상표(PB; Private Brand)를 도입하는 것은 수익성을 개선하고 점포를 차별화하는 등 여러 가지 이점이 있기 때문이다. 따라서 제조업자 상표에 비해 점포 내의 좋은 위치에 진열하여 고객의 좋은 반응을 얻기 위해 노력한다.
유통업자 자체 상표를 부착한 상품은 유통업체의 수익증진과 공급자와 협상력 강화, 브랜드 차별화, 소비자 변화에 적극 대응하기 위한 목적 등을 위해 최근 크게 강화되고 있는 추세에 있다.

정답 **05** ③　**06** ③

07 매장에서 고객을 응대하는 바람직한 판매원의 행동으로 가장 옳지 않은 것은?

① 판매원은 고객과 처음으로 대면할 때 제품구매 유도와 함께 관계형성에도 관심을 가져야 한다.

② 제품을 소개할 때 고객의 흥미를 유발하기 위해 직접 시연(demonstration)하는 방법을 활용할 수 있다.

③ 구매 설득 과정에서 소비자들이 구매에 대한 부정적인 반응을 보일 경우 모두 인정하고 수용해야 한다.

④ 너무 강압적인 구매권유는 고객들로 하여금 부정적인 태도를 갖게 할 수 있다.

⑤ 판매원의 철저한 사후관리는 고객의 재구매를 유도할 수 있는 전략이다.

> **해설**
> ③ 매장에서 고객을 대상으로 구매 설득 과정에서 소비자들이 구매에 대한 부정적인 반응을 보이는 경우 구매를 통해 얻을 수 있는 효용이나 상품이 가져다 줄 수 있는 가치 또는 혜택을 강조하며 적극적으로 대응해야 한다.

08 중간상이 수행하는 분류 기능 중 판매를 위하여 제품을 특정한 재고(제품군)들로 구분하는 작업을 의미하는 용어로 옳은 것은?

① 분류(sorting out)　　　　② 집적(accumulation)

③ 분할(allocation)　　　　④ 구색(assorting)

⑤ 정렬(arraying)

> **해설**
> 판매를 위하여 제품을 특정한 재고(제품군)들로 구분하는 작업을 의미하는 것은 구색(assorting)이다. 즉, 구색은 판매를 위해 배분된 상품들을 카테고리별로 묶어 매장에 진열하는 것을 의미한다.
> ① 분류(sorting out): 이질적인 제품들을 색이나 크기, 용량 등에 따라 상대적으로 동질적인 집단으로 구분하는 활동
> ② 집적(accumulation): 다양한 생산자들로부터 제공되는 제품들을 대규모 공급이 가능하도록 다량으로 구매하여 수합하는 활동
> ③ 분할(allocation) 또는 분배: 구매자가 원하는 소규모 판매단위로 나누는 활동

정답　07 ③　08 ④

09 고객을 대할 때의 행동으로 옳지 않은 것은?

① 적합한 호칭을 사용한다.
② 고객에게 친밀감을 보이기 위해 최대한 가까이 다가선다.
③ 지나치게 큰 모션을 취하지 않는다.
④ 판매지향적 자세보다는 고객중심의 마케팅지향적 자세로 대해야 한다.
⑤ 고객의 눈동자에 시선을 맞추고 경청한다.

해설 ② 판매담당자가 고객과의 첫 대면에서 너무 가깝게 고객을 마주보면 고객이 긴장감을 느끼게 된다. 따라서 너무 가깝게 마주보는 것은 피해야 한다.

10 경청의 자세로 옳지 않은 것은?

① 자연스러운 자세로 고객에게 집중하면서 말의 의도를 파악하며 듣는다.
② 고객의 말을 자신의 경험과 지식에 근거하여 판단하고 해석하며 적극적으로 듣는다.
③ 고객의 말에 호응을 하거나 고개를 끄덕이는 등의 반응을 보인다.
④ 의문이 있는 경우에는 고객의 말이 끝난 뒤에 묻는다.
⑤ 고객과 눈을 맞춘 상태에서 공감하며 듣는다.

해설 ② 경청의 자세는 고객이 말하려는 의미와 의도를 파악하여 적극적으로 듣는 것이다. 그러면 고객의 감춰진 의도와 감정도 이해하게 되고 갈등과 반감을 줄이면서 신뢰와 공감대가 만들어질 수 있다.

11 윤리경영이 필요한 이유로 옳지 않은 것은?

① 윤리경영은 기업의 사회적 책임을 강조하여 사회적 정당성을 확보하는 데 도움을 준다.
② 윤리경영은 기업의 신뢰도와 이미지를 높여 고객의 충성도를 증가시키는 데 도움을 준다.
③ 기업과 사회 간의 상호 의존성이 더욱 강화되기 때문에 윤리경영을 통해 지속 가능한 성장을 도모할 수 있다.
④ 윤리경영은 다양한 이해관계자들과 긍정적인 관계를 형성하여 협력을 강화하고 기업목표달성에 도움을 준다.
⑤ 윤리경영은 기업경영에서 발생할 수 있는 법적인 문제에 대해 사후적으로 해결하는 역할을 한다.

정답 **09** ② **10** ② **11** ⑤

 ⑤ 윤리경영은 기업경영에서 발생할 수 있는 다양한 유형의 문제가 발생하지 않도록 사전적으로 예방하는 역할을 한다.

12 **직업윤리에 대한 설명으로 가장 옳지 않은 것은?**

① 직무에 대한 사명감과 책임감 등 모든 직업인에게 공통보편적으로 요구되는 직업 일반의 윤리는 없다고 볼 수 있다.
② 기본적으로는 직업윤리도 개인윤리의 연장선이라 할 수 있다.
③ 모든 사람은 직업의 성격에 따라 각각 다른 직업윤리를 가질 수 있다.
④ 공직자나 의사, 교육자 등 직업에서 강조되어야 할 윤리는 직업별 윤리라고 할 수 있다.
⑤ 직업윤리는 개인윤리를 바탕으로 각자가 직업에 종사하는 과정에서 요구되는 특수한 윤리 규범이다.

 ① 직업윤리는 모든 직업에서 공통적으로 지켜야 할 행동규범과 각각의 직업에서 지켜야 할 세분화된 행동규범들을 말한다. 직업윤리는 직무에 대한 사명감과 책임감 등 모든 직업인에게 공통적으로 요구되는 직업 일반의 윤리를 의미한다.
직업윤리는 크게 소명 의식과 천직 의식, 직분 의식과 봉사 정신, 책임 의식과 전문 의식으로 나눌 수 있다.

13 **소비자기본법(법률 제19511호, 2023.06.20., 일부개정) 제10조에서 제시하는 국가가 정해야 하는 물품 등에 대한 표시기준으로 옳지 않은 것은?**

① 상품명·용도·성분·재질·성능·규격·가격·용량·허가번호 및 용역의 내용
② 물품 등을 제조·수입 또는 판매하거나 제공한 사업자의 명칭 및 물품의 원산지
③ 사용방법, 사용·보관할 때의 주의사항 및 품질보증기간 또는 유효기간
④ 물품 등에 따른 불만이나 소비자피해가 있는 경우의 처리기구
⑤ 물품 등을 사용할 때의 지시사항이나 경고 및 그 밖의 위해방지를 위하여 필요하다고 인정되는 사항

정답 **12** ①　**13** ⑤

[해설] ⑤는 국가가 소비자의 생명·신체 또는 재산에 대한 위해를 방지하기 위하여 정해야 하는 사업자가 지켜야 할 기준에 포함된다(법 제8조 제1항).

[참고] 소비자기본법 제10조(표시의 기준) 제1항

국가는 소비자가 사업자와의 거래에 있어서 표시나 포장 등으로 인하여 물품 등을 잘못 선택하거나 사용하지 아니하도록 물품 등에 대하여 다음 각 호의 사항에 관한 표시기준을 정해야 한다.
1. 상품명·용도·성분·재질·성능·규격·가격·용량·허가번호 및 용역의 내용
2. 물품 등을 제조·수입 또는 판매하거나 제공한 사업자의 명칭 및 물품의 원산지
3. 사용방법, 사용·보관할 때의 주의사항 및 경고사항
4. 제조연월일, 부품보유기간, 품질보증기간 또는 식품이나 의약품 등 유통과정에서 변질되기 쉬운 물품은 그 유효기간
5. 표시의 크기·위치 및 방법
6. 물품 등에 따른 불만이나 소비자피해가 있는 경우의 처리기구 및 처리방법
7. 시각장애인을 위한 표시방법

14 유통산업발전법(법률 제19117호, 2022.12.27., 타법개정)에서 제시하고 있는 유통산업시책의 기본방향으로 옳지 않은 것은?

① 유통산업에서의 소비자 편익의 증진
② 유통구조의 선진화 및 유통기능의 효율화 촉진
③ 유통산업에서 소상공인에게 우선적 사업기회 제공
④ 유통산업의 지역별 균형발전의 도모
⑤ 유통산업에서의 건전한 상거래질서의 확립 및 공정한 경쟁여건의 조성

[해설] ③은 유통산업시책의 기본방향에 해당하지 않는 내용이다. 시책의 기본방향에는 중소유통기업의 구조개선 및 경쟁력 강화를 규정하고 있다.

[참고] 유통산업발전법 제3조(유통산업시책의 기본방향)

정부는 유통산업발전법의 목적을 달성하기 위하여 다음 각 호의 시책을 마련하여야 한다.
1. 유통구조의 선진화 및 유통기능의 효율화 촉진
2. 유통산업에서의 소비자 편익의 증진
3. 유통산업의 지역별 균형발전의 도모
4. 유통산업의 종류별 균형발전의 도모
5. 중소유통기업의 구조개선 및 경쟁력 강화
6. 유통산업의 국제경쟁력 제고
7. 유통산업에서의 건전한 상거래질서의 확립 및 공정한 경쟁여건의 조성
8. 그 밖에 유통산업의 발전을 촉진하기 위하여 필요한 사항

정답 14 ③

15 아래 글상자에서 전자상거래와 전통적인 상거래의 비교 설명으로 옳지 않은 것은?

구분	분류	전자상거래	전통적인 상거래
㉠	거래시간	24시간	제한된 영업시간
㉡	고객정보	영업사원이 획득하고 정보 재입력이 필요	수시로 획득하고 재입력이 필요 없는 디지털 데이터
㉢	마케팅 커뮤니케이션	쌍방향 커뮤니케이션	일방적인 커뮤니케이션
㉣	고객대응	고객수요를 신속히 포착하여 즉각적인 대응	직접적인 대면 상호작용
㉤	판매거점	온라인 판매공간	오프라인 판매공간

① ㉠　　　　　　　　　　　② ㉡
③ ㉢　　　　　　　　　　　④ ㉣
⑤ ㉤

② 전통적인 상거래에서 고객정보는 영업사원이 획득하고 영업사원은 획득한 정보의 재입력이 필요하다. 그러나 전자상거래에서 고객정보는 수시로 획득하고 재입력이 필요 없는 디지털 데이터의 형태를 갖는다.

16 점포 소매업의 분류별 특징에 대한 설명으로 가장 옳지 않은 것은?

① 백화점은 편리한 입지, 쾌적한 쇼핑 공간 등 최상의 서비스 품질로 고객 만족을 추구하는 점포이다.

② 전문점은 취급하는 제품계열은 한정적이나 제품계열 내에서 깊이 있는 품목을 취급하는 전문화된 서비스를 제공한다.

③ 편의점은 식료품과 편의품 등 한정적인 제품계열을 대규모 매장에서 제공하여 고객에게 편익을 제공한다.

④ 한정적인 제품계열을 깊게 취급하며 할인점보다 저렴한 가격 전략을 추진하는 점포는 카테고리 킬러이다.

⑤ 슈퍼마켓은 일반적으로 다품종, 저가격, 저서비스, 고회전율 전략을 실행한다.

③ 편의점은 식료품과 편의품 등 한정적인 제품계열을 소규모 매장에서 제공하며, 24시간 영업을 통해 고객에게 편익을 제공한다. 편의점은 높은 회전율과 높은 마진을 특징으로 한다.

정답 **15** ② **16** ③

17 말하기와 관련된 판매원의 자세로 옳지 않은 것은?

① 존댓말을 사용한다.
② 전문용어 사용을 자제한다.
③ 고객이 말하는 속도에 맞춘다.
④ 적당한 크기의 음성으로 명확하게 발음한다.
⑤ 신조어나 줄임말 같은 일상어를 사용하는 것도 무방하다.

> **해설** ⑤ 말하기, 즉 고객응대화법에서 신조어나 줄임말과 같은 일상어는 누구나 다 알아들을 수 있는 것은 아니므로 자제해야 한다. 고객이 이해하기 쉬운 말로, 공손하고 명확하게 말하는 것이 필요하다.

18 다음 중 불공정 거래행위로 옳지 않은 것은?

① 정상가격으로 매입한 직매입 또는 주문제조상품을 할인행사 등을 이유로 납품대금을 낮춰서 지급한 경우
② 직매입 납품업체의 납품과정에서 상품에 오손, 훼손, 하자가 발생한 경우 상품대금을 감액하여 지급한 경우
③ 주문제조거래 계약에 대해 소매업자의 사정 또는 판매 트렌드 변화 등을 이유로 납품기일을 연기하거나 납품을 거부하는 경우
④ 직매입 또는 주문제조거래 계약을 특정매입계약으로 전환하면서 기존의 재고상품을 특정매입상품으로 취급하여 반품하는 경우
⑤ 납품업자에게 배타적 거래 계약을 하도록 유도하거나 납품업자가 다른 사업자와 거래하는 것을 방해한 경우

> **해설** ② 직매입 납품업체의 납품과정에서 상품에 오손, 훼손, 하자가 발생한 경우는 납품업체가 책임져야 하는 상황이므로 상품대금을 감액하여 지급하는 것은 불공정한 거래행위라고 볼 수 없다.

정답 **17** ⑤ **18** ②

19 양성평등과 관련한 사항 중 가장 옳지 않은 것은?

① 동일한 사업 내 동일가치의 노동에 대해서 성별에 상관없이 동일한 임금을 지급해야 한다.

② 근로자의 교육과 배치 및 승진에 있어 결혼, 임신, 출산 등으로 차별 대우를 해서는 안 된다.

③ 근로자의 정년 및 해고에 관해 여성인 것을 이유로 차별해서는 아니 되지만, 임신 또는 출산을 퇴직사유로 예정하는 근로계약 체결은 가능하다.

④ 임금, 교육훈련, 승진, 정년, 퇴직 등 직장생활 전 영역에서 남성과 여성에게 동일한 기회를 주어야 한다.

⑤ 직무수행에 필요하지 않은 용모, 키, 체중 등의 신체적 조건과 미혼조건, 기타 노동부령이 정하는 조건을 요구하지 않는다.

> **해설** ③ 사업주는 여성 근로자의 혼인, 임신 또는 출산을 퇴직 사유로 예정하는 근로계약을 체결하여서는 아니 된다(남녀고용평등과 일·가정 양립 지원에 관한 법률 제11조 제2항).

20 바람직한 판매사원의 역할로서 가장 옳지 않은 것은?

① 고객에게 상품에 대한 설명 제공

② 판매조건에 대한 고객과의 협상

③ 판매 종결 이후의 지속적 사후관리

④ 고객의 이의 제기에 대한 응답 제공

⑤ 고객의 성향과 무관한 일관적 대응

> **해설** ⑤ 바람직한 판매사원의 역할은 고객이 상품을 구매하도록 유도하고, 이후에도 지속적인 사후관리를 통해 충성고객화하여 고객을 유지하는 것이다. 고객의 성향을 잘 파악하고 성향에 맞는 유연한 대응이 필요하다.

정답 **19** ③ **20** ⑤

제**2**과목 판매 및 고객관리(21~45)

21 제품수명주기 중 성숙기에서 수행 가능한 전략으로 가장 옳지 않은 것은?

① 대대적인 광고·홍보 캠페인을 시행하여 제품 인지도를 증가시킨다.
② 제품의 용도를 다양화하고 새로운 소비자층을 개발하여 수요를 확대한다.
③ 제품의 생산과 유통을 효율화하고 비용을 절감하여 이익률을 높인다.
④ 제품에 대한 판매촉진을 강화하여 시장점유율을 방어한다.
⑤ 제품의 품질과 디자인을 개선하고 브랜드를 차별화한다.

> **해설** 제품수명주기(PLC)는 제품의 도입기, 성장기, 성숙기 및 쇠퇴기의 단계를 거친다. 성숙기에는 제품의 매출이 더 이상 증가하지 않아 재고가 증가하므로 시장 수정전략이나 제품 수정전략, 또는 마케팅믹스 수정전략을 고려할 수 있다.
> ① 대대적인 광고·홍보 캠페인을 시행하여 제품 인지도를 증가시키는 것은 도입기의 전략이다.

22 상품 구색에 대한 설명으로 가장 옳지 않은 것은?

① 구색은 주로 소비자 관점에서 대체 가능한 상품으로 제공 범위와 관계가 있다.
② 구색은 표적고객의 수요 충족 기회를 극대화시키는 것과 관계가 있다.
③ 구색을 결정할 때 과잉재고로 인한 비용 문제를 고려해야 한다.
④ 제공할 수 있는 대체품목 수가 증가할수록 소비자의 욕구를 만족시킬 가능성은 감소한다.
⑤ 구색에 따라 매장이 가지는 개성이 달라질 수 있다.

> **해설** ④ 상품 구색과 관련하여 제공할 수 있는 대체품목 수가 증가할수록 소비자의 선택의 폭이 넓어지므로 소비자의 욕구를 만족시킬 가능성은 증가한다.

23 상품을 핵심제품, 유형제품, 확장제품의 3차원으로 분류할 때, 다음 중에서 확장제품을 구성하는 요소로 옳은 것은?

① 품질보증(warranty)　　② 포장(package)
③ 상표명(brand name)　　④ 디자인(design)
⑤ 스타일(style)

정답　21 ①　22 ④　23 ①

 코틀러(P. Kotler)가 제시하는 상품의 3가지 차원에서 핵심제품(core product)은 소비자가 그 상품으로부터 얻기를 원하는 편익을 의미하고, 유형제품(tangible product)은 소비자가 상품으로부터 추구하는 편익을 구체적인 물리적 속성들의 집합으로 유형화시킨 것으로 디자인·품질·포장·브랜드 등을 의미한다.
① 확장제품(augmented product)은 유형제품에다 친절한 판매 서비스, 품질보증기간, 기업의 브랜드, 점원의 태도 등의 속성이 부가된 것을 의미한다.

24 편의품의 경우에 일반적으로 사용되는 경로 커버리지 정책으로 가장 옳은 것은?

① 간접적 경로 커버리지 정책　　② 집약적 경로 커버리지 정책
③ 전속적 경로 커버리지 정책　　④ 직접적 경로 커버리지 정책
⑤ 선택적 경로 커버리지 정책

 유통범위(경로 커버리지) 또는 유통집중도(distribution intensity)는 특정지역에서 중간상의 업무를 수행할 점포(소매상)의 수를 의미한다. 제조업자가 선택할 수 있는 경로 커버리지 전략에는 집중적 유통, 선택적 유통, 전속적 유통이 있다.
② 편의품의 경우에는 모든 소매점이 상품을 판매할 수 있도록 공급해야 하므로 집중적(또는 집약적, 개방적) 경로 커버리지 정책을 사용하는 것이 바람직하다.

25 상품진열을 위한 상품 분류의 기준으로서 가장 옳지 않은 것은?

① 색상　　　　　② 가격대
③ 스타일　　　　④ 사용용도
⑤ 구매충동성

 상품의 색상, 디자인, 소재, 용도, 가격 등의 특성은 상품진열을 위한 디스플레이의 기본방향을 결정짓는 역할을 한다.

26 점포설계의 주요 목적으로 가장 옳지 않은 것은?

① 소매업체의 소매전략 수행　　② 직원 작업 공간 확대
③ 방문 시 구매율 증가　　　　④ 효율성 증대를 위한 비용관리
⑤ 법적 요건의 충족

정답　**24** ②　**25** ⑤　**26** ②

 점포설계는 소매업체가 판매수익을 극대화하고 비용을 절감할 수 있는 차원에서 이루어져야 한다. 법적 요건을 충족시키는 범위에서 고객이 편리하게 구매할 수 있도록 하여 구매율도 증대시킬 수 있어야 한다. ② 진열공간의 확대를 위해 직원의 작업 공간은 축소하는 것이 바람직하다.

27 매장의 구성에 대한 내용으로 가장 옳지 않은 것은?

① 매장 내 배치의 기본 원칙은 고객이 쉽게 원하는 물건을 찾을 수 있도록 하는 동시에, 매장 전체를 돌아볼 수 있도록 동선을 구성하는 것이다.
② 매장의 통일성을 위해 모든 제품은 동일한 양식으로 배치해야만 한다.
③ 매장 내의 색상은 고객의 행동에 영향을 미친다.
④ 매장 내 종업원의 복장은 고객의 행동에 영향을 미친다.
⑤ 계산대 근처에 충동성 있는 상품을 배치하여 고객이 계산을 기다리는 동안 충동적으로 상품을 구매하도록 유도할 수 있다.

 ② 매장은 상품전시를 위한 공간이므로 매우 기능적인 성격을 지니고 있으며, 구체적이고 현실적인 형태로 연출하고 구성하여야 한다. 따라서 고객의 시선을 끌 수 있도록 변화를 주어 제품의 형태와 특성에 따라 다양한 양식으로 배치하는 것이 바람직하다.

28 고객을 응대하는 기법으로 가장 옳은 것은?

① 판매원은 항상 고객이 먼저 말을 걸어올 때 응대해야 한다.
② 고객에게 친밀감을 주기 위해 허물없는 태도로 고객을 대하여야 한다.
③ 고객과의 대화는 설득의 성격이 있으므로 더 많은 정보를 갖고 있는 판매자가 주도할 필요가 있다.
④ 상품은 점포의 것이기도 하지만 곧 고객의 것이 될 수도 있는 것이기 때문에 제시나 취급에 최대한 신중한 자세로 임하여야 한다.
⑤ 고객요구를 파악하여 요구에 맞는 상품을 최대한 많이 제시한다.

① 판매원은 고객이 들어오면 미소를 띠고 인사하며 먼저 말을 거는 것이 바람직하다.
② 고객에게 친밀감을 주기 위해서는 예의 바르고 정중하게, 밝고 상냥하게 고객을 대하여야 한다.
③ 고객과의 대화는 고객의 요구사항을 경청하는 것으로부터 시작하여 고객의 질문에 응대하는 것이 바람직하다.
⑤ 고객요구를 파악하여 요구에 맞는 상품을 적절히 제시하여 고객이 쉽게 선택하도록 하는 것이 바람직하다.

정답 27 ② 28 ④

29 POS(Point of Sales) 시스템의 장점에 대한 설명으로 가장 옳지 않은 것은?

① 매상등록시간이 단축되어 고객 대기시간을 줄일 수 있다.

② POS 도입으로 판매원의 교육훈련 시간이 증가하지만 입력오류를 방지할 수 있다.

③ 단품관리에 의해 잘 팔리는 상품과 잘 팔리지 않는 상품을 파악할 수 있다.

④ 상품기획이나 매장효율성 제고 등에 활용할 수 있다.

⑤ POS 시스템은 유통업체만이 아니라 제조업체에게도 의미 있는 정보를 제공한다.

해설 ② POS 시스템을 도입하면 도입 이전에 비해 판매원의 교육훈련 시간은 감소하고, 입력오류를 방지할 수 있다.

30 서비스 품질을 평가하는 SERVQUAL의 품질차원에 대한 설명으로 가장 옳지 않은 것은?

① 신뢰성(reliability)은 약속된 서비스를 정확하게 제공하는 능력을 의미한다.

② 유형성(tangibles)은 서비스의 제공을 위한 물리적 시설, 장비 등과 같은 외형적인 단서를 의미한다.

③ 확신성(assurance)은 서비스를 제공하는 종업원의 능력, 예절, 전문성 등과 관련이 있다.

④ 공감성(empathy)은 고객에 대한 충분한 이해, 원활한 의사소통 등과 관련이 있다.

⑤ 응답성(responsiveness)은 기업평판과 서비스 제공자의 진실성, 정직성을 의미한다.

해설 ⑤ 대응성 또는 응답성(responsiveness)은 고객에게 언제든지 준비된 서비스를 제공하겠다는 것을 나타낸다.

참고 **SERVQUAL의 품질차원**
SERVQUAL의 5개 차원, 즉 RATER는 ㉠ 서비스에 대한 신뢰를 바탕으로 정확하게 업무를 수행하는 능력을 나타내는 신뢰성(Reliability), ㉡ 고객에 대해 직원들의 능력·예절·신빙성·안전성을 전달하는 능력을 나타내는 확신성(Assurance), ㉢ 눈으로 구분 가능한 설비나 장비 등 물리적으로 구성되어 있는 외양을 나타내는 유형성(Tangible), ㉣ 고객에게 제공하는 개별적인 배려와 관심을 나타내는 공감성(Empathy), ㉤ 고객에게 언제든지 준비된 서비스를 제공하겠다는 것을 나타내는 대응성(Responsiveness) 등이다.

정답 29 ② 30 ⑤

31 소비자 대상 판매촉진 방법에 대한 설명으로 옳은 것은?

① 샘플은 가격에 민감한 고객에게 가격을 할인해 주는 효과가 있어 즉각적인 상품구매를 유도한다.

② 쿠폰은 모든 소비자에게 할인해 주지 않으면서 제품 사용의 기회를 제공한다는 점에서 효과가 있다.

③ 프리미엄은 정상가격에 기존제품보다 더 많은 양이나 더 많은 개수의 제품을 제공하는 것이다.

④ 경품은 제품구매에 대한 확실한 보상으로 무상 또는 저렴한 가격으로 제품이나 서비스를 제공해 주는 것이다.

⑤ 가격할인은 재고상품 판매 또는 매출 증대를 위해 일시적으로 가격을 인하하는 것을 말한다.

> **해설** 소비자 대상 판매촉진 방법으로 ①은 쿠폰, ②는 샘플, ③은 경품, ④는 프리미엄에 대한 설명이다.

32 촉진관리에 대한 설명 중 가장 옳지 않은 것은?

① 촉진 유형은 대중매체를 이용한 촉진과 세분화된 커뮤니케이션 방법을 이용한 촉진으로 구분될 수 있다.

② 최근 대중매체보다는 세분화된 커뮤니케이션을 통한 촉진이 주목받고 있다.

③ 촉진믹스는 산업의 특성에 따라 다르게 나타날 수 있다.

④ 촉진전략 중 광고는 매우 다양한 형태를 가지고 있어 특성을 일반화하기 어렵다.

⑤ 일반적으로 촉진은 한 가지 방법을 선택하여 집중적으로 진행하는 것이 가장 유리하다.

> **해설** ⑤ 촉진관리는 촉진믹스(promotion mix)라는 표현에서처럼 광고, 홍보, 인적 판매 및 판매촉진 등 가능한 방법을 모두 활용하여 진행하는 것이 바람직하다.

정답 **31** ⑤ **32** ⑤

33 푸시(push) 전략에 대한 설명으로 가장 옳지 않은 것은?

① 푸시(push) 전략 중 광고는 제조업자가 최종 구매자를 대상으로 하는 가장 효과 빠른 촉진활동이다.

② 푸시(push) 전략은 제조업자가 유통업자들을 대상으로 하는 촉진활동이다.

③ 푸시(push) 전략은 주로 판매촉진과 인적 판매 수단을 이용한다.

④ 푸시(push) 전략의 사례로 제약회사가 일반의약품을 약국을 대상으로 촉진활동하는 것을 들 수 있다.

⑤ 푸시(push) 전략의 목표는 유통업자들로 하여금 해당 상품을 많이 취급하고 최종 구매자들에게 적극적으로 권하도록 하는 데 있다.

해설 ① 광고는 제조업자가 최종 구매자를 대상으로 하는 가장 효과 빠른 촉진활동으로 풀(pull) 전략이다. 유통업자가 최종 소비자에게 촉진활동을 하는 것은 풀(pull) 전략이고, 제조업자가 유통업자에게 촉진을 수행하는 것은 푸시(push) 전략이다.

○ 커뮤니케이션 전략

풀(pull) 전략	푸시(push) 전략
• 소비자를 상대로 적극적인 프로모션 활동을 하여 소비자들이 제품을 찾게 만들고 중간상인들은 소비자가 원하기 때문에 제품을 취급할 수밖에 없이 만드는 전략이다. • 풀 전략을 사용할 경우 광고와 홍보를 주로 사용하게 되며 쿠폰, 견본품, 경품 등과 같은 소비자를 대상으로 하는 판매촉진을 많이 사용하게 된다.	• 제조업자는 도매상에게 도매상은 소매상, 소매상은 소비자에게 제품을 판매하게 만드는 전략이다. • 푸시 전략은 인적 판매를 통하거나 가격할인, 수량할인 등과 같은 중간상인을 대상으로 하는 판매촉진을 주로 사용하여 실행하게 된다.

34 아래의 글상자에서 설명하는 용어로 가장 옳은 것은?

> 이것은 기업의 커뮤니케이션 경로들을 통합하고 조정하여 명확하고 일관성 있게 기업과 브랜드에 대한 설득력 있는 메시지를 전달하는 것을 의미한다.

① 온라인 광고 전략(online advertising strategy)

② 독립적 마케팅 채널 전략(independent marketing channel strategy)

③ 통합적 대중 마케팅(integrated mass marketing)

④ 통합적 마케팅커뮤니케이션(integrated marketing communication)

⑤ 병렬 커뮤니케이션 전략(parallel communication strategy)

정답 **33** ①   **34** ④

 기업의 커뮤니케이션 경로들을 통합하고 조정하여 명확하고 일관성 있게 기업과 브랜드에 대한 설득력 있는 메시지를 전달하는 것은 통합적 마케팅커뮤니케이션(integrated marketing communication)이다.

35 충성도가 높은 고객의 특징으로 가장 옳지 않은 것은?

① 제품을 반복적으로 구매한다.
② 경쟁기업의 유인전략에 잘 반응하지 않는다.
③ 프로모션이나 할인에 대한 민감도가 상대적으로 높다.
④ 잠재구매자들에게 호의적인 구전을 전달한다.
⑤ 브랜드에 대한 신뢰도가 상대적으로 높다.

 ③ 충성도가 높은 고객은 기업과의 거래에 드는 비용이나 가격에 대해 비탄력적이다. 즉, 충성고객은 프로모션이나 할인에 대한 민감도가 상대적으로 낮은 고객이다.

36 고객 중심의 인접진열 사례로 가장 옳지 않은 것은?

① 빵 또는 시리얼과 우유
② 치약과 칫솔
③ 세탁세제와 주방·주거세제
④ 채소류와 샐러드 소스류
⑤ 샴푸류와 린스류

 고객 중심의 인접진열은 고객이 함께 구매하는 관련이 있는 보완상품을 함께 진열하여 고객이 쉽게 구매할 수 있도록 진열하는 것이다.
③ 세탁세제와 주방·주거세제는 용도가 다르므로 보완상품으로 볼 수 없고, 따라서 인접진열이라고 할 수 없다.

37 아래 글상자에서 설명하는 개념으로 가장 옳은 것은?

> 소비자는 제품에 대한 과거 경험이나 일정 수준의 품질을 가지고 있는 제품에 대한 커뮤니케이션에 기반해서 해당 제품의 성능에 대한 신념을 형성한다. 만약 그 제품의 품질이 이에 미치지 못하면 소비자는 불만족을 느낀다.

① 자기효능감 이론(self-efficacy theory)
② 기대불일치모델(expectancy disconfirmation model)
③ 사회적 학습이론(social learning theory)
④ 정서적 반응이론(emotional response theory)
⑤ 브랜드 자산이론(brand equity theory)

정답 **35** ③ **36** ③ **37** ②

 제시된 내용은 소비자의 만족과 불만족을 설명하는 기대불일치모델(expectancy disconfirmation model)이다. 기대불일치모델에 의하면, 만족과 불만족은 소비자가 제품사용 후에 내린 평가가 기대 이상이냐 혹은 기대 미만이냐에 따라 결정된다.

38 고객의 소리 관리에 대한 설명으로 옳지 않은 것은?

① 고객이 자발적으로 남긴 질문 및 의견들로 통계적 대표성을 갖는다.

② 고객의 입장에서 신속하고 성의 있는 답변으로 충성도를 제고한다.

③ 이메일이나 정기적인 서비스 콜을 통해 지속적으로 고객의 소리를 관리한다.

④ 고객 문의나 불평 처리 시 고객정보가 유출되지 않도록 관리한다.

⑤ 고객 불평에 대한 핵심 내용을 파악하고 재발 방지를 위한 직원 교육을 시행한다.

 ① 고객의 소리(VOC; Voice of Customer)는 고객들이 자발적으로 남긴 질문 및 의견들을 말한다. 고객마다 큰 차이를 보이므로 통계적으로는 대표성을 갖는다고 보기 어렵다.

39 점포 레이아웃에 대한 설명으로 옳지 않은 것은?

① 점포 레이아웃은 소비자흐름을 원활하게 하는 동시에 상품운반이 용이하도록 통로를 만들기 위한 목적을 가지고 있다.

② 주통로는 소비자의 통행을 원활하게 하고 점포를 전체적으로 일목요연하게 볼 수 있도록 설계된 점포의 대로이다.

③ 부통로는 주통로와 연결되어 소비자의 통행을 분산하면서 상품의 품종을 구분할 수 있도록 설계한 통로이다.

④ 일방통행준수(one way control) 방식에서는 입구와 출구를 분명하게 구분하는 것을 원칙으로 한다.

⑤ 소비자 동선은 가능한 한 짧게 설정하고, 상품동선은 가능한 한 길게 설정하는 것이 동선의 기본 원칙이다.

 ⑤ 효율적인 점포 레이아웃을 통해 소비자 동선은 주통로와 부통로를 구분하여 보다 많은 상품을 보게 하기 위해 가급적 길게 설계하여야 한다. 또한 시선집중을 위한 포인트를 설정하고 사각이 없도록 해야 한다. 반면 상품동선은 가능한 한 짧게 해야 하고 고객동선과 겹치지 않도록 설계해야 한다.

정답 **38** ① **39** ⑤

40 고객만족경영에 대한 아래의 설명 중에서 가장 옳지 않은 것은?

① 고객불평을 중요시 여기며, 이를 잘 해결하고 고객에게 피드백을 제공해야 한다.
② 고객을 만족시킴으로써 고객과의 관계 형성을 추구한다.
③ 기존 고객의 유지보다는 신규 고객의 창출이 더욱 중요하다.
④ 고객만족의 선행지수로 종업원만족지수, 내부고객만족지수 등이 있다.
⑤ 고객만족지수 등을 개발하여 성과를 계량화하여야 한다.

해설 고객만족경영(CSM; Customer Satisfaction Management)은 고객의 만족을 통해 감동을 선사함으로써 고객이 제품이나 서비스를 찾도록 하는 것으로, 이를 위한 기법이 고객관계관리(CRM)이다.
③ 고객관계관리는 신규 고객의 창출보다는 기존 고객의 유지를 더 중요시하는 기법이다.

41 상품포장에 대한 설명으로 가장 옳지 않은 것은?

① 상품포장은 소비자의 주의를 끌 수 있다.
② 상품포장은 제품의 특징을 표현해 준다.
③ 기업과 브랜드가 즉각적으로 인식되는 상품포장은 피해야 한다.
④ 상품포장은 제품을 보호하며 사용을 더 편리하게 만드는 역할을 한다.
⑤ 재활용 및 분리수거 가능한 재료를 사용한 상품포장은 친환경 이미지를 강조할 수 있다.

해설 ③ 포장에서 상업포장(소비자 포장)은 판매촉진을 목적으로 하는 포장이다. 따라서 생산한 기업이나 브랜드가 즉각적으로 인식될 수 있는 상품포장은 상업포장(소비자포장)에서 매우 바람직하다.

42 상품별로 매장공간을 배분할 때 고려해야 할 요인으로서 가장 옳지 않은 것은?

① 판매 장치와 설비의 매장 내 배치
② 계획된 상품별 진열방식
③ 위치에 따른 상품별 고객 흡인력
④ 상품별 한계 공간 수익성
⑤ 전체 판매에서 차지하는 상품별 상대적 비중

해설 ① 상품별로 매장공간을 배분할 때 판매를 위한 장치와 설비의 매장 내 배치는 고려해야 할 요인으로 볼 수 없다.

정답 40 ③ 41 ③ 42 ①

43 다음 중 상품의 가격탄력성이 낮을 것으로 판단되는 경우로 옳지 않은 것은?

① 시장의 트렌드 변화가 빠르며 소비자의 구매습관 변화가 빈번하게 발생할 때
② 자사 제품이 경쟁제품과 비교해 독특한 제품 특성 및 브랜드 위상을 가질 때
③ 대체품을 찾기 힘들거나 대체재들의 품질을 쉽게 비교할 수 없을 때
④ 제품이 소비자의 습관이나 선호와 깊이 연관되어 있을 때
⑤ 소비자들이 고가격을 고품질과 연관시켜 고가격제품을 기꺼이 구매하고자 할 때

> **해설** 상품의 가격탄력성은 가격이 변화할 때 수요량이 변화하는 정도를 나타내는 개념이다.
> ① 시장의 트렌드 변화가 빠르며 소비자의 구매습관 변화가 빈번하게 발생할 때는 수요량이 크게 변화
> 하므로 상품의 가격탄력성이 높을 것으로 판단된다.

44 서비스품질은 서비스에 대한 고객의 사전기대와 경험한 이후의 인식의 차이로 결정된다. 이때 고객의 기대를 구성하는 요인으로 옳지 않은 것은?

① 고객의 개인적인 니즈
② 서비스에 대한 고객의 이용 경험
③ 소비자의 기대에 대한 경영자의 인식
④ 서비스에 대한 다른 고객들의 추천
⑤ 기업의 광고 및 홍보활동

> **해설** ③ 소비자의 기대에 대한 경영자의 인식과 고객의 기대를 구성하는 요인과는 아무 관련이 없다.
> 서비스품질이 서비스에 대한 고객의 사전기대와 경험한 이후의 인식의 차이로 결정된다는 주장은
> 파라슈라만(Parasuraman) 등의 Gap 모형이다.

45 소매업체가 고객유지를 위해 고객과의 유대관계를 강화하는 합리적 방안으로 가장 옳지 않은 것은?

① 교차판매, 묶음판매를 통한 거래관계의 확장
② 구매금액의 일정비율을 적립해 주는 보상프로그램 운영
③ 관계 마케팅을 위해 잠재적 신규고객의 행동 예측
④ 단골고객에게 맞춤화된 차별적 고객서비스 제공
⑤ 판매원과 고객 사이의 신뢰관계 구축

> **해설** ③ 관계 마케팅(relation marketing)은 한 번 구매한 고객은 영원한 고객으로 유지되도록 장기적인 관
> 계를 맺고 관리해 나가는 마케팅 기법이다.
> 기업 간의 경쟁이 치열해지고 새로운 고객을 확보하는 것이 어려워짐에 따라 새로운 고객의 창출도
> 중요하지만 기존고객과의 관계를 잘 유지하는 것이 쉽고 저렴하게 수익을 확보하는 방법이라는 것
> 을 알게 되어 관계 마케팅이 등장하였다.

정답 **43** ① **44** ③ **45** ③

유통관리사 3급 기출문제

01 소매업의 특징에 관한 설명으로서 가장 옳지 않은 것은?

① 영업전략에 따라 소매점의 소매업태를 구분한다.

② 소매업태는 일반적으로 수명주기를 가진다.

③ 주력 판매상품에 따라 소매점의 업종을 구분한다.

④ 소매점의 대형화는 도매상의 발전을 동반한다.

⑤ 산업재 유통경로에는 소매상이 존재하지 않는다.

> **해설** ④ 백화점, 대형마트의 확산으로 소매점이 대형화되면 제조업자와 대형 소매점 간 직접 거래가 이루어
> 져 도매상은 쇠퇴하는 것이 최근 나타나고 있는 일반적인 현상이다.

02 일반대형마트와 비교한 창고형 할인매장에 대한 특징으로 가장 옳지 않은 것은?

① 물류비나 인건비 절감을 위해 파렛트에 실린 상품을 그대로 매장에 진열하기도 한다.

② 일반대형마트에 비해 상품 구색이 훨씬 다양한 편이다.

③ 배달서비스를 제공하지 않는 경우가 대다수이며 매장 내 서비스 수준도 낮은 편이다.

④ 회원제도를 운영하지 않는 곳도 있지만 회원제로 운영하는 것을 근간으로 한다.

⑤ 대량구매를 원하는 비즈니스 고객들에게 인기가 많다.

> **해설** ② 창고형 할인점은 일반대형마트와 비교했을 때 주로 상자단위의 식품이나 잡화를 취급하므로 상품
> 구색은 좁은 편이다.
> 회원제 창고형 할인점(MWC; Membership Wholesale Club)은 법인이나 개인회원에 대하여 상자단
> 위의 식품이나 잡화를 도매가격 수준의 저가로 판매한다. 총이익률은 낮지만 회원에게서 징수하는
> 회비수입과 그 운용수익으로 보충한다.
> 상품의 압축과 대량구매를 기반으로 원가를 낮추고, 고객서비스 수준은 최소로 제공하여 인건비를
> 절감함은 물론 출점·광고비용의 절약과 같은 저비용 운영정책을 통해 할인판매라도 이익을 창출
> 할 수 있는 체제를 구축하고 있다.

정답 **01** ④ **02** ②

03 아래 글상자의 괄호 안에 들어갈 소매업체를 바르게 나열한 것은?

> • (㉠)은(는) 제한된 수의 상호 보완적인 상품 카테고리를 판매하며 매장에서 높은 수준의 서비스를 제공하고 있다.
> • (㉡)은(는) 다양한 상품과 제한된 서비스 그리고 낮은 가격을 제공하는 소매업태이다.

① ㉠ 카테고리 전문점, ㉡ 전문점
② ㉠ 드럭스토어, ㉡ 종합할인점
③ ㉠ 전문점, ㉡ 종합할인점
④ ㉠ 백화점, ㉡ 카테고리 전문점
⑤ ㉠ 카테고리 전문점, ㉡ 초가치 소매업체

해설 제한된 수의 상호 보완적인 상품 카테고리를 판매하며 매장에서 높은 수준의 서비스를 제공하는 것은 전문점이다. 다양한 상품과 제한된 서비스 그리고 낮은 가격을 제공하는 소매업태는 대형마트 같은 종합할인점이다.

04 소비자들이 점포를 선택할 때 고려하는 점포 속성 변수로 가장 옳지 않은 것은?

① 소매점 입지 및 소비자의 접근용이성
② 소매점 상품구색의 폭과 깊이
③ 소매점이 취급하는 상품의 가격
④ 점포 이미지와 소비자 자아이미지 간의 일치
⑤ 판매원 친절 등과 같은 고객서비스

해설 ④ 점포 이미지와 소비자 자아이미지 간의 일치 여부는 소비자들이 점포를 선택할 때 고려하는 점포 속성 변수로 볼 수 없다.

05 기업가형 리더의 각 차원별 특징에 대한 설명으로 옳지 않은 것은?

① 행동 초점: 사업기회에 초점을 둔 전략적 성향을 가진다.
② 사업기회 포착: 사업기회를 포착하면 신속하고 과감한 행동을 취한다.
③ 경영자원의 동원: 필요에 따라 임기응변으로 자원을 동원한다.
④ 관리방식: 공식적인 위계중심의 관리방식을 선호한다.
⑤ 보상체계: 가치창조 중심의 보상체계를 선호한다.

정답 **03** ③ **04** ④ **05** ④

 기업가형 리더는 슘페터(J. Schumpeter)의 창조적 파괴, 즉 혁신(innovation)을 지향하는 리더로 전통적인 위계중심의 관리방식을 버리고 구성원들이 창의적으로 일할 수 있도록 하는 동기부여적 관리방식을 선호한다.

06 유통경로가 필요한 이유로 가장 옳지 않은 것은?

① 제품 구매와 판매에 필요한 정보탐색의 노력을 감소시켜 준다.
② 제조업자의 기대와 소비자 기대 간의 차이를 조정해 준다.
③ 생산된 제품의 물량과 구색을 소비될 제품의 물량과 구색에 맞게끔 조정해 준다.
④ 반복적인 거래를 가능하게 함으로써, 구매와 판매를 보다 용이하게 해준다.
⑤ 교환과정에 있어 거래비용과 거래횟수를 증가시켜 효율성을 높여준다.

 ⑤ 유통경로는 교환과정에 있어 거래비용과 거래횟수를 감소시켜 유통비용을 절감하고 유통의 효율성을 높여주는 기능을 수행한다.

07 양성평등기본법(법률 제18099호, 2021.04.20., 일부개정)의 경제활동참여조항에 대한 내용으로 가장 옳지 않은 것은?

① 국가기관 등과 사용자는 직장 내의 양성평등한 근무환경 조성을 위하여 필요한 조치를 취하여야 한다.
② 국가기관 등과 사용자는 여성이 임신·출산·육아 등을 이유로 경력이 단절되지 아니하도록 노력하여야 한다.
③ 국가기관 등과 사용자는 인사상 처우에서 성별에 따른 차별 없이 그 자질과 능력을 정당하게 평가받을 수 있도록 노력하여야 한다.
④ 국가와 지방자치단체는 관계 법률에서 정하는 바에 따라 경력단절여성 등의 경제활동 참여를 위하여 행정적·재정적 지원 등 필요한 시책을 마련할 필요가 없다.
⑤ 국가와 지방자치단체는 관계 법률에서 정하는 바에 따라 근로자의 모집·채용·임금·교육훈련·승진·퇴직 등 고용 전반에 걸쳐 양성평등이 이루어지도록 하여야 한다.

 ④ 국가와 지방자치단체는 관계 법률에서 정하는 바에 따라 경력단절여성 등의 경제활동 참여를 위하여 행정적·재정적 지원 등 필요한 시책을 마련하여야 한다(법 제24조 제5항).

정답 06 ⑤   07 ④

08 소매업체에 대한 설명으로 옳지 않은 것은?

① 개인용이나 가정용으로 구매하는 상품 또는 서비스를 판매하는 사업체이다.
② 제조업체와 최종 소비자를 연결하는 중요한 역할을 수행한다.
③ 고객들이 상품을 더 쉽게 구매하고 사용할 수 있도록 도와주는 서비스를 제공한다.
④ 개인 고객들이나 가정의 소비패턴에 맞춰 더 작은 단위로 상품을 분할하는 활동을 한다.
⑤ 점포 내의 상품을 판매하는 사업자로 서비스의 판매는 제외한다.

해설 ⑤ 소매업체는 점포 내의 상품을 판매하는 사업자로 서비스의 판매를 포함한다. 소매업체는 개인용이나 가정용으로 구매하는 상품 또는 서비스를 판매하는 사업체이다.

09 판매자와 고객과의 관계에서 발생할 수 있는 윤리적 문제에 해당되지 않는 것은?

① 고객에게 필요 이상의 고가품을 권하는 경우
② 고객에게 지키지 못할 약속을 남발하는 경우
③ 판매자가 고객에게 금품이나 뇌물을 제공하는 경우
④ 고객에게 명확하고 정확한 정보를 제공하는 경우
⑤ 판매 목표를 달성하기 위하여 고객에게 제품을 떠안기는 경우

해설 ④ 판매자와 고객과의 관계에서 판매자가 고객에게 명확하고 정확한 정보를 제공하는 것은 바람직한 행위이다. 윤리적 문제에 해당하지 않는다.

10 소비재 도매상이 제조업자를 위해 수행하는 기능으로서 가장 옳지 않은 것은?

① 구색갖춤 기능　　　　② 시장정보제공 기능
③ 시장확대 기능　　　　④ 재고유지 기능
⑤ 주문처리 기능

해설 ① 구색갖춤(assorting) 기능은 소비재 도매상이 소매상을 위해 수행하는 기능이다. 기타 제품 공급선 기능, 소매상 서비스 제공 기능, 신용 및 금융지원 기능, 구색편의 제공 기능, 소분판매 기능, 조언 및 기술지원 기능 등이 도매상의 소매상에 대한 기능이다.

정답　**08** ⑤　　**09** ④　　**10** ①

11 아래 글상자에서 나타나는 소매상의 진화와 발전에 대한 접근으로 가장 옳은 것은?

> 소비자는 과거 소매점을 직접 방문하여 상품을 확인하고 구매하였지만, 기술의 발전으로 소매점에 방문하지 않아도 상품을 검색하고 구매할 수 있게 되었다. 이후에는 오프라인과 온라인 소매점의 특성이 적절히 합쳐져 오프라인과 온라인 경로를 넘나들며 상품을 검색하고 구매하는 옴니채널(omni-channel)이 각광받고 있다.

① 소매업 수레바퀴 이론적 접근
② 변증법적 접근
③ 소매점 아코디언 이론적 접근
④ 소매수명주기 이론적 접근
⑤ 유통 시스템적 접근

해설 제시된 내용은 변증법적 접근이다. 변증법 이론(Dialectic Theory)은 한 소매기관이 출현하여 사라지기까지의 전과정에 대해 설명하는 이론으로 두 개의 서로 다른 경쟁적인 소매업태가 하나의 새로운 소매업태로 합쳐지는 현상을 설명한다.

12 도매상의 유형에서 한정서비스 도매상으로 가장 옳지 않은 것은?

① 현금인도 도매상(cash-and-carry wholesaler)
② 직송 도매상(drop shipper)
③ 트럭 도매상(truck wholesaler)
④ 진열 도매상(rack jobber)
⑤ 전문 도매상(specialty wholesaler)

해설 ⑤ 전문 도매상(specialty wholesaler)은 완전서비스 도매상에 포함된다.
완전기능 도매상 또는 완전서비스 도매상(full-service wholesaler)은 유통경로상에서 거의 모든 유통기능을 수행하는 것으로 일반상품(general merchandise) 도매상, 한정상품 도매상(limited line wholesaler) 및 전문품 도매상(specialty wholesaler) 등으로 분류한다.
반면 한정기능 도매상은 유통기능 중 소수의 기능에 전문화되어 있고 소매상 고객에게 제한된 서비스만을 제공하는 도매상이다. 주요 형태로는 현금거래 도매상(cash and carry wholesaler) 또는 현금무배달 도매상, 트럭배달 도매상(truck jobber), 선반진열 중개인(rack jobber), 직송 도매상(drop shipper) 등이 있다.

정답 **11** ② **12** ⑤

13 판매원의 자세 및 마음가짐으로 가장 옳지 않은 것은?

① 상대방에게 부담을 주지 말고 진심에서 우러나오는 순수한 봉사정신이 있어야 한다.
② 철저한 위생관념에 입각하여 신체상 또는 복장상 청결한 상태를 유지해야 한다.
③ 모든 서비스 업무에 능동적인 자세로 임하여 능률적으로 업무를 처리해야 한다.
④ 제품의 가격을 무조건 양보하여 고객에게 할인을 제공하는 것이 중요하다.
⑤ 판매원은 고객응대 시 고객의 요구사항에 빠르게 대처해야 한다.

> **해설** ④ 판매원은 제품의 가격을 무조건 양보하는 것이 아니고 이익을 얻을 수 있는 수준을 고려하여 고객에게 가격을 제시해야 한다.

14 유통산업에서 발생하는 다양한 환경 변화 중 시장 환경요인에 대한 내용으로 가장 옳은 것은?

① 교육 수준의 향상
② 고령 인구비율의 증가
③ 소매점 경쟁 구조의 변화
④ 소비자 보호 운동의 확산
⑤ 소득 수준과 소비 구조의 변화

> **해설** ③ 유통산업에서 발생하는 다양한 환경 변화 중 시장 환경요인과 관련된 변화는 소매업에서 업태 간 그리고 업태 내에서 경쟁이 치열해지고 있다는 것이다.

15 서비스 과정에 고객참여를 증대시키는 방법으로 가장 옳지 않은 것은?

① 각 서비스마다 고객이 서비스 과정에 참여하는 수준이 다르기 때문에 고객의 과업 수준을 적절히 설정해야 한다.
② 기업에서 제공하는 서비스 범위를 광고나 인플루언서 등을 통해 고객에게 알려야 하고 고객기대를 관리해야 한다.
③ 고객이 자신의 역할을 효과적으로 수행할 수 있도록 설명하거나 교육을 할 필요가 있다.
④ 참여고객의 공헌도에 따라 금전적, 시간적, 심리적인 보상을 효과적으로 주어야 한다.
⑤ 기업의 수익을 증진시키기 위하여 애호도가 높은 고객에게만 참여를 권장해야 한다.

> **해설** ⑤ 기업의 수익을 증진시키기 위하여 애호도가 높은 고객은 물론 신규고객에게도 서비스 과정에 참여를 권장해야 한다.

정답 **13** ④ **14** ③ **15** ⑤

16 판매원이 수행하는 적응판매(adaptive selling)에 대한 설명으로 옳은 것은?

① 다양한 판매상황에서 서로 다른 각각의 고객에게 적합한 판매방식을 수행하도록 판매활동을 조정하는 것을 의미한다.
② 판매에 있어서 모든 상황에 적용되는 가장 최고의 방식이 존재한다.
③ 판매원은 적응판매를 통해 고객들에게 통일된 판매 메시지를 전달한다.
④ 적응판매를 위해 판매원은 관리자로부터 고객의 정보를 수집한다.
⑤ 적응판매는 다수의 고객들에게 동일한 의사소통방식을 활용한다.

해설 ① 적응판매(adaptive selling)는 다양한 판매상황에서 서로 다른 각각의 고객에게 적합한 판매방식을 수행하도록 판매활동을 조정하는 것을 의미한다.

17 상인의 윤리강령으로 가장 옳지 않은 것은?

① 거래 및 교환과정에서 솔직하고 정직하게 행동해야 하며, 고객과 신뢰를 유지해야 한다.
② 부당한 경쟁 행위나 타인을 속이는 행위를 하지 말아야 한다.
③ 이익을 추구하기 위해서는 수단과 방법을 가리지 않는다.
④ 환경 보호, 사회 공헌, 노동자의 권리 보장 등과 같은 사회적 책임을 이행해야 한다.
⑤ 고객을 최우선으로 생각하고 고객의 만족도를 높이기 위해 최선을 다해야 한다.

해설 ③ 상인이 추구하는 것은 이익이지만 법적 규정이나 관습을 벗어나지 않는 범위 내에서 정상적인 판매활동을 통해 얻어야 한다.

18 아래 글상자의 괄호 안에 들어갈 용어로 가장 옳은 것은?

> (   )은(는) 유통경로 내 다른 경로 구성원과의 거래에 불만족을 느끼는 경로 구성원이 상호 간 거래관계를 단절하거나 축소하는 행위를 말한다.

① 경로역설   ② 경로리더
③ 경로파워   ④ 경로이탈
⑤ 경로갈등

정답 16 ①   17 ③   18 ④

 유통경로 내 다른 경로 구성원과의 거래에 불만족을 느끼는 경로 구성원이 상호 간 거래관계를 단절하거나 축소하는 행위는 경로이탈(channel separation)이라고 한다.

19 유통산업발전법(법률 제19117호, 2022.12.27., 타법개정)에서 제시하는 정부의 유통산업시책 기본방향으로 가장 옳지 않은 것은?

① 유통산업의 종류별 균형발전의 도모
② 유통구조의 선진화 및 유통기능의 효율화 촉진
③ 유통산업에서의 소비자 편익의 증진
④ 체인사업의 구조개선 및 경쟁력 강화
⑤ 유통산업의 국제경쟁력 제고

 ④ 유통산업시책의 기본방향에는 중소유통기업의 구조개선 및 경쟁력 강화가 포함된다. 이외에도 유통산업의 지역별 균형발전의 도모, 유통산업에서의 건전한 상거래질서의 확립 및 공정한 경쟁여건의 조성 등이 포함된다(법 제3조).

20 청소년 보호법(법률 제20423호, 2024.3.26., 타법개정)상 정의에서 매체물에 해당되는 것의 설명으로 옳지 않은 것은?

① 「게임산업진흥에 관한 법률」에 따른 게임물
② 「음악산업진흥에 관한 법률」에 따른 음반, 음악파일, 음악영상물 및 음악영상파일
③ 「공연법」에 따른 국악 공연을 제외한 공연
④ 「전기통신사업법」에 따른 전기통신을 통한 부호·문언·음향 또는 영상정보
⑤ 「방송법」에 따른 보도 방송프로그램을 포함한 방송프로그램

 ⑤ 「방송법」에 따른 방송프로그램은 매체물에 포함되지만 보도 방송프로그램은 제외한다. 제시된 것 이외에도 「청소년 보호법」에서는 영화 및 비디오물, 신문, 잡지, 간행물, 옥외광고물 등을 매체물로 정의하고 있다(법 제2조).

정답 **19** ④ **20** ⑤

제2과목 판매 및 고객관리(21~45)

21 하나의 제품 라인(product line)에 포함될 수 있는 제품들로 옳지 않은 것은?

① 유사한 기능을 수행하는 제품들
② 동일한 고객집단에게 판매되는 제품들
③ 비슷하거나 통일된 디자인의 제품들
④ 동일한 유통경로를 통해 판매되는 제품들
⑤ 관련된 제품 범주 안에서 비슷한 가격대에 판매되는 제품들

해설 ③ 비슷하거나 통일된 디자인의 제품들은 제품 라인에 포함되지 않는다. 제품 라인(product line)은 유사기능을 수행하거나, 동일 고객집단에게 판매되거나, 동일 유통경로를 통해 판매되거나, 또는 비슷한 가격대에서 판매되는 등의 이유로 서로 밀접하게 관련된 제품들의 집합을 말한다.

22 판매촉진에 관한 설명으로서 가장 옳지 않은 것은?

① 단기간 내에 효과를 얻기 위해 사용한다.
② 경쟁점포와 차별화 정도가 적을수록 활용빈도가 높다.
③ 광고와는 상호 대체적 관계이므로 함께 사용하지 않는 편이 효과적이다.
④ 풀(pull)전략에는 영업판촉보다 소비자판촉이 적합하다.
⑤ 실행 이후, 신규고객 유치에 실패하면 일시적으로 판매량 감소가 발생할 수 있다.

해설 ③ 광고와 판매촉진을 함께 활용하면 매출을 크게 증가시킬 수 있어 바람직한 방법이다. 촉진믹스(promotion mix)라고 불리는 기업의 총체적인 마케팅 커뮤니케이션 프로그램은 기업이 마케팅 목표 달성을 위해 사용하는 광고, 인적 판매, 판매촉진 그리고 PR 등 활동의 조합으로 구성되어 있다.

23 고객서비스 수요증가로 서비스 생산능력이 한계에 직면할 경우, 생산능력을 조절할 수 있는 방법으로 가장 옳지 않은 것은?

① 아웃소싱 활용
② 임시직원 및 보조직원 추가 고용
③ 고객 대면서비스 강화
④ 직원의 다기능화교육(cross training)
⑤ 여분의 시설과 장비를 공유 혹은 대여

정답 **21** ③ **22** ③ **23** ③

 ③ 고객 대면서비스 강화는 고객서비스의 수요를 증가시킬 수 있는 요인으로 서비스의 생산능력 조절과는 아무런 관련이 없다.

24 소매업에서 중요시하는 포장의 기능 및 목적으로 가장 옳지 않은 것은?

① 고객접점에서 차별화 수단
② 상품가치 증대
③ 상품의 효과적 재고관리
④ 상품에 대한 정보전달
⑤ 판매촉진

 ③ 소매업에서 중시하는 포장은 상업포장(commercial packaging)이다. 상업포장의 기능 및 목적과 상품의 효과적 재고관리는 아무 관련이 없다.

25 상품을 진열할 경우 진열 조건과 관련해서 결정할 내용으로 가장 옳지 않은 것은?

① 어떤 상품을 진열할 것인가에 대한 진열상품
② 어디에 진열할까에 대한 진열 위치
③ 상품의 어느 면을 보이게 할 것인가에 대한 진열 페이싱
④ 누가 진열할까에 대한 진열 담당자 결정
⑤ 어떤 형태로 진열할까에 대한 진열 형태

 ④ 상품을 진열할 경우 진열 조건과 관련해서 결정할 내용에 누가 진열할까에 대한 진열 담당자 결정은 포함되지 않는다.
진열의 요소는 품목(무엇을), 진열의 양(얼마나), 진열의 위치(어디에)와 형태(어떤 형태로), 페이스(어느 면을 보이게)로 이루어진다. 우선 어떤 품목을 어느 정도 진열할 것인가를 결정하고, 그 다음 진열위치와 형태, 진열페이스를 결정하는 것이 일반적이다.

정답 24 ③ 25 ④

26 브랜드 확장에 대한 설명으로 가장 옳지 않은 것은?

① 기존의 친숙한 브랜드명을 이용해 소비자들은 신제품을 긍정적으로 인식할 수 있다.

② 브랜드 확장을 이용한 신제품이 소비자들로부터 호의적인 평가를 받게 되더라도, 기존 브랜드명의 이미지를 강화하기는 어렵다.

③ 브랜드 확장이 성공하기 위해서는 소비자들이 기존 브랜드명에 대해 좋은 인상을 가지고 있어야 한다.

④ 새로운 브랜드명을 도입하는 데 드는 높은 광고비를 절감할 수 있다.

⑤ 브랜드 확장은 신제품 도입에 따른 위험을 상당 부분 감소시킬 수 있다.

> **해설** 브랜드 확장(brand extension)은 현재의 브랜드명을 새로운 제품범주의 신제품으로 확장하는 것이다. 브랜드 확장은 신제품이 출시되자마자 바로 소비자가 인지하고 빠르게 수용할 수 있다는 장점이 있다. 또한 새로운 브랜드명을 도입·구축하는 데 드는 높은 광고비를 절약시켜 준다.
> 그러나 기존제품과 일관성이 없는 지나친 브랜드 확장은 시장에서 실패할 수도 있고 기본 핵심 브랜드의 이미지를 희석시키기도 한다. 나아가 확장제품이 시장에서 실패할 경우 같은 브랜드명을 사용하는 다른 제품에도 부정적 영향을 줄 수 있다.

27 아래 글상자에서 설명하는 진열로 옳은 것은?

> • 단일 품목을 대량 판매하기 위해 사용하는 방식 중 하나이다.
> • 가격이 저렴하다는 인식을 줄 수 있기 때문에 대량 진열과 판촉 행사가 병행되면 효과가 증가한다.
> • 신상품이나 인기 상품 또는 계절성 성수기 상품을 대상으로 실시하는 것이 바람직하다.

① 섬 진열(island display)

② 후크 진열(hook display)

③ 벌크 진열(bulk display)

④ 엔드 진열(end display)

⑤ 곤돌라 진열(gondola display)

> **해설** 벌크 진열(bulk display)은 상품을 매대에 쌓아놓는 방식의 진열방법이다. 단일 품목을 대량 판매하기 위해 사용하는 진열로서 가격이 저렴하다는 인식을 줄 수 있다. 이 방법은 품목을 잘 선정해야 한다. 쇠퇴기 상품에 적용하는 경우 과다재고가 발생할 위험이 크다. 따라서 신상품이나 인기 상품, 또는 계절적 성수기 상품을 선정해야 효과가 크다.

정답 **26** ② **27** ③

28 온라인 쇼핑몰의 특징으로 옳지 않은 것은?

① 제품을 비교하기 편리하고 쇼핑시간을 절약할 수 있다.

② 365일, 24시간 언제나 이용할 수 있다.

③ 오프라인 매장에 비해 재고비용이 많이 든다.

④ 중간 유통채널이 없기 때문에 제품의 가격이 상대적으로 저렴하다.

⑤ 주문을 하면 집 앞까지 배달되는 편리성을 가진다.

해설 ③ 온라인 쇼핑몰은 오프라인 매장에 비해 재고비용이 적게 들거나, 오픈마켓인 경우에는 재고비용이 전혀 없다는 것이 특징이다.

29 매장 내 디스플레이 도구 및 구역에 대한 설명으로 가장 옳지 않은 것은?

① 마네킹(mannequin)은 사람의 몸을 실물크기로 표현한 것으로 의복을 전시하는 데 사용된다.

② 매대(end cap)는 주로 충동상품, 세일상품 등의 진열에 활용한다.

③ 탈의실(dressing room)의 경우 소비자들이 구매 여부를 결정하게 하는 공간으로 최근에는 가상탈의실을 활용하기도 한다.

④ 판촉구역(promotional area)의 경우 현재 판촉행사 중에 있는 상품들을 진열해놓는 공간이다.

⑤ 벽(wall)은 효율적 활용이 어려운 공간이기에 사인물 부착의 용도로만 이용한다.

해설 ⑤ 벽(wall)은 수직적 진열에 활용할 수 있다. 수직적 진열(vertical display)은 일반적으로 백화점이나 할인점 등의 식품매장에 가면 가장 많이 볼 수 있는 세로 진열이다. 수직적 진열은 동종의 상품을 벽이나 곤돌라의 위·아래로 배치하여 고객이 좌우로 움직이지 않고도 상품을 보고 구매할 수 있는 이점이 있다.

30 아래 글상자의 괄호 안에 들어갈 용어로 가장 옳은 것은?

> 제품은 크게 두 가지로 분류된다. (㉠)은(는) 최종 소비자가 소비를 목적으로 구매하는 제품이며, (㉡)은(는) 기업이 제품이나 서비스를 생산하는 데 투입하기 위해 구매하는 제품이다.

① ㉠ 선매품, ㉡ 전문품 ② ㉠ 편의품, ㉡ 전문품
③ ㉠ 편의품, ㉡ 선매품 ④ ㉠ 산업재, ㉡ 소비재
⑤ ㉠ 소비재, ㉡ 산업재

정답 **28** ③ **29** ⑤ **30** ⑤

 최종 소비자가 소비를 목적으로 구매하는 제품은 소비재(consumption goods)이고, 기업이 제품이나 서비스를 생산하는 데 투입하기 위해 구매하는 제품은 산업재(industrial goods)이다.

31 매장 구성에 관한 다음 설명 중 가장 옳지 않은 것은?

① 고객의 유입이 용이하게 대중교통 및 주차장을 고려하여 보행자의 입장에서 출입구를 만든다.

② 고객의 쇼핑경험을 위해 매장은 상품을 판매하는 상품 존과 창고, 휴게실 등의 후방존으로 구분하여 구성한다.

③ 전 매장을 구석구석 둘러볼 수 있도록 고객동선을 구성하여 고객이 쉽게 상품을 구매할 수 있게 해야 한다.

④ 상품을 자유롭게 만져보고 비교하여 결정할 수 있게 함으로써 수익을 실현할 수 있는 매장구성이 되어야 한다.

⑤ 매장은 상품을 진열해놓고 판매하는 장소로 상품이 잘 보이고 눈에 잘 띄도록 고객편의를 고려하여 구성해야 한다.

 ② 매장은 상품의 판매와 이를 지원하는 용역의 제공에 직접 사용되는 장소를 말하는 것으로, 창고는 포함되지 않는다. 매장의 구성은 상품을 분류하고(grouping), 매장배치를 결정(zoning)한 후, 진열면을 배분(facing)하는 순서로 이루어진다.

32 선매품의 판매전략으로 가장 옳지 않은 것은?

① 매장은 교통이 편리한 번화가에 입지하는 것이 유리하다.

② 고객의 질문에 충분히 답할 수 있는 판매원 교육이 중요하다.

③ 매장이 주거지와 다소 떨어져 있는 곳에 입지해도 큰 문제가 되지 않는다.

④ 많은 매장을 운영하는 것이 전략적으로 유리하다.

⑤ 유행에 민감하기 때문에 취급과 매입에 주의하지 않으면 재고누적으로 경영에 어려움을 줄 수 있다.

 ④ 많은 매장을 운영하는 것이 전략적으로 유리한 것은 편의품(convenience goods)의 경우이다. 편의품은 구매빈도가 높은 저가격의 제품으로 습관적 구매를 하는 경향이 강한 제품이다.
 선매품(shopping goods)은 여러 점포를 통해 상품을 비교한 후 최종 구매가 이루어지는 상품이다. 편의품에 비해 구매빈도는 낮고 가격은 높은 편이다. 즉, 관여도가 대체로 높은 제품으로, 패션의류, 승용차, 가구, 가전제품 등이 좋은 예가 된다.

정답 31 ② 32 ④

33 아래의 글상자에서 설명하는 판매형태로 가장 옳은 것은?

> 짧은 기간 동안 임시 매장을 열고 판매하는 형태로, 평소 쉽게 접할 수 없는 제품이나 서비스를 직접 체험해 볼 수 있어서 소비자로부터 큰 호응을 얻고 있다.

① 직판 모델(direct selling model)
② 가상 매장(virtual store)
③ 플래그십 스토어(flagship store)
④ 팝업스토어(pop-up store)
⑤ 구독 서비스(subscription service)

해설 짧은 기간 동안 임시 매장을 열고 판매하는 형태는 팝업스토어(pop-up store)이다. 팝업스토어는 기존 매장과 차별을 위해 일반 매장에서는 구할 수 없는 특별판 내지 한정판을 주로 판매한다.

34 고객이 제공받은 서비스가 기대치에 미치지 못한 경우에 발생하는 서비스 차이(gap)와 이를 해결하기 위한 방법에 대한 연결이 가장 옳지 않은 것은?

① 반응 차이(responsiveness gap) – 표준화된 매뉴얼 작성
② 표준 차이(standards gap) – 적절한 서비스 표준 구축
③ 커뮤니케이션 차이(communication gap) – 효과적인 고객 욕구 관리
④ 인식 차이(knowledge gap) – 시장조사
⑤ 인도 차이(delivery gap) – 종업원 교육

해설 ① 반응 차이(responsiveness gap)는 서비스 갭(gap) 분석모형에서 갭 4에 해당하는 것으로 커뮤니케이션의 부족 또는 부적합에 원인이 있다. 따라서 수평적 커뮤니케이션의 증대를 통해 해결할 수 있다.

35 아래 글상자의 괄호 안에 들어갈 용어로 옳은 것은?

> 서비스의 특성 중 (   )(으)로 인하여 고객들은 서비스 과정에 참여하여 일정한 역할을 하고 있다.

① 무형성
② 비분리성
③ 소멸성
④ 이질성
⑤ 탈서비스화

정답 **33** ④　　**34** ①　　**35** ②

 서비스의 특성 중 생산과 소비가 동시에 일어나는 것을 비분리성(inseparability)이라고 한다. 이로 인해 소비자가 서비스 공급에 참여하는 경우가 많다. 그리고 다른 소비자도 서비스 생산과정에 참여하므로 고객들이 형성하는 분위기가 하나의 서비스 내용이 될 수 있다.

36 유통업체에서 활용하는 구매시점(POP) 광고에 대한 설명으로 가장 옳지 않은 것은?

① 매장에 행사나 시즌 분위기를 연출하는 데 활용된다.
② 고객이 찾는 매장으로 안내하는 표시 기능을 제공한다.
③ 상품의 특징, 가격, 소재 등을 설명해주는 데 활용된다.
④ 설치목적에 따라 다양하게 활용되기 때문에 예산 및 비용에 대해 신중히 검토해야 한다.
⑤ 고객들의 가시거리에 설치되어야 하므로 점포 벽면에 최우선으로 설치해야 한다.

 ⑤ POP(Point of Purchase) 광고는 소매상의 점두나 점내를 활용하여 판촉활동을 수행하는 점내광고이며, 매스미디어 광고에 대응한 광고 용어이다. 점포 벽면에 설치할 수도 있지만 가격이 저렴한 편의품을 계산대 주변에 진열해 놓는 방법을 많이 활용한다.

37 아래 글상자에서 설명하는 프로모션 수단으로 옳은 것은?

> 매우 신뢰성이 높다는 차별적 특성을 가지고 있는 프로모션 수단으로서, 뉴스, 행사 등을 활용하기 때문에 소비자들은 광고보다 더 믿을 만하다고 생각하는 경향이 있다.

① 보너스 팩 ② 판매촉진
③ 직접마케팅 ④ PR
⑤ 인적 판매

 뉴스, 행사 등을 활용하기 때문에 소비자들은 광고보다 더 믿을 만하다고 생각하는 경향이 있는 프로모션 수단은 PR(공중관계) 또는 홍보(publicity)이다.
PR은 기업이 자사의 이미지를 제고한다든지, 자사에 대한 호의적인 평판을 얻거나 비호의적인 평판을 제거 내지는 완화시키려는 커뮤니케이션 활동을 통해 기업과 직·간접적인 관계에 있는 여러 집단들과 좋은 관계를 유지해 나가는 것을 말한다.

정답 **36** ⑤　**37** ④

38 고객의 소리(VOC) 관리에 대한 설명으로 옳지 않은 것은?

① 고객이 자발적으로 남긴 질문 및 의견들로 통계적 대표성을 갖는다.
② 고객의 입장에서 신속하고 성의 있는 답변으로 충성도를 제고해야 한다.
③ 이메일이나 정기적인 서비스 콜을 통해 지속적으로 고객의 소리를 관리한다.
④ 고객 문의나 불평 처리 시 고객정보가 유출되지 않도록 관리한다.
⑤ 고객 불평에 대한 핵심 내용을 파악하고 재발 방지를 위한 직원 교육을 시행한다.

해설 고객의 소리(VOC; Voice of Customer)는 고객들이 자발적으로 남긴 질문 및 의견들을 말한다. 다양한 채널을 통해 유입되었고, 고객들 각자가 제시한 것이므로 통계적 대표성을 가질 수는 없다.
다양한 채널을 통해 유입되는 고객의 소리를 통합관리하여 고객의 소리를 일관성 있게 관리해야 한다.

39 고객유지를 위한 사후관리 행동으로 가장 옳은 것은?

① 제품이나 서비스에 대한 욕구, 지불능력 등 소비자에 대한 충분한 정보를 수집한다.
② 구매 대안에 대한 다양하고 객관적인 정보를 제공한다.
③ 고객의 욕구를 파악하고 이를 바탕으로 고객이 문제점을 인식하는 계기를 제공한다.
④ 판매 이후 고객이 제품에 대한 불만을 가질 경우 이에 대한 해결책을 제시한다.
⑤ 고객의 저항을 해소시키기 위해 설득 및 협상을 진행한다.

해설 ④ 판매 이후 고객이 제품에 대한 불만을 가질 경우 이에 대한 해결책을 제시하여 고객의 불만을 해소해야 계속하여 고객으로 남아 있게 된다.

40 고객관계관리(CRM)에 대한 설명 중 가장 옳지 않은 것은?

① 고객유치보다는 고객생애가치에 기반한 마케팅을 진행한다.
② 고객점유율보다는 시장점유율에 비중을 둔다.
③ 고객획득보다는 고객유지에 중점을 둔다.
④ 상품의 판매보다는 고객과의 관계에 중점을 둔다.
⑤ 기업의 입장보다는 고객의 입장에서 상품을 판매한다.

해설 고객관계관리(CRM)는 고객에 대한 정보를 활용하여 신규고객의 창출은 물론 기존고객과의 관계를 강화하여 고객생애가치(customer lifetime value)를 극대화하려는 것이다. 따라서 CRM은 시장점유율보다는 고객점유율에 더 큰 비중을 둔다.

정답 38 ① 39 ④ 40 ②

41 고객을 응대하는 판매원의 자세로 옳지 않은 것은?

① 항상 친절하고 명랑한 표정과 말투로 고객을 응대한다.
② 친밀한 관계 형성을 위해 친구 같은 편안한 태도로 응대한다.
③ 매장 안에서 고객을 만나면 언제나 먼저 인사한다.
④ 통로에서 고객을 마주치면 길을 양보한다.
⑤ 고객이 무엇을 묻거나 안내를 원하면 무엇보다 우선해서 응대한다.

해설 ② 판매원은 고객과 친밀한 관계를 형성하기 위해 고객이 마음을 열 수 있도록 고객을 우대하는 자세로 응대해야 한다.

42 아래 글상자에서 설명하는 고객의 구매의사결정에 영향을 미치는 요인으로 옳은 것은?

> 개인이 자신의 판단, 신념, 행동을 결정하는 데 기준으로 사용하는 집단으로서 태도나 행동을 평가하기 위한 기준점을 제공한다.

① 문화
② 사회계층
③ 준거집단
④ 가족
⑤ 친구

해설 개인이 자신의 판단, 신념, 행동을 결정하는 데 기준으로 사용하는 집단으로서 태도나 행동을 평가하기 위한 기준점을 제공하는 것은 가족이나 지인 같은 준거집단(reference group)이다. 준거집단이 고객의 구매의사결정에 미치는 영향력은 사회적 요인이다.

43 아래의 글상자에서 설명하는 소매업체의 활동과 관련된 고객욕구로 가장 옳은 것은?

> 소매업체는 매장에서 배경음악, 비주얼 디스플레이, 향기와 같은 자극적인 경험을 선사하는 등 소비자들이 일상생활에서 벗어나 휴식을 취하고 점포를 방문하도록 장려한다.

① 생리적 욕구
② 안전의 욕구
③ 사회적 욕구
④ 실용적 욕구
⑤ 쾌락적 욕구

정답 **41** ②　**42** ③　**43** ⑤

 소매업체가 매장에서 배경음악, 비주얼 디스플레이, 향기와 같은 자극적인 경험을 고객에게 선사하는 것은 고객의 쾌락적 욕구(hedonic needs)를 자극하여 점포를 방문하도록 하는 것이다.

44 아래 글상자의 소비자 A의 구매행동에 해당하는 용어로서 가장 옳은 것은?

> 식료품 구매를 위해 소매점을 방문한 소비자 A는 진열된 치약을 보고 집에 치약이 떨어진 것을 기억해 구매를 결정했다. 몇 개 상표의 성분을 비교·검토한 후 가장 좋다고 판단한 상표의 치약을 구매했다.

① 순수 충동구매
② 회상적 충동구매
③ 계획적 충동구매
④ 암시적 충동구매
⑤ 제안형 충동구매

제시된 소비자의 구매행동은 회상적 충동구매이다. 회상적 충동구매는 계획에는 없지만 구매시점에서 필요한 물건을 생각해 내거나 과거에 본 광고를 떠올려 구매하는 형태이다.
충동구매(impulse buying)의 유형은 순수한 충동구매, 회상적 충동구매, 제안형 충동구매, 계획적 충동구매 등으로 분류한다.

45 구매의사가 있는 고객에게 판매원이 취해야 하는 태도로서 가장 옳지 않은 것은?

① 구매자에게 제공될 상품혜택 등을 설명하면서 고객의 질문에 성실히 응해야 한다.
② 단정한 복장과 함께 3S(smile, sincerity, smooth mood)를 갖추어야 한다.
③ 사실에 근거한 진솔한 칭찬으로 고객의 주의와 관심을 끌고 친밀도를 높인다.
④ 구매 선택의 책임은 고객에게 있음을 확인시키면서 고객의 불만이 제기되지 않게 응대한다.
⑤ 판매원은 효과적인 의사전달을 위한 담화, 경청, 제스처 등을 통해 고객에게 설득적인 소구를 한다.

구매의사가 있는 고객에게 호감을 줄 수 있는 바람직한 응대화법과 설득화법의 기본원리를 지켜가며, 상품이 주는 혜택을 설명하고, 고객이 불만을 제기하지 않도록 응대해야 한다.

정답 44 ② 45 ④

유통관리사 3급 기출문제

제1과목 유통상식(01~20)

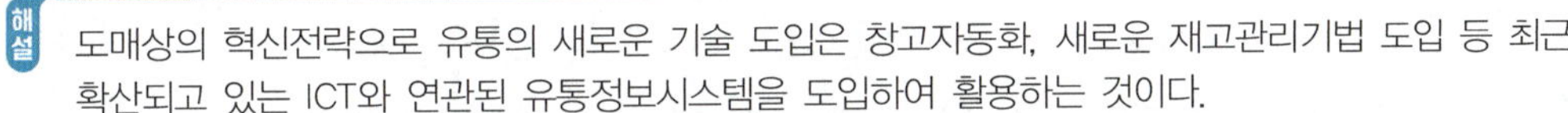

01 도매상의 혁신전략과 설명의 연결이 가장 옳지 않은 것은?

① 합병과 매수: 기존 시장에서의 지위 확보, 다각화를 위한 전후방 통합
② 자산의 재배치: 회사의 핵심사업 강화 목적, 조직의 재설계
③ 회사의 다각화: 유통다각화를 통한 유통라인 개선
④ 전방과 후방통합: 이윤확대와 시장에서의 지위강화를 위한 통합
⑤ 유통의 새로운 기술: 합작투자와 전략적 제휴를 통한 해외진출 가속화

> **해설** 도매상의 혁신전략으로 유통의 새로운 기술 도입은 창고자동화, 새로운 재고관리기법 도입 등 최근 확산되고 있는 ICT와 연관된 유통정보시스템을 도입하여 활용하는 것이다.

02 유통경로의 특징으로 옳지 않은 것은?

① 유통경로는 상호 의존적인 조직들의 집합체이다.
② 경로구성원이 수행하는 활동은 불연속적인 과정으로 이해되어야 한다.
③ 유통경로는 제품이나 서비스를 고객이 사용 또는 소비하도록 하기 위해 필요한 것이다.
④ 유통경로의 핵심기능은 판매자와 구매자 간의 교환을 촉진하는 데 있다.
⑤ 제품의 본질을 가치의 총합으로 볼 때 유통경로는 가치가 흘러가는 통로로 이해할 수 있다.

> **해설** ② 유통경로(distribution channel)에는 제조업체, 도매상 및 소매상 등과 같은 많은 조직이 참여하고 있으며 이들은 상호 의존관계에 있어 연속적인 거래가 이루어진다.

정답 01 ⑤　02 ②

03 중간상이 제공하는 기능에 대한 설명으로 가장 옳지 않은 것은?

① 분류(sorting out)는 이질적인 제품들을 크기나 품질 등의 기준을 통해 동질적인 집단으로 나누는 기능이다.

② 집적(accumulation)은 여러 생산자들로부터 상품을 구매하여 대량으로 축적하는 기능이다.

③ 표준화(standardization)는 제품들을 동일한 형식으로 일반화시켜 매장에 진열하는 기능이다.

④ 구색(assortment)은 판매를 위해 분할된 상품들을 연관성 있는 상품들의 집단인 카테고리별로 매장에 진열하는 기능이다.

⑤ 배분(allocation)은 동질적인 제품들을 소규모 단위로 나누는 기능이다.

> **해설** ③ 제품들을 동일한 형식으로 일반화시켜 매장에 진열하는 기능은 배분(allocation) 또는 분할에 포함되는 기능이다.
> 올더슨(W. Alderson)의 구색형성과정에서 중간상이 제공하는 기능은 분류, 집적, 배분 및 구색으로 구분한다.

04 직장 내 상급자와의 관계에서 지켜야 할 예절로 옳지 않은 것은?

① 상급자를 인도할 때는 우측 2~3보 앞에서 하고, 상급자를 수행할 때는 우측 뒤를 따른다.

② 상급자에 앞서서 자기 이야기부터 먼저 하지 않는다.

③ 상급자에 대한 호칭은 보통 직급 또는 직책명 뒤에 님을 붙여서 부른다.

④ 상급자가 자기를 알아보지 못한 경우에는 굳이 인사하여 상급자를 귀찮게 할 필요는 없다.

⑤ 상급자보다 상위의 위치에 앉거나 서지 않는다.

> **해설** ④ 상급자가 자기를 알아보지 못한 경우에는 공손하게 인사하고 자신의 소속과 이름을 알려주는 것이 바람직하다.

05 소매업태의 변천과정을 설명하는 이론 중, 특정 유형의 소매업태가 도입기, 성장기, 성숙기 그리고 쇠퇴기의 단계를 거친다고 보는 이론으로 가장 옳은 것은?

① 소매업 수레바퀴 가설 　　② 소매 아코디언 이론

③ 대리이론 　　④ 거래비용이론

⑤ 소매 수명주기 이론

정답 **03** ③ **04** ④ **05** ⑤

 ③ 특정 유형의 소매업태가 도입기, 성장기, 성숙기 그리고 쇠퇴기의 단계를 거친다고 보는 이론은 소매 수명주기 이론(retail life cycle theory)이다.

06 아래 글상자에서 설명하는 소매업 유형으로 가장 옳은 것은?

> 박리다매의 원칙에 입각하여 상품을 일반 점포보다 항상 저렴한 가격으로 판매하는 대규모 점포를 말한다.

① 편의점
② 전문점
③ 백화점
④ 슈퍼마켓
⑤ 할인점

 박리다매의 원칙에 입각하여 상품을 일반 점포보다 항상 저렴한 가격으로 판매하는 대규모 점포는 할인점(discount store)이다. 「유통산업발전법」상 대규모점포 중 대형마트가 할인점에 해당한다.

07 아래 글상자에서 설명하는 용어로 가장 옳은 것은?

> 어떤 상품과 서비스가 생산자로부터 소비자 및 최종 사용자에게로 이전되는 과정에 참여하는 모든 개인 및 기업

① 유통경로
② 유통단계
③ 유통구조
④ 유통시장
⑤ 유통과정

어떤 상품과 서비스가 생산자로부터 소비자 및 최종 사용자에게로 이전되는 과정에 참여하는 모든 개인 및 기업의 집합체는 유통경로(distribution channel)이다. 즉, 유통경로는 구매자의 수요를 충족시키기 위해 판매자가 보유한 제품과 서비스를 공급하는 과정에서 필요한 하나의 연결고리로 이해할 수 있다.

정답 06 ⑤ 07 ①

08 아래 글상자에서 설명하는 유통경로 기능으로 가장 옳은 것은?

> 제조업체와 소비자 사이에 중간상이 개입하게 되면 제조업자는 소수의 중간상과 거래할 수 있으므로 수많은 소비자와 개별적 거래를 하는 불편에서 벗어날 수 있다. 즉, 중간상의 개입으로 교환과정을 단순화시킬 수 있으므로 거래가 효율적으로 이루어질 수 있다.

① 교환과정의 촉진
② 제품구색 불일치 완화
③ 분업의 원리
④ 고객서비스 제공
⑤ 후방경로 활동

해설 중간상의 개입으로 교환과정을 단순화시킬 수 있으므로 거래가 효율적으로 이루어질 수 있는 것은 유통경로 기능 중 교환과정의 촉진기능을 말한다.

09 아래 글상자에서 설명하는 경로커버리지 전략으로 가장 옳은 것은?

> 일정 지역에서 한 유통업자에 대해서만 그 제품을 취급하도록 하는 전략으로, 제조업자가 유통업자에 대한 통제력이 상대적으로 높으며, 서로의 강한 유대관계를 가지려 할 때 채택하는 경향이 있다.

① 집약적 유통(intensive distribution)
② 전속적 유통(exclusive distribution)
③ 선택적 유통(selective distribution)
④ 다채널 유통(multi-channel distribution)
⑤ 직접 유통(direct distribution)

해설 일정 지역에서 한 유통업자에 대해서만 그 제품을 취급하도록 하는 경로커버리지 전략은 전속적 유통(exclusive distribution)이다. 전속적 유통은 브랜드 충성도가 매우 높은 제품을 생산하는 제조업체가 채택하는 경향이 높은 전략이다. 또한 제조업체는 소매점포에 대한 통제력을 강화함으로써 자사 브랜드이미지를 자사 전략에 맞게 유지할 수 있다.

정답 08 ①　　09 ②

10 아래 글상자에서 설명하는 내용으로 가장 옳은 것은?

> 수직적 마케팅시스템 중에서 통합의 정도가 가장 약한 것으로, 경로구성원들의 마케팅활동이 소유권 및 계약에 의하지 않으며 어느 한 경로구성원의 규모, 파워, 또는 경영 지원에 의해 조정되는 유형이다.

① 프랜차이즈 시스템(franchise system)
② 기업형 VMS(corporate vertical marketing system)
③ 관리형 VMS(administered vertical marketing system)
④ 도매상후원 자발적 연쇄점(wholesaler-sponsored voluntary chain)
⑤ 소매상 협동조합(retailer cooperative)

> **해설** 수직적 마케팅시스템(VMS) 중에서 통합의 정도가 가장 약한 것은 관리형 VMS이고, 가장 강한 것은 기업형 VMS이다. 관리형 VMS는 경로구성원들의 마케팅활동이 소유권 및 계약에 의하지 않으며 어느 한 경로구성원(즉, 경로 리더)의 규모, 파워, 또는 경영 지원에 의해 조정되는 유형이다.

11 유통활동을 상적 유통기능, 물적 유통기능, 유통조성기능으로 분류할 때 상적 유통기능에 해당하는 것으로 옳은 것은?

① 소유권 이전 기능
② 장소적 분리 해소 기능
③ 포장 및 유통가공 기능
④ 품질 표준화 기능
⑤ 시간적 분리 해소 기능

> **해설** ① 소유권 이전 기능은 상적 유통기능이다.
> 장소적·시간적 분리 해소와 포장 및 유통가공 기능은 물적 유통기능이고, 품질 표준화 기능은 유통조성기능이다.

12 아래 글상자의 괄호 안에 들어갈 용어를 순서대로 올바르게 나열한 것은?

> 영업사원에 대한 보상의 형태는 (㉠)과(와) (㉡)(으)로 나누어진다. (㉠)에는 일정한 기간 동안 규칙적으로 동일한 금액을 받는 봉급, 판매성과나 이익의 일정 비율을 받는 커미션 등이 있다. (㉡)(으)로는 승진이나 경력개발과 같은 요소가 있으며, 이는 영업사원들의 성취욕구를 자극하는 촉매제 역할을 한다.

정답 10 ③ 11 ① 12 ②

① ㉠ 고정비, ㉡ 변동비
② ㉠ 금전적 보상, ㉡ 비금전적 보상
③ ㉠ 비금전적 보상, ㉡ 금전적 보상
④ ㉠ 연봉제, ㉡ 성과급제
⑤ ㉠ 샐러리, ㉡ 보너스

해설 일정한 기간 동안 규칙적으로 동일한 금액을 받는 봉급, 판매성과나 이익의 일정 비율을 받는 커미션 등은 금전적 보상이다. 승진이나 경력개발과 같은 요소는 비금전적 보상이다.

13 직업윤리를 준수하는 행동으로 옳은 것은?

① 영업사원을 채용하는 과정에서 예외 없이 규정을 준수하여 프로세스를 진행한 경우
② 스카우트 제의가 들어왔을 때 기존회사의 기밀을 가지고 이직하는 경우
③ 경쟁사 제품에 대한 고객의 반응을 알아보기 위해 마케팅 조사기관에 종사하는 것처럼 위장하는 경우
④ 영업사원이 판매 실적을 부풀리기 위해 확인되지 않은 제품의 성능을 과장하여 설명하는 경우
⑤ 회사 내 연구개발팀이 개량된 제품을 개발하였으나 기대에 미흡한 결과에도 제품개량을 과장하여 광고하는 경우

해설 ① 영업사원을 채용하는 과정에서 예외 없이 규정을 준수하여 프로세스를 진행한 경우는 직업윤리를 준수하는 행동이다. 나머지 내용들은 모두 직업윤리에 반하는 행동이다.

14 고객과의 대화 시 유의할 점에 대한 설명으로 옳은 것은?

① 목소리를 최대한 크게 하거나 속삭여서 차별성을 보여준다.
② 고객이 어떠한 말을 해도 말다툼을 하지 않는다.
③ 고객의 말을 가로막아 빠른 결론을 내린다.
④ 말끝을 흐려서 여운을 남긴다.
⑤ 전문용어를 사용해서 고객이 감탄하게 한다.

해설 고객 응대는 고객과 눈을 맞추되 제품에 대해 확신을 가질 수 있도록 명확하고 친절한 말투로 대화하여야 한다. 고객의 말을 가로막는 것은 바람직하지 않다. 전문용어는 피하고 일상적인 언어를 사용해야 한다.

정답 **13** ① **14** ②

15 고객을 맞이하는 판매원의 자세에 대한 내용으로 가장 옳지 않은 것은?

① 자세는 바르고 태도는 공손하게 한다.
② 실수하지 않도록 업무지식에 능통해야 한다.
③ 고객과의 약속은 반드시 지킨다.
④ 판매와 관련된 고객의 문제를 해결하기 위해 노력한다.
⑤ 매출에 도움이 되는 고객만 선별해서 응대한다.

> **해설** ⑤ 현재는 매출에 도움이 되지 않아도 언제든지 잠재고객이 될 수 있다. 따라서 매출에 도움이 되는 고객만 선별하여 응대하는 것은 바람직한 자세가 아니다.

16 양성평등참여를 위해 양성평등기본법에서 제시하고 있는 사항들로 옳지 않은 것은?

① 공직에 여성과 남성이 평등하게 참여하기 위한 시책 마련
② 직장 내의 양성평등한 근무환경 조성을 위한 조치 마련
③ 일과 가정생활의 조화로운 양립을 위한 여건 마련
④ 여성인적자원의 개발에 필요한 시책 마련
⑤ 임신, 출산, 수유, 육아에 관해서는 모성권만 보장

> **해설** ⑤ 임신, 출산, 수유, 육아에 관해서는 모성권뿐만 아니라 부성권도 보장하고 있다. 즉, 국가기관 등과 사용자는 임신·출산·수유·육아에 관한 모성권·부성권을 보장하고, 이를 이유로 가정과 직장 및 지역사회에서 불이익을 받지 아니하도록 하여야 한다(법 제25조 제1항).

17 유통산업발전법(법률 제19117호, 2022.12.27., 타법개정)에서 정의하는 용어에 대한 설명으로 옳지 않은 것은?

① 매장이란 상품의 판매와 이를 지원하는 용역의 제공에 직접 사용되는 장소를 말한다.
② 임시시장이란 다수의 수요자와 공급자가 일정한 기간 동안 상품을 매매하거나 용역을 제공하는 일정한 장소를 말한다.
③ 상점가란 같은 업종을 경영하는 여러 도매업자 또는 소매업자가 일정 지역에 점포 및 부대시설을 설치한 곳을 말한다.
④ 체인사업에는 직영점형, 프랜차이즈형, 임의가맹점형, 조합형 등이 있다.
⑤ 무점포판매란 상시 운영되는 매장을 가진 점포를 두지 아니하고 상품을 판매하는 것이다.

정답 **15** ⑤   **16** ⑤   **17** ③

해설 ③ 같은 업종을 경영하는 여러 도매업자 또는 소매업자가 일정 지역에 점포 및 부대시설 등을 집단으로 설치하여 만든 상가단지는 전문상가단지이다. 상점가는 일정 범위의 가로 또는 지하도에 대통령령으로 정하는 수(30개) 이상의 도매점포·소매점포 또는 용역점포가 밀집하여 있는 지구를 말한다(법 제2조).

18 소비자기본법(법률 제20301호, 2024.2.13., 일부개정)에서 말하는 소비자의 기본적 권리로서 옳지 않은 것은?

① 물품 또는 용역으로 인한 생명·신체에 대한 위해로부터 보호받을 권리
② 물품 등을 선택함에 있어서 필요한 지식 및 정보를 제공받을 권리
③ 안전하고 쾌적한 소비환경에서 소비할 권리
④ 합리적인 소비생활을 위하여 필요한 교육을 받을 권리
⑤ 소비자의 기본적 권리를 확보하기 위해서 소비자 문제에 관한 조사 및 연구를 할 수 있는 권리

해설 ⑤ 소비자의 기본적 권리를 확보하기 위해서 소비자 문제에 관한 조사 및 연구를 할 수 있는 권리는 소비자의 기본적 권리에 없는 사항이다.

참고 소비자기본법 제4조(기타 소비자의 기본적 권리)

> 3. 물품 등을 사용함에 있어서 거래상대방·구입장소·가격 및 거래조건 등을 자유로이 선택할 권리
> 4. 소비생활에 영향을 주는 국가 및 지방자치단체의 정책과 사업자의 사업활동 등에 대하여 의견을 반영시킬 권리
> 5. 물품 등의 사용으로 인하여 입은 피해에 대하여 신속·공정한 절차에 따라 적절한 보상을 받을 권리
> 7. 소비자 스스로의 권익을 증진하기 위하여 단체를 조직하고 이를 통하여 활동할 수 있는 권리

19 청소년 보호법(법률 제20423호, 2024.3.26., 타법개정) 중 청소년유해약물의 판매·대여 등의 금지에 대한 설명으로 가장 옳지 않은 것은?

① 누구든지 청소년을 대상으로 청소년유해약물 등을 판매·대여·배포하거나 무상으로 제공하여서는 아니 된다.
② 청소년을 대상으로 청소년유해약물 등을 자동기계장치·무인판매장치·통신장치를 통하여 판매·대여·배포하는 것은 허용된다.
③ 누구든지 청소년에게 권유·유인·강요하여 청소년유해약물 등을 구매하게 하여서는 아니 된다.
④ 청소년유해약물 등을 판매·대여·배포하고자 하는 자는 그 상대방의 나이 및 본인 여부를 확인하여야 한다.
⑤ 누구든지 청소년의 의뢰를 받아 청소년유해약물 등을 구입하여 청소년에게 제공하여서는 아니 된다.

정답 18 ⑤ 19 ②

 ② 누구든지 청소년을 대상으로 청소년유해약물 등을 자동기계장치·무인판매장치·통신장치를 통하여 판매·대여·배포하여서는 아니 된다(법 제28조 제1항).

20 구매자 요구와 판매자 요구 사이의 균형 추구를 강조하는 판매자의 윤리적 가치로서 가장 옳은 것은?

① 정직성
② 공정성
③ 책임감
④ 존경심
⑤ 개방성

 ② 구매자 요구와 판매자 요구가 일치하지 않는 경우 양자 사이의 균형 추구를 강조하는 판매자의 윤리적 가치는 공정성(fairness)이다.

제2과목 판매 및 고객관리(21~45)

21 제품믹스(product mix)의 구성을 평가하는 일반적인 기준으로 가장 옳은 것은?

① 크기(size), 모양(shape), 품질(quality)
② 폭(width), 길이(length), 깊이(depth)
③ 판매량(sales volume), 수익(profit), 점유율(market share)
④ 생산(production), 판매(sales), 서비스(service)
⑤ 기능(function), 디자인(design), 포장(packaging)

제품믹스는 넓이(폭), 길이, 깊이, 일관성 등 4가지 주요 차원을 갖는데, 이 중 일관성은 다양한 제품라인들이 최종용도, 생산요건, 유통경로 등에서 얼마나 밀접하게 관련성이 있는가를 의미한다.

정답 20 ② / 21 ②

22 접객서비스에 대한 아래의 내용 중에서 가장 옳은 것은?

① 매장에서는 자신의 센스를 최대한 발휘하여 아주 화려하게 의상을 갖추어야 한다.

② 고객은 자신이 구입한 상품이 마음에 들기만 하면 만족한다.

③ 고객요구가 파악되면 요구에 맞는 대안을 최대한 많이 제시한다.

④ 판매원은 무엇보다도 회사가 목적하는 바를 충분히 이행하고 있는지를 항상 체크하고 기업의 이익 향상 관점에서 고객을 보아야 한다.

⑤ 판매원은 무엇보다도 충분한 상품지식과 사용방법 등을 숙지하고 있어야 한다.

해설 접객서비스의 본질은 고객과의 관계에서 고객에게 좋은 느낌을 주는 것이다.
① 화려한 옷차림은 피하고 단정하고 깨끗한 옷차림이 바람직하다.
② 고객은 구입한 상품이 마음에 들어도 판매원의 응대가 잘못되면 불만족하게 된다.
③ 고객요구가 파악되면 요구에 맞는 대안을 고객이 선택하기 쉽게 몇 가지만 제시한다.
④ 접객서비스에서는 고객을 우선 대상으로 해야 한다. 고객이 만족하면 재구매로 이어져 이익은 자연스럽게 증가하게 된다.

23 다음 중 기업의 마케팅커뮤니케이션 활동이 아닌 것은?

① 판매촉진
② 인적 판매
③ 검색엔진 최적화
④ 홍보
⑤ 전시회

해설 기업의 마케팅커뮤니케이션에서 촉진믹스는 광고, 홍보 또는 PR(공중관계), 인적 판매 및 판매촉진으로 구성된다. 이 중 판매촉진은 소비자 판매촉진(샘플링, 쿠폰, 사은품, 경연과 추첨, 보너스 팩, 가격할인, 리베이트 등)과 중간상 판매촉진(중간상 할인, 협동광고, 교육훈련 프로그램 등)으로 구분된다.

24 상품에 대한 관여도 수준에 따라 소비자의 구매행동이 달라진다. 상품 관여도에 관한 설명으로서 가장 옳지 않은 것은?

① 상품 관여도 수준은 개인 특성에 따라 달라진다.

② 상품 관여도 수준은 상황적 맥락의 영향을 받지 않는다.

③ 지각된 위험이 낮을수록 상품 관여도 수준은 낮아진다.

④ 구매결과의 불확실성이 클수록 상품 관여도 수준은 높아진다.

⑤ 구매의 영향이 단기적일수록 상품 관여도 수준은 낮아진다.

정답 **22** ⑤ **23** ③ **24** ②

 관여도(involvement)는 주어진 상황에서 특정 대상에 대한 개인의 중요성 및 관련성 지각 정도를 의미하는 것으로 고객이 제품 구매 결정에 투입하는 시간 및 정보수집 노력과 관련이 높다.
② 상품 관여도 수준은 개인 특성은 물론 상황적 맥락에 따라 달라질 수 있다.

25 다음 중 POP(Point of Purchase) 광고의 기능으로 가장 옳지 않은 것은?

① 점포 외부의 접객분위기를 높이는 기능
② 소비자에게 정보를 제공하는 기능
③ 점포 내의 분위기를 활성화하는 기능
④ 매장 내 위치나 이벤트를 안내하는 기능
⑤ 구매를 유발하는 기능

 구매시점 광고, 즉 POP(Point of Purchase) 광고는 소매상의 점두나 점내를 활용하여 판촉활동을 수행하는 점내광고이다. 따라서 점포 내부의 접객분위기를 높이는 기능을 한다.
POP 광고는 고객에게 정보를 제공해 주고, 매장의 분위기를 반영하며, 제품에 대한 홍보역할을 수행하고 충동구매를 촉진하는 효과가 있다.

26 유통업체 브랜드(PB; Private Brand)에 대한 설명으로 가장 옳지 않은 것은?

① 브랜드의 주체는 제조업자이다.
② 판매 및 재고관리는 유통업체가 담당한다.
③ 주로 OEM 방식을 통해 제품을 생산한다.
④ PB의 장점은 다른 브랜드의 제품에 비해 가격이 저렴하고 높은 마진을 달성할 수 있다는 점이다.
⑤ 식음료나 공산품 같은 편의품뿐만 아니라 화장품 및 패션 등의 선매품에도 PB가 활용되고 있다.

 ① 유통업체 브랜드(PB) 제품은 유통업자가 생산업체에 제품생산을 의뢰하고 생산된 제품에는 유통업체의 상표를 부착하는 마케팅전략이다. 브랜드의 주체는 유통업체이다.

정답 **25** ① **26** ①

27 소비자들의 구매의사결정에 영향을 미치는 매장 혼잡성을 설명하는 내용으로 가장 옳지 않은 것은?

① 혼잡한 상황에서 대부분의 고객은 바빠 보이는 직원에게 뭔가를 물어보고 상담하기를 꺼린다.
② 혼잡하다고 느낀 소비자는 구매를 연기하지 않고 반드시 충동구매를 한다.
③ 혼잡한 점포 내에서 구매한 상품에 대해 고객은 일반적으로 만족도를 낮게 인식하는 편이다.
④ 혼잡성은 소비자가 인식하고 처리할 수 있는 정보의 양을 제한한다.
⑤ 혼잡성을 경험한 소비자는 그 점포에 대해 나쁜 이미지를 갖게 될 가능성이 크다.

> **해설** ② 점포 혼잡성을 사전에 지각한 소비자들은 점포를 방문하지 않고 구매를 연기하는 것이 일반적이다. 점포의 혼잡성(crowding)이 일정수준을 넘어 너무 혼잡하면 쇼핑속도가 떨어지고 고객불만을 야기하여 매출이 하락하지만, 적정수준의 혼잡성은 오히려 고객에게 쇼핑의 즐거움을 더해 주기도 한다.

28 아래 글상자는 서비스 특성 중 하나를 설명한 것이다. 이에 가장 옳은 것은?

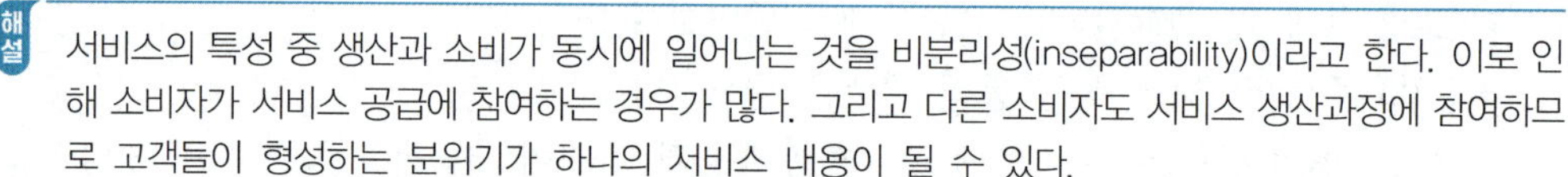

① 무형성　　　② 비분리성　　　③ 이질성
④ 소멸성　　　⑤ 유형성

> **해설** 서비스의 특성 중 생산과 소비가 동시에 일어나는 것을 비분리성(inseparability)이라고 한다. 이로 인해 소비자가 서비스 공급에 참여하는 경우가 많다. 그리고 다른 소비자도 서비스 생산과정에 참여하므로 고객들이 형성하는 분위기가 하나의 서비스 내용이 될 수 있다.

29 브랜드 연상(브랜드 이미지)에 대한 설명으로 가장 옳지 않은 것은?

① 브랜드 연상은 고객이 특정 브랜드에 가지는 전체적인 인상을 의미한다.
② 바람직한 브랜드 연상은 고객에게 브랜드와 관련된 호의적이고 강렬한 인상을 남긴다.
③ 제품속성과 직접 관련된 연상은 제품 범주, 품질이나 가격 등을 통해 구축된다.
④ 제품속성과 관련이 없는 브랜드 연상은 주로 제품의 기능적 편익에 의존한다.
⑤ 기업 자체의 이미지가 브랜드 연상으로 작용할 수 있다.

정답 **27** ②　　**28** ②　　**29** ④

 브랜드 연상(brand association)은 브랜드와 관련하여 기억으로부터 떠오르는 모든 것들을 말한다. 브랜드 연상은 크게 제품속성과 직접 관련된 연상, 제품속성과 관련이 없는 연상, 기업과 관련된 브랜드 연상으로 구분할 수 있다.
브랜드 연상 중 제품속성과 직접 관련된 연상으로는 제품범주에 대한 연상, 제품속성에 대한 연상, 품질·가격과 관련된 연상 등이 있다.
제품속성과 관련이 없는 연상으로는 브랜드 퍼스낼리티에 대한 연상, 사용자에 대한 연상, 제품용도에 관련된 연상, 원산지와 관련된 연상 등이 있다.

30 다음 중 아래의 글상자에서 공통으로 설명하는 상품의 유형으로 가장 옳은 것은?

- 소비자들은 강한 브랜드 선호도와 충성도를 가진다.
- 소비자들은 상당한 구매노력을 기꺼이 감수하려는 경향이 있다.
- 소비자들의 가격민감도가 상대적으로 낮다.
- 보통 전속적 유통을 채택한다.

① 편의품　　　　　　　　　② 선매품
③ 전문품　　　　　　　　　④ 미탐색품
⑤ 산업용품

 소비재는 고객의 구매관습(shopping habits)을 기준으로 편의품, 선매품, 전문품 및 미탐색품(비탐색품)으로 구분한다.
이 중 전문품(specialty goods)은 매우 높은 관여도를 보이며 구매자의 지위와 연관이 높고 매우 높은 가격대의 제품을 의미한다. 최고급 시계, 전문가용 카메라, 고급 의류 및 장신구류 등이 전문품으로 분류된다.
전문품에 대한 소비자의 상표 충성도는 매우 강하고 높은 가격을 지불하는 데 주저하지 않는다. 전문품에 대해서는 전속적 유통을 채택한다.

31 다음 중 매장 내·외부 공간 및 환경 관리에 대한 설명으로 가장 옳지 않은 것은?

① 매장 배치의 기본은 소비자들이 쉽게 원하는 물건을 찾을 수 있게 하는 것이다.
② 소비자들이 필요한 것만 구매해서 빠르게 나갈 수 있게 동선을 만들어야 한다.
③ 고객의 구매욕구를 높이기 위해 상품을 매력적으로 느낄 수 있게 매장 환경을 관리한다.
④ 매장 앞 전면부는 간판 및 입간판 등을 통해 통행하는 소비자들의 시선을 끌 수 있어야 한다.
⑤ 매장의 음악과 향기는 소비자의 기분과 감정에 영향을 미친다.

정답 30 ③　　31 ②

 ② 동선(moving line)은 소비자가 점포 내를 걸어 다니는 길 또는 궤적을 말한다. 전 매장을 구석구석 둘러보고 매장에 오래 머무를 수 있도록 고객동선을 구성하여 고객이 많은 상품을 쉽게 구매할 수 있게 해야 한다.

32 다음 중 상품의 판매활동에 대한 설명으로 가장 옳지 않은 것은?

① 판매활동의 본질은 대금과 상품의 교환거래를 실현시키는 활동이다.
② 상품 관련 정보를 제공함으로써 상품의 이용이 유익하다는 것을 알리는 활동이다.
③ 상품의 효용을 고객에게 알림으로써 구매결정을 유도하는 활동이다.
④ 상품의 구매조건을 설명하여 지금 구매가 이득임을 납득시키는 활동이다.
⑤ 소비자가 상품을 이용함으로써 제품의 가치를 실현시키는 활동이다.

 ⑤ 소비자가 상품을 이용함으로써 제품의 가치를 실현시키는 활동은 판매활동 이후에 이루어지는 고객의 소비활동에 해당하는 것으로, 판매활동의 범주에는 포함되지 않는다.

33 거래 완결을 위해 판매에 수반하여 반드시 제공되어야 할 판매서비스로서 가장 옳지 않은 것은?

① 상품 사용 관련 정보 제공
② 고객 맞춤형 수선서비스 제공
③ 상품에 대한 주문 처리
④ 상품 대금의 청구서 발급
⑤ 대금 지불 과정 구축 및 운영

 ② 고객 맞춤형 수선서비스는 거래가 완결된 후 제공되어야 할 거래 후 서비스에 포함된다. 거래 후 서비스는 확장제품(extended product)에 포함되는 것으로 품질 보증, 애프터서비스 등이 있다.

34 다음 중 POS(Point of Sale)의 장점으로 가장 옳지 않은 것은?

① 체크아웃 처리속도의 증가 ② 인건비 절감
③ 입력오류 방지 ④ 구매선택 다양성 증가
⑤ 가격조정과 점검 및 전산처리 용이

정답 32 ⑤　33 ②　34 ④

해설 ④ 판매시점 정보관리시스템(POS 시스템) 도입과 고객의 구매선택은 아무런 관련이 없다. POS 시스템은 판매시점에서 판매와 관련된 정보를 관리하는 시스템이다.

35 아래 글상자에서 설명하는 판매결정기법으로 가장 옳은 것은?

> 고객이 선택을 하지 못하고 있을 때 판매를 종결하기 위해 "직접 가져가실 수 있게 포장해 드릴까요?" 혹은 "배송해 드릴까요?"라고 두 가지 대안을 제시하면 그중 어느 쪽이든 하나를 선택하여 대답을 할 확률이 높기에 판매원이 많이 사용하는 기법이다.

① 요약 반복법
② 보증법
③ 실례법
④ 타이밍지적법
⑤ 가정적 종결법

해설 제시된 내용은 고객이 제품을 구매할 것이라는 가정하에 판매결정을 시도하는 것으로 가정적 종결법(assumptive close method) 또는 추정승락법이라고 한다.
실제로 많은 고객들은 제시된 내용과 같은 질문을 받게 되면 '살 것인지 말 것인지'를 생각하지 않고, 재안받은 두 가지 중 어느 쪽으로 해야 할 것인가를 진지하게 생각하게 되므로 효과가 큰 방법이다.

36 아래 글상자에서 설명하는 가격할인의 유형으로 가장 옳은 것은?

> 제조업자가 일반적으로 수행해야 할 유통업무의 일부를 중간상인이 대신 수행할 경우, 이에 대한 보상으로 경비의 일부를 제조업자가 부담하는 것으로 기능할인(function discount)이라고도 한다.

① 수량할인
② 현금할인
③ 거래할인
④ 상품 지원금
⑤ 판매촉진 지원금

해설 중간상 판매촉진 중 제조업자의 업무를 대신 수행한 것에 대한 보상으로 경비의 일부를 제조업자가 부담하는 것은 거래할인(trade discount)이다.

정답 35 ⑤　36 ③

37 아래 글상자의 괄호 안에 들어갈 촉진전략 유형으로 가장 옳은 것은?

> (　　　)은 생산자가 최종 소비자들에게 광고나 소셜미디어 활동을 통해 제품을 구매하도록 유도하는 촉진전략이다.

① 푸시(push) 전략　　　　　　② 풀(pull) 전략
③ 인적 판매 전략　　　　　　　④ 대량판매 전략
⑤ 할인 전략

해설 생산자가 최종 소비자들에게 광고나 소셜미디어 활동을 통해 제품을 알리고 소비자가 제품을 구매하도록 유도하는 촉진전략은 풀(pull) 전략이다.

38 상품이나 서비스를 셀프서비스(self-service)를 활용하여 판매하는 방식의 장점으로 가장 옳지 않은 것은?

① 상품 포장의 간소화 개선　　　② 고객의 구매과정 통제력 확보
③ 구매 장소의 유연성 증가　　　④ 구매 시간의 편의성 증진
⑤ 구매 소요시간의 절약

해설 최근 크게 확산되고 있는 셀프서비스(self-service)를 활용한 판매는 영업시간의 확대, 비용 절감 등의 장점이 있다. 그러나 셀프서비스를 도입하면 고객에게 전달되는 상품정보의 정확성은 낮아질 수 있고, 상품 포장을 더 꼼꼼하게 해야 한다.

39 아래 글상자에서 설명하는 서비스 회복을 위한 지침으로 가장 옳은 것은?

> 현장에서 문제를 해결하기 위해서는 일선 직원들이 서비스 실패나 고객불평에 즉시 대처할 수 있는 권한과 재량권을 가지고 있어야 한다. 효과적인 서비스 회복은 고객의 소리를 듣고, 해결책을 찾아 즉석에서 해결해야 하는데 때로는 규정에서 벗어날 수도 있기 때문이다.

① 권한위임　　　　　　　　　　② 직원훈련과 보상
③ 경험으로부터 학습　　　　　　④ 서비스 회복기회 추적
⑤ 감정이입

정답　37 ②　　38 ①　　39 ①

 현장에서 문제를 해결하기 위해서는 일선 직원들이 서비스 실패나 고객불평에 즉시 대처할 수 있는 권한과 재량권을 가지고 있어야 한다. 이를 위해서는 책임자의 권한을 일선 직원에게 넘기는 권한위임이 이루어져야 한다.

40 **판매를 위해 판매원이 수행할 수 있는 효과적인 스몰 토크 방법으로 가장 옳지 않은 것은?**

① 스몰 토크는 논란이 되는 사회적 이슈나 정치, 종교와 같은 주제는 피하고 날씨나 드라마, 스포츠와 같은 가벼운 주제로 한다.

② 질문은 예나 아니오로 끝나지 않는 열린 질문으로 한다.

③ 스몰 토크는 판매를 위한 본격적인 대화 전에 하는 것으로 신뢰감을 주기 위해 전문용어를 많이 쓰려고 노력한다.

④ 스몰 토크에 대한 반응으로 내용은 가볍지만 '네~', '정말요?', '대단한데요?'와 같은 확실한 언어 리액션을 보여준다.

⑤ 스몰 토크의 핵심 세 가지 요소는 관찰, 질문, 표현이다.

 ③ 스몰 토크는 가벼운 대화를 통해 서로를 이해하고 친밀감을 높이는 대화를 말한다. 판매원이 본격적인 판매를 시작하기 전에 수행하는 스몰 토크는 친밀감을 주고 고객의 마음을 열기 위해 전문용어는 피하고 일상적인 언어를 사용해야 한다.

41 **고객의 소리를 관리하는 것이 중요한 이유로 가장 옳지 않은 것은?**

① 고객의 소리는 제품 및 서비스 개선지점을 파악하는 데 도움을 준다.

② 고객 문제에 대한 신속한 대응으로 서비스 품질을 강화시킬 수 있다.

③ 고객의 필요를 확인함으로 인해 마케팅 전략 수립에 도움이 된다.

④ 통계방식을 활용하여 제품 및 서비스의 불량률을 개선하고 품질혁신경영을 수행하는 바탕이 된다.

⑤ 고객의 소리를 통해 기업의 긍정적인 이미지를 강화할 수 있다.

④ 고객의 소리(VOC; Voice of Customer)는 고객들이 자발적으로 남긴 질문 및 의견들을 말한다. 고객마다 큰 차이를 보이므로 통계적으로는 대표성을 갖는다고 보기 어렵다. 따라서 고객의 소리에 대해 통계방식을 활용하여 분석하는 것은 의미가 없다.

정답 **40** ③ **41** ④

42 다음 중 고객 응대를 위해 판매원이 이해하고 있어야 하는 고객에 관한 내용으로 가장 옳지 않은 것은?

① 매장에서 고객 접객 시 고객공간을 침범하지 말고 접객을 위한 적정 간격을 유지해야 한다.

② 고객은 언제나 합리적인 사고를 통해 구매하므로 고객에게 자세한 설명은 오히려 구매 의사결정에 방해가 된다.

③ 고객을 존중하면서 고객의 동기 및 가치관과 이해 수준에 따라 고객응대를 해야 한다.

④ 동일한 나이나 소득 수준이어도 성격이나 생활양식에 따라서 고객의 욕구가 다를 수 있다는 것을 이해해야 한다.

⑤ 판매원은 구매결정을 고객에게 맡기지 말고 고객의 반응을 올바르게 포착하여 판매결정을 촉구해야 한다.

해설 ② 고객은 합리적인 사고가 제한적인 상태에서 구매하고 구매 후 인지부조화를 겪는 경우가 많다. 따라서 판매원은 제품을 구매하려는 고객에게 자세한 설명을 해야 고객이 구매의사결정을 쉽게 할 수 있다.

43 소매점포 매장에서 조명(lighting)을 활용하는 목적으로 가장 옳지 않은 것은?

① 고객 관심을 특정상품으로 유도
② 점포 내 고객의 이동속도 조절
③ 점포 내 고객의 기분 전환
④ 점포 및 매장의 이미지 개선
⑤ 제품에 따른 조도 조절로 매출 증대

해설 ② 소매점포 매장에서 조명이 고객의 이동속도를 조정하는 역할을 할 수는 없다. 조명은 특정한 진열상품을 두드러지게 하거나 강약을 주어 상품의 가치를 높여주고 점포의 시각적 요소들의 균형을 잡아주는 역할을 한다.

정답 42 ② 43 ②

44 특정 제품이나 서비스에 대한 고객의 추천 정도를 0점에서 10점 사이의 척도로 측정하여 고객충성도를 계산하는 지표로 옳은 것은?

① NPS(Net Promoter Score)
② CSAT(Customer Satisfaction Score)
③ KPI(Key Performance Indicator)
④ CES(Customer Effort Score)
⑤ ROI(Return on Investment)

해설 ① 특정 제품이나 서비스에 대한 고객의 추천 정도를 0점에서 10점 사이의 척도로 측정하여 고객충성도를 계산하는 지표는 순추천지수(NPS; Net Promoter Score)이다.

NPS는 고객이 거래하고 있는 회사와의 관계를 강화하기 위해 기꺼이 투자나 희생을 하고자 하는 정도를 나타내는 것으로, 이는 고객충성도의 측정지표로 활용된다. 주변 사람들에게 회사 혹은 그 회사의 제품, 서비스, 영업사원 등을 소개하는 것은 자신에게 위험이 따르는 행동이므로 소개(추천)의 정도는 고객충성도를 측정하기 위한 적합한 기준이 된다.

고객만족도를 측정하는 대표적인 지표로 CSAT(Customer Satisfaction Score), NPS(Net Promoter Score) 및 CES(Customer Effort Score) 등이 있다. CSAT는 고객의 만족 여부, NPS는 추천의향, CES는 프로세스의 효율성에 초점을 두고 고객이 들인 노력을 측정한다.

45 소비자 판촉수단에 대한 설명으로 가장 옳지 않은 것은?

① 무료샘플은 주로 소비자들이 시험삼아 사용해 볼 수 있을 만큼의 양을 따로 포장하여 소비자들에게 무료로 제공하는 것을 의미한다.
② 쿠폰은 제품을 구입할 때 구매자에게 일정금액을 할인해 주는 할인권을 의미한다.
③ 리베이트는 쿠폰과 그 성격이 비슷하며 가격할인이 구매시점에 일어난다.
④ 프리미엄은 소비자가 제품을 구매한 것에 대하여 무료 또는 저렴한 가격으로 구매한 것과 동일한 제품이나 다른 제품을 제공하는 것이다.
⑤ 시연회는 고객들 앞에서 실제로 자사제품을 보여주거나 자사제품의 사용법과 차별적인 특성을 시연해 보이는 것이다.

해설 ③ 리베이트(rebate)는 쿠폰(coupon)과 그 성격이 비슷하지만 쿠폰과는 달리 가격할인이 구매 후에 이루어진다는 점에서 차이가 있다.

리베이트는 제품을 구매한 소비자가 구매를 증명하는 서류(영수증 등)를 판매자에게 보내면 판매자가 구매가격의 일정액을 되돌려주는 것을 말한다.

정답 **44** ①   **45** ③

유통관리사 3급

2023년 기출문제

2023. 05. 13. 시행 유통관리사 3급
2023. 08. 26. 시행 유통관리사 3급
2023. 11. 25. 시행 유통관리사 3급

유통관리사 3급 기출문제

제 1 과목 유통상식(01~20)

01 아래 글상자가 설명하는 중간상의 필요성에 대한 원칙으로 옳은 것은?

> 수급조절, 보관, 위험부담, 정보수집 등을 제조업자가 모두 수행하기보다는 전문성을 갖춘 유통업체에게 맡기는 것이 보다 경제적일 수 있다. 즉, 유통업자는 유통을 전문화함으로써 보다 경제적이고 효율적인 유통기능의 수행이 가능하다.

① 총거래수 최소의 원칙
② 분업의 원칙
③ 변동비 우위의 원칙
④ 집중준비의 원칙
⑤ 시간효용의 원칙

해설 ② 수급조절, 보관, 위험부담, 정보수집 등을 제조업자가 모두 수행하지 않고 제조업자보다 높은 전문성을 갖춘 유통업체에게 맡기는 것이 보다 경제적일 수 있다는 것은 분업의 원칙이다.

참고 중간상이 필요한 이유

유통경로에서 중간상이 필요한 이유는 총거래수 최소의 원칙, 분업의 원칙, 변동비 우위의 원칙, 집중준비의 원칙으로 설명할 수 있다.

- **총거래수 최소의 원칙**: 유통경로에서 중간상이 개입함으로써 거래수가 결과적으로 단순화·통합화되어 실질적인 거래비용이 감소한다.
- **분업의 원칙**: 유통업에서도 제조업에서와 같이 유통경로상에서 수행되는 수급조절, 수·배송, 보관, 위험부담 및 정보수집 등을 생산자와 유통기관이 상호 분업의 원리에 기초하여 분담한다면 경제성과 능률성이 보다 향상된다.
- **변동비 우위의 원칙**: 유통업은 제조업에 비해 변동비(variable cost)의 비중이 크기 때문에 생산자가 제조와 유통을 통합하여 생산된 제품을 직접판매하는 경우 규모의 경제효과가 오히려 적게 나타나게 된다. 따라서 이런 경우 제조와 유통을 분리하여 기능을 분담하는 것이 비용측면에서 효율적이다.
- **집중준비의 원칙**: 중간상보다는 도매상의 존재 가능성을 부각시키는 원칙으로, 도매상은 상당량의 브랜드 상품을 대량으로 보관하기 때문에 사회 전체적으로 보관할 수 있는 양을 감소시킬 수 있으며, 소매상은 소량의 적정량만을 보관함으로써 원활한 유통기능을 수행할 수 있다는 원칙이다.

정답 01 ②

02 최근 우리나라 유통산업의 환경변화로 가장 옳지 않은 것은?

① 고령화현상 가속화로 고령자층의 특성을 분석해 이들을 대상으로 한 서비스의 개발이 필요한 상황이다.
② 여성의 사회진출 증가로 여성들의 취향을 자극할 수 있는 아이템을 발굴하기 위해 노력해야 한다.
③ 1인 가구의 증가로 1인 가구 맞춤형 제품 및 서비스를 제공하는 매장이 계속 증가하고 있다.
④ 인구 감소현상으로 앞으로는 유통업체를 찾는 고객의 수도 감소하게 될 것이다.
⑤ 정보통신기술의 발전으로 유통 채널이 온라인 및 모바일에서 오프라인 중심으로 변화하고 있다.

해설 ⑤ 최근 ICT의 발전으로 인한 e-commerce 시장의 성장으로 소비자들의 소비패턴이 오프라인에서 온라인 및 모바일로 이동하고 있다.

03 고객을 대하는 태도로 가장 옳지 않은 것은?

① 고객을 응대할 때 적극적이고 성실한 태도
② 고객을 존중하는 태도
③ 고객에게 신뢰를 주려는 태도
④ 고객의 입장에서 도와주려는 태도
⑤ 고객이 원하지 않아도 친절을 베풀려는 태도

해설 ⑤ 고객이 원하지 않아도 친절을 베풀려는 태도는 고객에게 부담을 줄 수 있으므로 고객이 원하는 경우에만 친절을 베푸는 것이 바람직하다.

04 경로시스템 내 단속형 거래(discrete transaction)와 관계형 교환(relational exchange)의 비교 설명으로 옳지 않은 것은?

	구분	단속형 거래	관계형 교환
㉠	거래처에 대한 관점	단순고객으로서의 거래처	동반자로서의 거래처
㉡	거래경험의 중요성	낮음	높음
㉢	신뢰의 중요성	낮음	높음
㉣	잠재거래선의 수	소수의 잠재거래선	다수의 잠재거래선
㉤	거래선의 차별화 정도	낮음	높음

① ㉠　　　　② ㉡　　　　③ ㉢
④ ㉣　　　　⑤ ㉤

정답 **02** ⑤　　**03** ⑤　　**04** ④

해설 ④ 단속형 거래에서는 불특정 다수의 잠재거래선을 대상으로 하고, 관계형 교환에서는 소수의 잠재거래선을 대상으로 한다.
관계형 교환(relational exchange)은 유통경로 내 거래당사자들이 현재 및 미래의 경로성과 모두에 관심을 가지며 연속적 거래를 통해 발생되는 이윤을 극대화하려는 교환형태를 말한다. 따라서 잠재거래선은 소수이다.

05 **기업이 소비자에게 제품을 직접 판매하는 직접유통이 발생하게 된 이유로 가장 옳지 않은 것은?**

① 소비자가 원하는 상품구색을 제공한다.

② 소비자에게 필요한 정보를 제공한다.

③ 자체의 신용정책을 통하여 소비자의 금융부담을 덜어주는 금융기능을 수행한다.

④ 소비자에게 배달, 설치, 수리 등의 서비스를 제공한다.

⑤ 소비자에게 제품 사용방법에 대한 교육을 제외한 정보전달 서비스를 제공한다.

해설 ⑤ 제품의 기술적 복잡성이 큰 경우 소비자에게 제품 사용방법에 대한 교육을 포함한 정보전달 서비스를 제공하기 위해서는 직접유통이 바람직하다.

06 **아래 글상자는 소비자기본법(법률 제17799호, 2020.12.29., 타법개정) 제58조 한국소비자원의 피해구제와 관련한 내용이다. 괄호 안에 들어갈 일자가 순서대로 나열된 것으로 옳은 것은?**

> 원장은 제55조 제1항 내지 제3항의 규정에 따라 피해구제의 신청을 받은 날부터 (㉠)일 이내에 제57조의 규정에 따른 합의가 이루어지지 아니하는 때에는 지체 없이 제60조의 규정에 따른 소비자분쟁조정위원회에 분쟁조정을 신청하여야 한다. 다만, 피해의 원인규명 등에 상당한 시일이 요구되는 피해구제신청사건으로서 대통령령이 정하는 사건에 대하여는 (㉡)일 이내의 범위에서 처리기간을 연장할 수 있다.

① ㉠ 30, ㉡ 30 ② ㉠ 30, ㉡ 60

③ ㉠ 60, ㉡ 60 ④ ㉠ 60, ㉡ 90

⑤ ㉠ 90, ㉡ 120

해설 원장은 피해구제의 신청을 받은 날부터 30일 이내에 합의가 이루어지지 아니하는 때에는 지체 없이 소비자분쟁조정위원회에 분쟁조정을 신청하여야 한다. 다만, 피해의 원인규명 등에 상당한 시일이 요구되는 피해구제신청사건으로서 대통령령이 정하는 사건에 대하여는 60일 이내의 범위에서 처리기간을 연장할 수 있다(법 제58조).

정답 **05** ⑤ **06** ②

07 **귀금속이나 자동차와 같이 고가의 품목에 알맞은 유통경로로 가장 옳은 것은?**

① 선택적 유통경로　　　　② 개방적 유통경로
③ 일시적 유통경로　　　　④ 간접적 유통경로
⑤ 전속적 유통경로

해설　귀금속이나 자동차와 같은 고가의 품목은 대부분 전문품이다. 전문품의 경우에는 시장 커버리지 전략 중 전속적 유통경로가 형성된다.
전속적 유통경로(exclusive distribution channel)는 각 판매지역별로 하나의 중간상에게 자사제품의 유통에 대한 독점권을 부여하는 것으로, 소비자가 제품 구매를 위해 적극적인 탐색을 하고 쇼핑을 위해 기꺼이 시간과 노력을 아끼지 않는 전문품의 경우에 적합한 유통경로이다.

08 **마이클 포터의 가치사슬에서 나타내는 본원적 활동으로 가장 옳지 않은 것은?**

① 자원투입　　　　　　　② 판매 및 마케팅
③ 서비스　　　　　　　　④ 인적자원관리
⑤ 물류산출

해설　마이클 포터(M. Porter)의 가치사슬 분석에서 본원적 활동(primary activities) 또는 핵심 프로세스는 제품의 생산·운송·마케팅·판매·물류·서비스 등과 같은 현장업무 활동을 의미한다. 한편 지원활동(support activities) 또는 보조활동(지원 프로세스)은 구매·기술개발·인적자원관리·재무·기획 등 현장활동을 지원하는 제반 업무를 의미한다.

09 **매장 내에서 판매원이 담당하는 일반적인 역할로 가장 옳지 않은 것은?**

① 정보를 전달하는 역할
② 수요를 창출하는 역할
③ 서비스를 제공하는 역할
④ 정보를 창출하는 역할
⑤ 상담자의 역할

해설　④ 매장 내에서 정보를 창출하는 활동은 정보의 원천이 되는 고객과 매장의 의사결정자가 담당하는 역할이다. 매장의 정보는 판매정보, 재고정보, 고객정보 등으로 구성된다.

정답　07 ⑤　　08 ④　　09 ④

10 판매원의 기본적인 자세와 관련된 설명으로 가장 옳지 않은 것은?

① 잡담을 배제하고 필요한 대화를 간결하고 명확하게 한다.
② 공무로 자리를 비우는 경우에도 다른 직원에게 행선지나 용건을 알린다.
③ 짙은 화장이나 염색으로 고객에게 강한 인상을 심어 준다.
④ 고객이 말을 하고 있는 중에는 집중해서 경청한다.
⑤ 매장이나 환경을 깨끗하게 유지한다.

해설 ③ 판매원의 짙은 화장이나 염색은 고객에게 혐오감이나 부담을 줄 수 있으므로 피하는 것이 바람직하다. 단정한 복장이나 화장으로 고객이 친밀감을 가지고 다가올 수 있게 해야 한다.

11 판매원이 알아야 할 시장지식으로 가장 옳지 않은 것은?

① 주요 고객의 인구 통계적 요소
② 전반적인 소비자 구매 행동의 특성
③ 상권의 규모와 경쟁 매장
④ 매장 주변의 교통환경
⑤ 판매제품의 당기순이익

해설 ⑤ 판매제품의 당기순이익과 같은 재무정보 및 회계정보는 매장의 관리자에게 필요한 지식으로 판매원이 알아야 하는 것은 아니다.

12 유통의 기능에 대한 설명으로 가장 옳지 않은 것은?

① 유통의 기능은 크게 상적 유통기능과 물적 유통기능, 유통조성기능으로 나뉜다.
② 상적 유통은 거래유통이라고도 하며 수량적 조정기능, 품질적 조정기능을 포함한다.
③ 시간적 조정기능인 보관, 하역, 포장, 유통가공 등은 물적 유통기능에 해당한다.
④ 금융, 위험부담 기능은 유통조성기능에 포함된다.
⑤ 소비자에게 도착할 때까지 모든 과정에서의 물류정보 및 시장정보 처리기능은 유통조성기능에 해당한다.

해설 ⑤ 소비자에게 도착할 때까지 모든 과정에서의 물류정보 및 시장정보 처리기능은 물적 유통기능에 해당한다. 물적 유통기능은 보관, 운송, 하역, 포장, 정보 및 관리활동을 포함한다.

정답 **10** ③　**11** ⑤　**12** ⑤

13 조달물류를 효율적으로 달성하기 위한 방안에 대한 설명으로 옳지 않은 것은?

① 거래되는 규모가 작을수록, 제품의 부패와 진부화 속도가 빠를수록 짧은 유통경로가 선호된다.

② 시장의 지리적 집중도가 높을수록, 제품의 표준화 정도가 높을수록 짧은 유통경로가 선호된다.

③ 구매 빈도가 높을수록, 제품의 기술적 복잡성이 높을수록 짧은 유통경로가 선호된다.

④ 평균 주문 규모가 클수록, 기업의 규모와 재정 능력이 부족할수록 짧은 유통경로가 선호된다.

⑤ 제품의 단가가 낮을수록, 유통경로에 대한 통제 욕구가 강할수록 짧은 유통경로가 선호된다.

> **해설** 물류영역의 출발점인 조달물류는 원자재, 부품, 포장재료 등이 납품처로부터 구매자인 생산업자에게 납품되어 생산공정에 투입되기 전까지의 물류활동을 말한다.
> ③ 구매 빈도가 낮을수록, 제품의 기술적 복잡성이 높을수록 짧은 유통경로가 선호된다.

14 직업과 직업윤리에 대한 설명으로 가장 옳지 않은 것은?

① 직업에 종사하는 사람들의 의식 속에 내재화된 사회적 규범이다.

② 직업인에게 공통으로 요구되는 정신적 자세나 행위 규범이다.

③ 일반윤리의 한 특수한 형태로 일반적인 국민윤리에 우선하는 가치체계이다.

④ 직업을 통해 사회나 국가의 발전에 공헌한다는 점에서 모든 직업에 요구되는 공인규범이다.

⑤ 직업인으로서 마땅히 지켜야 하는 도덕적 가치관으로 사회와 직업에 대한 관점에 따라 변화한다.

> **해설** ③ 직업과 직업윤리는 일반윤리의 한 특수한 형태이다. 따라서 직업윤리보다는 국민윤리가 우선하는 가치체계이다.

15 판매자와 구매자의 관계에서 윤리적으로 문제가 되는 판매자의 행위가 아닌 것은?

① 구매자에게 금품이나 뇌물을 제공하는 경우

② 구매자에게 필요 이상의 고가품을 권하는 경우

③ 구매자에게 지키지 못할 약속을 남발하는 경우

④ 판매 목표를 달성하기 위하여 유통업자(보통, 대리점)에게 제품을 떠안기는 경우

⑤ 구매자에게 명확한 정보를 제공하는 경우

> **해설** ⑤ 구매자에게 명확한 정보를 제공하는 것은 판매자의 의무이다. 윤리적으로 문제가 되는 행위가 아니다.

정답 **13** ③　　**14** ③　　**15** ⑤

16 아래 글상자에서 설명하는 용어로 가장 옳은 것은?

> 유통경로상에서 물적 소유, 촉진, 협상, 위험부담, 주문, 지불 등 거의 모든 유통활동을
> 수행하며 소매상 고객들을 위해 재고유지, 판매원 지원, 신용제공, 배달, 경영지도와 같은
> 종합적인 서비스를 제공하기도 한다.

① 직송 도매상
② 현금거래 도매상
③ 트럭 도매상
④ 완전서비스 도매상
⑤ 진열 도매상

해설 유통경로상에서 물적 소유, 촉진, 협상, 위험부담, 주문, 지불 등 거의 모든 유통활동을 수행하는 것은
완전서비스 도매상이다.
도매상은 크게 완전서비스 도매상과 한정서비스 도매상으로 구분한다. 한정서비스 도매상은 유통기능
중 소수의 기능에 전문화되어 있고 소매상 고객에게 제한된 서비스만을 제공하는 도매상으로 현금거
래 도매상 또는 현금무배달 도매상, 트럭 도매상, 선반진열 도매상, 직송 도매상 등이 있다.

17 유통경로의 구성원이 특별한 경험이나 전문적인 지식을 가졌을 경우에 발생하는 권력으로
가장 옳은 것은?

① 준거적 권력
② 정보적 권력
③ 보상적 권력
④ 전문적 권력
⑤ 강압적 권력

해설 ④ 유통경로의 구성원이 특별한 경험이나 전문적인 지식을 가졌을 경우에 발생하는 권력은 전문적 권
력(expert power)이다.
유통경로에서 발생하는 전문적 권력(파워)은 경영관리에 관한 상담과 조언, 영업사원의 전문지식,
종업원의 교육과 훈련, 상품의 진열 및 전시조언, 경영정보, 시장정보, 우수한 제품, 다양한 제품,
신제품 개발 능력 등이다.

정답 **16** ④ **17** ④

18 아래의 글상자에서 설명하고 있는 소매업태의 발전이론으로 가장 옳은 것은?

> • 소비자의 소매점 선택에는 점포가 제공하는 서비스의 정도와 상품의 가격이 영향을 미친다는 가설에 기반한 이론이다.
> • 시장의 다양한 소매점들이 소비자의 선호도가 가장 높은 유통업태의 형태로 전환함에 따라 비슷한 업태로 수렴되고 자연스럽게 독특한 특성의 새로운 유통업태의 출현을 가능하게 한다는 이론이다.
> • 가격파괴의 선두주자격인 대형할인마트 또는 서비스를 최소화한 창고형 매장 등이 대표적인 예이다.

① 변증법적 이론
② 진공지대 이론
③ 소매차륜 이론
④ 아코디언 이론
⑤ 소매수명주기 이론

해설 소비자는 점포가 제공하는 서비스의 수준과 상품의 가격에 영향을 받는다는 가정에 기초하여 새로운 업태의 출현을 설명하는 이론은 진공지대 이론이다.

19 국가와 지방자치단체가 행하는 양성평등정책 촉진사항으로 가장 옳지 않은 것은?

① 성인지 예산
② 성 주류화 조치
③ 여성환경 영향평가
④ 성인지 교육
⑤ 성인지 통계

해설 양성평등정책이란 여성과 남성, 우리 모두가 인간으로서의 존엄성을 최대한 누릴 수 있도록 권리와 의무, 책임을 평등하게 나누는 정책이다.
한국의 양성평등정책 촉진사항으로는 성주류화 조치, 성별영향평가, 성인지 예산·교육·통계, 국가성평등지수 등 6개 사항이다(양성평등기본법 제14조~제19조).

정답 **18** ② **19** ③

20 다수의 소매점이 기업으로서 독립성을 유지하면서 공동의 이익을 달성하기 위해 체인본부를 중심으로 분업과 협업의 원리에 따라 구성되는 체인 조직으로 가장 옳은 것은?

① 협동형 연쇄점
② 프랜차이즈 가맹점
③ 단독점
④ 임의형 연쇄점
⑤ 회사형 연쇄점

해설 임의형 연쇄점(voluntary chain)은 각 점포가 독립된 회사라는 점에서 프랜차이즈 체인방식과 같지만, 조직의 주체는 가맹점이며 전 가맹점이 경영의 의사결정에 참여한다는 차이점이 있는 연쇄점이다. 「유통산업발전법」에서는 체인사업을 직영점형, 프랜차이즈형, 임의가맹점형 및 조합형 4가지로 구분하고 있다(법 제2조 제6호). 문제에 제시된 내용은 임의가맹점형 체인사업에 가까운 것으로 임의형 연쇄점(voluntary chain) 또는 자발적 연쇄점이라고도 한다.

참고 「유통산업발전법」의 체인사업 유형

유형	정의
직영점형	체인본부가 주로 소매점포를 직영하되, 가맹계약을 체결한 일부 소매점포에 대하여 상품의 공급 및 경영지도를 계속하는 형태의 체인사업
프랜차이즈형	독자적인 상품 또는 판매·경영기법을 개발한 체인본부가 상호·판매방법·매장운영 및 광고방법 등을 결정하고 가맹점으로 하여금 그 결정과 지도에 따라 운영하도록 하는 형태의 체인사업
임의가맹점형	체인본부의 계속적인 경영지도 및 체인본부와 가맹점 간 협업에 의하여 가맹점의 취급품목·영업방식 등의 표준화사업과 공동구매·공동판매·공동시설활용 등 공동사업을 수행하는 형태의 체인사업
조합형	동일업종의 소매점들이 「중소기업협동조합법」 제3조의 규정에 의한 중소기업협동조합을 설립하여 공동구매·공동판매·공동시설활용 등 사업을 수행하는 형태의 체인사업

정답 **20** ④

21 유통업체 브랜드(private brand)에 대한 설명으로 옳지 않은 것은?

① 주된 상표주는 중간상(주로 소매상)이다.
② 제조업체 브랜드(NB)에 비해 주로 저가격이 특징이다.
③ OEM 방식보다는 자체생산이 대부분이다.
④ 제조업체 브랜드(NB)보다 마진폭이 비교적 크다.
⑤ 전국적인 규모의 광고를 하는 제조업체 브랜드(NB)에 비해 대중의 인지도가 낮다.

해설 ③ 유통업체 브랜드(private brand)는 대부분 유통업체가 자체생산하는 것이 아니라 주문자상표 부착 방식, 즉 OEM 방식으로 조달하고 있다.

22 고객이 소매업체의 서비스 품질을 평가하는 다섯 가지 요소로 옳지 않은 것은?

① 형평성(fairness)
② 확신성(assurance)
③ 유형성(tangibility)
④ 공감성(empathy)
⑤ 응답성(responsiveness)

해설 소매업체의 서비스 품질을 평가하는 SERVQUAL의 5개 차원(RATER)은 ㉠ 서비스에 대한 신뢰를 바탕으로 정확하게 업무를 수행하는 능력을 나타내는 신뢰성(Reliability), ㉡ 고객에 대해 직원들의 능력·예절·신빙성·안전성을 전달하는 능력을 나타내는 확신성(Assurance), ㉢ 눈으로 구분 가능한 설비나 장비 등 물리적으로 구성되어 있는 외양을 나타내는 유형성(Tangibility), ㉣ 고객에게 제공하는 개별적인 배려와 관심을 나타내는 공감성(Empathy), ㉤ 고객에게 언제든지 준비된 서비스를 제공하겠다는 것을 나타내는 대응성 또는 반응성(Responsiveness) 등이다.

23 온라인 쇼핑몰과 오프라인 소매점에 공통적으로 적용할 수 있는 바람직한 설계방식으로 가장 옳지 않은 것은?

① 각 웹 페이지나 매장은 관련성이 높은 상품들로 구성한다.
② 적절한 장치를 마련하여 웹 페이지나 매장들을 둘러보기 쉽게 한다.
③ 고객에게 익숙한 표준화된 방식을 적용하여 설계한다.
④ 산만할 정도로 다채롭거나 지루할 정도로 단순한 상품진열은 피한다.
⑤ 고객의 쇼핑동기를 고려한 설계유형을 적용한다.

정답 **21** ③   **22** ①   **23** ③

 ③ 온라인 쇼핑몰과 오프라인 소매점 모두 다른 쇼핑몰이나 소매점과 차별화하는 것이 바람직하다. 따라서 고객에게 익숙한 표준화된 방식은 지양하고 고객이 새롭고 신선하다고 느낄 수 있도록 설계 하는 것이 바람직하다.

24 고객 응대에 대한 행동으로 가장 옳지 않은 것은?

① 구매 여부와 관련 없이 언제나 공손하게 예의를 갖추어 대한다.
② 자세는 바르고 태도는 자연스럽게 고객의 의도를 파악한다.
③ 고객의 요구를 받아들이고 해결하기 위해 노력한다.
④ 고객과 눈을 맞추고 속삭이는 듯한 다정한 말투로 대화한다.
⑤ 실수하지 않도록 업무에 대한 정확한 지식을 갖추고 응대한다.

고객 응대는 고객과 눈을 맞추되 제품에 대해 확신을 가질 수 있도록 명확하고 친절한 말투로 대화하 여야 한다.
고객 응대는 고객의 구매심리 프로세스에 따라 달리 하여야 한다. 고객의 구매심리 프로세스는 AIDCA 로 요약할 수 있다. AIDCA는 'Attention(주목) – Interest(관심) – Desire(구매욕구) – Conviction(확신) – Action(구매행동)'이다.

25 소매점 재고통제의 목적으로 가장 옳지 않은 것은?

① 고객의 수요와 합치되는 상품 구색을 갖추는 데 도움이 된다.
② 고객에게 상품 구성 및 구색이 풍부하다는 인상을 주어 충동구매를 유도할 수 있다.
③ 판매 기회 상실 및 가격 인하 압박을 감소시켜 보다 큰 이익의 실현을 보장한다.
④ 양호한 재고통제는 무엇을, 언제, 얼마만큼 매입해야 하는가에 대한 정보를 제공한다.
⑤ 상품회전율이 향상되기 때문에 상품에 투입되는 자본이 절감된다.

소매점이 재고통제(stock control)를 통해 적정재고를 유지하면 제품의 품절이 감소하므로 고객의 충 동구매는 줄어드는 효과가 있다.

정답 **24** ④　　**25** ②

26 아래 글상자의 내용이 설명하는 레이아웃으로 가장 옳은 것은?

- 작은 매장을 여러 개 운영하는 대형점포나 많은 매장이 모여있는 복합쇼핑몰 등에서 사용
- 고객들이 편안하고 느긋한 마음으로 자신이 원하는 상품을 둘러보기가 용이
- 상품의 노출도는 높으나 공간을 여유롭게 운영해야 하므로 공간 효율성은 떨어짐
- 매장 내 고객에 대한 안내 서비스가 많이 요구됨

① 격자형 레이아웃
② 경주로형 레이아웃
③ 자유형 레이아웃
④ 그리드 레이아웃
⑤ 루프형 레이아웃

해설 대형점포나 많은 매장이 모여있는 복합쇼핑몰 등에서 사용하는 것으로 고객들이 편안하고 느긋한 마음으로 자신이 원하는 상품을 둘러보기가 용이한 것은 자유형 레이아웃(free form lay-out)이다. 자유형 레이아웃은 통로를 따라 원형, 타원형, U자형 등 불규칙한 비대칭 배열을 구성함으로써 쇼핑의 즐거움과 충동구매를 유발하는 레이아웃이다.

27 광고에 대한 설명으로 가장 옳지 않은 것은?

① 다양한 대중매체를 통하여 제품에 대한 정보를 커뮤니케이션한다.
② 통상적으로 고객에게 전달하기 위한 매체별 비용이 소요된다.
③ 총도달률은 광고에 노출된 사람의 수로 광고가 노출된 평균 횟수를 말한다.
④ 제품으로 인해 소비자의 삶이 어떻게 나아질 수 있는지 교육하는 기능도 수행한다.
⑤ 기업이나 브랜드에 대한 감성적·상징적 소구를 위한 커뮤니케이션에 용이하다.

해설 ③ 총도달률(reach) 또는 도달범위(접촉범위)는 잠재고객(세대 혹은 개인) 가운데 일정기간 동안 적어도 1회 이상 광고에 접촉한 고객의 비율이다.

정답 26 ③   27 ③

28 서비스 실패가 일어날 경우에 실시해야 할 서비스 회복 절차와 관련된 사항으로 가장 옳지 않은 것은?

① 고객의 말을 경청하고 고객의 상황을 이해하며 의견을 구하는 질문을 한다.

② 문제에 대한 공정한 해결방안을 제시해야 한다.

③ 문제 해결의 순서상 고객의 감정적인 측면을 해결하는 것보다 금전적인 보상을 우선시 해야 한다.

④ 고객의 불편이나 손해에 대해 가치부가적인 보상을 제공해야 한다.

⑤ 서비스 회복 절차가 끝난 후 사후관리를 시행해야 한다.

> **해설** ③ 서비스 회복 문제 해결의 순서상 고객의 감정적인 측면을 먼저 해결한 후 금전적인 보상을 제공해야 한다.
> 서비스 회복(service recovery)은 서비스 실패(service failure)로 인하여 나타나는 고객의 불평 및 불만사항에 대하여 효과적으로 대응하는 것을 말한다.

29 편의품의 판매전략으로 가장 옳지 않은 것은?

① 구매 빈도가 높으므로 고객이 쉽게 구매할 수 있도록 가능한 주거지 가까이에 있는 매장을 통해 판매한다.

② 상표에 관한 관심이 비교적 높으므로 편의품 제조업체들은 광고 중심의 마케팅전략을 사용한다.

③ 판매 증대를 위해 고객이 점포에 머무르는 시간이 길어지도록 즐거운 쇼핑 분위기를 조성해야 한다.

④ 사전에 철저한 계획을 세우지 않고 구매하므로 습관적 구매를 유도하는 판매전략을 활용한다.

⑤ 단가와 마진이 모두 낮기 때문에 상품회전율을 높이는 판매전략을 사용해야 한다.

> **해설** ③ 판매 증대를 위해 고객이 점포에 머무르는 시간이 길어지도록 즐거운 쇼핑 분위기를 조성해야 하는 것은 의류와 같은 선매품의 판매전략이다. 편의품은 구매하려고 계획한 제품을 빠르게 구매하고 매장을 나갈 수 있도록 제품진열에 신경을 써야 한다.

정답 **28** ③ **29** ③

30   판매활동에 대한 설명으로 가장 옳지 않은 것은?

① 판매활동의 본질은 고객과의 교환거래를 실현시키는 활동이다.
② 고객에게 상품의 효용을 알림으로써 구입을 설득하는 활동이다.
③ 고객이 이 상품을 이용하는 것이 자신에게 유익하다는 것을 알리는 활동이다.
④ 점포의 서비스 수준이나 취급 품목의 품질 수준에 대한 정보를 고객에게 전달하는 활동이다.
⑤ 고객이 현명한 구매와 쾌적한 생활을 영위할 수 있도록 도와주는 활동이다.

> **해설** ④ 점포의 서비스 수준이나 취급 품목의 품질 수준에 대한 정보를 고객에게 전달하는 활동은 판매활동의 범주에는 해당하지 않고 홍보활동으로 볼 수 있다.

31   효과적인 경청 방식에 대한 설명으로 가장 옳지 않은 것은?

① 말하는 사람에게 공감하도록 노력하며 상대방의 입장을 이해하면서 듣는다.
② 인내심을 갖고 상대가 원하는 것이 무엇인지 집중하여 듣는다.
③ 전달자의 메시지에 관심을 집중하며 말을 삼가고 질문이나 반박은 하지 않는다.
④ 상대방의 이야기에 고개를 끄덕이거나 맞장구치는 등의 공감 표현을 한다.
⑤ 상대방이 전달하는 말의 내용은 물론, 그 내면의 동기나 정서에도 귀를 기울인다.

> **해설** ③ 청취자는 자신이 들은 내용을 분석적으로 받아들이되 필요한 경우에는 질문이나 반박을 하는 것이 바람직하다. 이러한 행동은 들은 내용에 대한 명확화, 그리고 이해의 확인 및 상대방에게 잘 경청하고 있다는 것을 말해준다.

32   브랜드 자산을 형성하는 두 가지 요인으로 가장 옳은 것은?

① 브랜드 아이덴티티, 브랜드 확장
② 브랜드 인지도, 브랜드 이미지
③ 브랜드 인지도, 브랜드 확장
④ 브랜드 이미지, 라인 확장
⑤ 브랜드 아이덴티티, 브랜드 인지도

> **정답** 30 ④   31 ③   32 ②

 브랜드 자산(brand equity)이란 해당 브랜드를 가졌기 때문에 발생하는 차별적 브랜드 가치를 말한다. 브랜드 자산은 브랜드 인지도와 브랜드 이미지로 구성된다. 브랜드 이미지는 호의적이고, 독특하고, 강력해야 한다. 한편 인지도가 높다는 것은 강력한 브랜드가 되기 위한 필요조건이지만 충분조건은 아니다.

33 서비스 실패 시 고객이 불평하지 않는 이유로 가장 옳지 않은 것은?

① 불평이 어떤 것도 바꾸지 못할 것이라 생각함
② 누구에게 불평해야 할지 알지 못함
③ 고객 자신에게도 일정 부분 책임이 있다고 생각함
④ 욕구불만에 대한 감정적 분출
⑤ 고객 자신의 주관적 평가에 대한 불확신

 ④ 서비스 실패가 나타나면 고객은 욕구불만을 감정적으로 표출할 수 있고, 이 경우 고객의 불평으로 이어질 수 있다.

34 아래 글상자는 서비스의 특성 중 무엇을 설명하고 있는가?

> 서비스는 생산과정에서 소비가 동시에 이루어지는 것이기 때문에 서비스 생산에 있어 고객이 반드시 참여하여야 한다. 그렇기 때문에 서비스제공자(직원, 종업원 등)의 선발 및 교육훈련을 통해 세심한 고객관리가 중요하다.

① 무형성   ② 소멸성
③ 비분리성   ④ 동질성
⑤ 공감성

 생산과정에서 소비가 동시에 이루어지는 서비스의 특성은 비분리성이다. 비분리성은 서비스를 판매하거나 서비스를 수행하는 이들로부터 분리하기 어렵다는 것을 의미하기도 한다.

정답 33 ④   34 ③

35 구매시점광고(POP; Point of Purchase)에 대한 설명으로 가장 옳지 않은 것은?

① 고객에게 찾고자 하는 매장으로 안내하는 표시 기능을 제공한다.

② 판매원을 대신하여 매장에 행사나 시즌의 분위기를 연출하는 데 활용된다.

③ 상품의 특징, 가격, 소재 등 상품을 설명해 주는 데 활용된다.

④ 고객들의 가시거리에 설치되어야 하므로 점포 벽면에 우선 설치하도록 해야 한다.

⑤ 설치목적에 따라 다양하게 활용되기 때문에 소요비용, 예산에 대해 신중히 검토해야 한다.

④ POP(Point of Purchase) 광고는 소매상의 점두나 점내를 활용하여 판촉활동을 수행하는 점내광고이며, 매스미디어 광고에 대응한 광고 용어이다. 점포 벽면에 설치할 수도 있지만 가격이 저렴한 편의품을 계산대 주변에 진열해 놓는 방법을 많이 활용한다.

36 레이아웃에 대한 설명으로 가장 옳지 않은 것은?

① 레이아웃의 그룹핑(grouping)은 상품의 성격과 특성이 유사한 상품들을 그룹별로 진열하는 것을 말한다.

② 레이아웃의 페이싱(facing)은 페이스의 수량을 뜻하는 것으로 앞에서 볼 때 하나의 단품을 옆으로 늘어놓은 개수를 말한다.

③ 레이아웃의 조닝(zoning)은 그룹핑한 상품을 진열 공간에 배분하여 도면상에서 상품들이 구분될 수 있도록 표시하는 것을 말한다.

④ 매장의 구성단계는 일반적으로 그룹핑 – 페이싱 – 조닝 순으로 진열한다.

⑤ 매장의 레이아웃은 소비자의 구매 행동양식과 업종 및 업태 그리고 매장 규모를 고려하여 배치하여야 한다.

④ 매장의 구성은 상품을 분류하고(grouping), 매장배치를 결정(zoning)한 후, 진열면을 배분(facing)하는 순서로 이루어진다.
진열의 요소는 품목(무엇을), 진열의 양(얼마나), 진열의 위치(어디에)와 형태(어떤 형태로), 페이스(어느 면을 보이게)로 이루어진다. 우선 어떤 품목을 어느 정도 진열할 것인가를 결정하고, 그 다음 진열위치와 형태, 진열페이스를 결정하는 것이 일반적이다.

정답 35 ④ 36 ④

37 POS(Point of Sales) 시스템에 대한 설명으로 가장 옳지 않은 것은?

① 판매장의 판매시점에서 발생하는 판매정보를 컴퓨터로 자동 처리하는 시스템을 말한다.

② POS 시스템을 통해 상품을 제조회사별, 상표별, 규격별로 구분해서 정보를 수집·가공·처리하여 단품관리가 가능하게 한다.

③ POS 시스템을 통해 상품의 수량과 위치를 실시간으로 파악할 수 있기 때문에 도난과 같은 상품 손실을 막을 수 있다.

④ POS 시스템을 통해 계산 실수나 상품의 혼동을 줄일 수 있다.

⑤ POS 시스템은 편의점, 슈퍼마켓과 같은 유통업체뿐만 아니라 음식점과 전문점에서도 사용 가능하다.

해설 ③ POS 시스템을 통해 상품의 수량과 위치를 실시간으로 파악할 수 있는 것은 아니다. RFID를 도입하면 상품의 위치를 실시간으로 파악할 수 있다.

38 아래 글상자의 괄호 안에 들어갈 용어로 옳은 것은?

> (   )은 단일 품목을 대량 판매하기 위해 사용하는 방식으로 가격이 저렴하다는 인식을 줄 수 있기 때문에 대량 진열과 판촉 행사가 병행되면 효과가 증가하며 신상품이나 인기 상품 또는 계절성 성수기 상품을 대상으로 실시하는 것이 바람직하다.

① 곤돌라 진열(gondola display)

② 섬 진열(island display)

③ 후크 진열(hook display)

④ 엔드 진열(end display)

⑤ 벌크 진열(bulk display)

해설 벌크 진열(bulk display)은 상품을 매대에 쌓아놓는 방식의 진열방법이다. 과일이나 야채와 같은 상품들을 매대나 바구니 등에 쌓아놓는 방법으로 고객에게 저렴하다는 인식을 줄 수 있고 충동구매를 유발하며 저가격과 저마진 상품에 어울리는 진열방법이다.

정답 37 ③ 38 ⑤

39 비주얼 머천다이징에 관한 내용으로 가장 옳은 것은?

① 고객들의 구매욕구를 자극할 수 있도록 시각적인 요소를 연출하고 관리하는 활동
② 연관된 상품을 함께 진열하거나 연관된 상품을 취급하는 점포들을 인접시키는 것
③ 고객들의 주통로와 직각을 이루고 있는 여러 단으로 구성된 선반들이 평형으로 늘어서 있고 그 선반 위에 상품이 진열되어 있는 형태의 레이아웃
④ 고객들의 주통로와 여러 점포들의 입구가 연결되어 있는 형태의 레이아웃
⑤ 일정한 규칙 없이 상품이나 점포를 배치함으로써 고객들이 자유롭게 쇼핑할 수 있도록 만들어진 레이아웃

해설 비주얼 머천다이징(VMD)은 마케팅효과를 극대화하기 위해 특정 상품이나 서비스를 시각적으로 연출하고 관리하는 것으로, 점포의 비주얼 머천다이징 요소에는 색채, 재질, 선, 형태, 공간 등과 점포 내·외부 디자인도 포함되며 핵심 개념은 매장 내 전시를 중심으로 이루어진다. 따라서 매장 및 후방, 고객동선, 상품배치 등의 레이아웃은 비주얼 머천다이징 요소에는 해당하지 않는다.
② 연관된 상품을 함께 진열하거나 연관된 상품을 취급하는 점포들을 인접시키는 것은 크로스 머천다이징(Cross Merchandising) 또는 관련품목 진열이라고 한다. 이를 통해 고객들이 연관된 상품들을 동시에 구매하도록 유도할 수 있다.
③은 격자형 레이아웃, ④는 경주로형 레이아웃, ⑤는 자유형 레이아웃에 대한 설명이다.

40 아래 글상자의 괄호 안에 들어갈 용어로 옳은 것은?

( )는 다양한 유통업체들이 서로 경쟁에서 뒤처지지 않기 위해서 점차 무모해지는 공격적인 판매촉진을 통해 경쟁기업으로부터 자신의 고객을 지키려는 행위로 나타나는 효과이다.

① 후광효과(halo effect)
② 눈덩이효과(snowball effect)
③ 채찍효과(bullwhip effect)
④ 밴드웨건효과(bandwagon effect)
⑤ 푸시효과(push effect)

해설 눈덩이효과(snowball effect)는 작은 원인(행위)이 시간이 흐르면서 점점 더 빠르게 확대 또는 축소하는 증식(compounding) 현상을 나타낸다. 언덕 위에서 굴린 조그만 눈덩이가 언덕을 내려오는 동안 지속·반복적으로 눈이 뭉쳐져 언덕 아래로 내려왔을 때 큰 눈덩이가 되는 현상에서 비롯된 용어이다.

정답 **39** ①   **40** ②

41 구매의사가 있는 고객에게 판매원이 취해야 하는 태도로서 가장 옳지 않은 것은?

① 구매자에게 제공될 상품 혜택 등을 설명하면서 고객의 질문에 성실히 응해야 한다.

② 단정한 복장과 함께 3S(smile, sincerity, smooth mood)를 갖추어야 한다.

③ 고객의 주의와 관심을 끌기 위해 사실에 근거한 진지한 칭찬을 통해 고객과의 친밀도를 높인다.

④ 구매 선택의 책임은 고객에게 있음을 확인시키면서 고객의 불만이 제기되지 않게 응대한다.

⑤ 판매원은 효과적인 의사전달을 위한 담화, 경청, 제스처 등을 통해 고객에게 설득적인 소구를 한다.

> **해설** ④ 구매 선택의 책임이 고객에게 있음을 확인시키면 고객은 구매의사를 철회하게 된다. 구매 후 마음에 들지 않는 경우 반품가능성 등을 설명하면서 고객 불만이 제기되지 않게 응대해야 한다.

42 아래 글상자의 ㉠과 관련한 설명으로 가장 옳지 않은 것은?

> ㉠은(는) 소비자가 어떤 제품을 구매한 다음 다양한 부정적인 정보나 미처 알지 못했던 정보들을 접하면서 느끼는 구매에 대한 심리적 불편함을 말한다.

① ㉠은(는) 구매 결정을 쉽게 취소할 수 없을 때 발생한다.

② ㉠은(는) 마음에 드는 대안들이 여러 개 있을 때 발생한다.

③ ㉠은(는) 선매품보다는 편의품을 구매할 때 발생한다.

④ 판매자는 소비자의 ㉠을(를) 최소화하기 위해 판매 직후 감사의 뜻과 함께 구매자에게 안내책자, 홍보지, 서신(letter) 등을 통해 구매자의 선택이 현명하였음을 확인시켜 준다.

⑤ 판매자는 소비자의 ㉠을(를) 최소화하기 위해 강화 광고(reinforcement advertising)를 통해 자사 제품의 좋은 면을 강조함으로써 구매자의 선택이 현명했음을 확인시켜 준다.

> **해설** 제시된 내용은 인지부조화(cognitive dissonance)에 대한 설명이다. 인지부조화는 편의품보다 선매품의 경우 크게 나타난다.
> 제품의 구매 후, 특히 고가품을 구매한 소비자의 대부분은 자기의 의사결정이 옳았는지에 대한 확신의 부족으로 인지부조화(cognitive dissonance) 또는 심리적인 불편(psychological discomfort)을 경험한다. 대부분의 제품이 결점과 장점을 동시에 가지고 있기 때문에 소비자들은 거의 모든 구매에 있어서 어느 정도의 구매 후 부조화를 느끼게 된다.

정답 **41** ④　**42** ③

43 제품 구성을 핵심고객가치, 실제제품, 확장제품으로 분류할 때 확장제품의 내용으로 옳은 것은?

① 핵심편익　　　　　　　　② 제품특성
③ 디자인　　　　　　　　　④ 패키징
⑤ 보증

 코틀러(P. Kotler)가 제시하는 상품의 3가지 차원에서 확장제품(augmented product)은 유형제품에 친절한 판매 서비스, 제품의 설치 및 품질보증, 기업의 브랜드, 점원의 태도 등의 속성이 부가된 것을 의미한다.

44 아래 글상자에서 제시하는 판매촉진 전략으로 옳은 것은?

> 제조업자가 대리점들에게 판매 목표를 부여하고 목표를 초과 달성할 경우 지급하는 것으로 중간상 판매촉진에 해당된다.

① 사은품　　　　　　　　　② 할인쿠폰
③ 세일　　　　　　　　　　④ 보너스팩
⑤ 판매장려금

해설 중간상 판매촉진 전략 중 제조업자가 대리점들에게 판매 목표를 부여하고 목표를 초과 달성할 경우 지급하는 것은 판매장려금이다.
제조업자가 중간상들과의 거래에서 사용하는 촉진전략으로는 현금할인, 거래할인, 판매촉진지원금(물량비례보조금, 머천다이징보조금, 리스팅보조금, 재고보호보조금, 리베이트), 수량할인, 상품지원금 등이 있다.

정답 **43** ⑤　　**44** ⑤

45 소비재에 대한 설명으로 가장 옳지 않은 것은?

① 편의품 – 고객이 자주 구매하며 구매에 있어 최소한의 노력을 필요로 하는 것으로 과자, 칫솔 등이 대표적이다.

② 전문품 – 특정 제품이 갖는 독특함 혹은 식별이 가능한 제품으로 기호품, 자동차 등이 대표적이다.

③ 선매품 – 비교적 많은 노력을 통해 유사대안들을 비교·평가한 후 구매하는 제품으로 가구류, 의류 등이 대표적이다.

④ 미탐색품 – 소비자에게 알려져 있지 않거나 알려져 있더라도 구매의욕이 낮은 제품을 말한다.

⑤ 핵심품 – 애프터서비스(after service)를 부가서비스로 포함하고 있는 제품을 말한다.

해설 ⑤ 애프터서비스(after service)를 부가서비스로 포함하고 있는 것은 확장제품이다. 확장제품(augmented product)은 유형제품에 친절한 판매 서비스, 품질보증기간, 기업의 브랜드, 점원의 태도 등의 속성이 부가된 것을 의미한다.
코틀러(P. Kotler)가 제시하는 상품의 3가지 차원에서 핵심제품(core product)은 소비자가 그 상품으로부터 얻기를 원하는 편익을 의미하고, 유형제품(tangible product)은 소비자가 상품으로부터 추구하는 편익을 구체적인 물리적 속성들의 집합으로 유형화시킨 것으로 디자인·품질·포장·브랜드 등을 의미한다.

정답 **45** ⑤

유통관리사 3급 기출문제

제1과목 유통상식(01~20)

01 아래 글상자에서 설명하는 도매상으로 가장 옳은 것은?

> 유통경로상에서 물적 소유, 촉진, 협상, 위험부담, 주문, 지불 등 거의 모든 유통활동을 수행하며, 소매상 고객들을 위해 재고유지, 판매원 지원, 신용제공, 배달, 경영지도 등을 제공하기도 한다.

① 진열 도매상
② 현금거래 도매상
③ 트럭 도매상
④ 직송 도매상
⑤ 완전서비스 도매상

해설 유통경로상에서 물적 소유, 촉진, 협상, 위험부담, 주문, 지불 등 거의 모든 유통활동을 수행하는 것은 완전서비스 도매상이다.
도매상은 크게 완전서비스 도매상과 한정서비스 도매상으로 구분한다. 한정서비스 도매상은 유통기능 중 소수의 기능에 전문화되어 있고 소매상 고객에게 제한된 서비스만을 제공하는 도매상으로 현금거래 도매상 또는 현금무배달 도매상, 트럭 도매상, 선반진열 도매상, 직송 도매상 등이 있다.

02 유통경로의 본질적인 기능으로 가장 옳지 않은 것은?

① 거래의 촉진 및 효율성 증대
② 제품구색의 불일치 완화 및 쇼핑 편의성 제고
③ 거래의 단순화 및 거래비용 절감
④ 소비자 욕구 및 구매관련 정보탐색의 용이성
⑤ 경로 간 경쟁으로 혁신적 발전 촉진

해설 유통경로의 본질적인 기능은 교환촉진 기능, 제품구색의 불일치 완화 기능, 거래의 표준화 기능, 소비자와 생산자 간의 연결 기능, 고객에 대한 서비스 기능 등이 있다. ⑤는 유통경로의 기능과 관련이 없다.

정답 **01** ⑤ **02** ⑤

03 유통의 기능 중 유통조성활동으로 가장 옳지 않은 것은?

① 잠재고객의 발견, 구매유발을 위한 판매상담 및 판매촉진활동

② 거래과정에서 거래단위, 가격, 지불조건 등을 표준화시키는 활동

③ 운전자본 및 신용을 조달하고 관리하는 금융활동

④ 유통과정에서 발생되는 물리적, 경제적 위험을 유통기관이 부담하는 위험부담활동

⑤ 기업이 필요로 하는 합법적인 소비자 정보 및 상품정보를 수집·제공하는 활동

> **해설** 유통의 기능 중 유통조성활동(facilitating marketing function)은 표준화 및 등급화 활동, 금융활동, 위험부담(risk bearing) 활동, 시장정보 활동, 교환주선 활동을 포함하고 있다.
> ① 잠재고객의 발견, 구매유발을 위한 판매상담 및 판매촉진활동 등은 상적 유통활동이다.

04 생필품을 판매하는 점포소매상의 분류별 특징에 대한 설명으로 가장 옳지 않은 것은?

세분		특징
점포 소매상 (생필품)	㉠ 구멍가게	소비자와 근접, 외상 판매 가능
	㉡ 편의점	고가격, 넓은 제품구색, 최상의 서비스 제공
	㉢ 슈퍼마켓	저비용, 저마진, 한정된 제품구색
	㉣ 연금매장	특정계층을 위해 구매 시 보조기능 역할을 수행
	㉤ 할인점	저렴한 가격, 유명상표 판매, 정상적 상품을 싸게 파는 장점

① ㉠
② ㉡
③ ㉢
④ ㉣
⑤ ㉤

> **해설** 편의점은 고객의 접근성이 높은 지역에 위치하며 고마진, 고회전율을 특징으로 한다. 제품구색은 좁고, 셀프구매 등 서비스의 수준이 낮은 것을 특징으로 한다.
> 수익률(마진)과 회전율을 중심으로 소매상이 취할 수 있는 전략별 업태를 구분하면 아래와 같다.

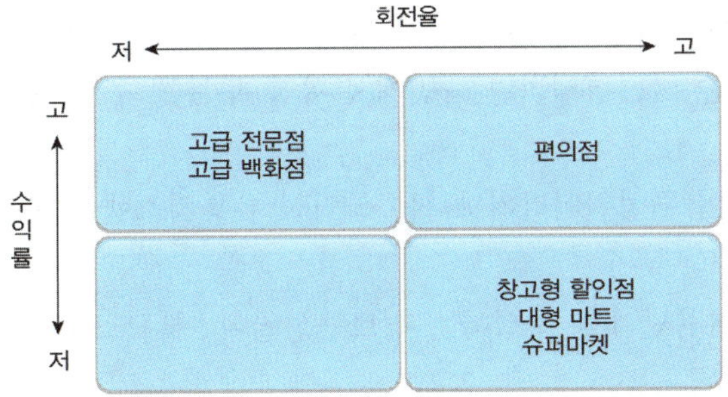

05 판매원이 갖추어야 할 상품에 대한 지식으로 옳지 않은 것은?

① 상품의 기능, 성능, 특징, 조작 방법 ② 상품의 가치, 가격
③ 상품의 구조, 장·단점 ④ 원재료의 기본적인 지식
⑤ DM 작성 및 발송법

 ⑤ DM(Direct Mail)은 특정한 개인에게 특정한 광고주가 자신들의 제품광고 내용을 우편물로(또는 온라인으로) 보내는 것을 말한다. DM 작성과 발송은 마케팅 부서에서 담당하는 것으로 판매원의 업무는 아니다.

06 유통의 발생 및 진화 과정에 관한 설명으로 가장 옳지 않은 것은?

① 자급자족 사회에서는 생산과 소비가 분리되어 있어 유통기능이 발생할 여지가 없었다.
② 초기 산업사회에서 대량생산이 가능해짐에 따라 초보적인 유통기능의 발생이 이루어졌다.
③ 후기 산업사회에서는 제조업체는 생산기능을, 유통업체는 다양한 유통기능을 전문적으로 수행하는 경영 기능의 분업화가 이루어졌다.
④ 초기 산업사회에서는 소비자의 욕구가 다양하지 않았으므로 제조업자의 판매부서나 독립 유통업자들에 의한 단순한 재분배기능의 수행만으로도 소비자의 욕구를 충족시킬 수 있었다.
⑤ 후기 산업사회로 넘어가면서 고객의 욕구가 다양화됨에 따라 이를 충족시키기 위해 제조업체들은 다품종 소량생산 시스템과 유연생산 시스템으로 전환하였다.

 ① 자급자족 사회에서는 생산과 소비가 분리되어 있지 않아서 유통기능이 발생할 여지가 없다. 생산과 소비가 분리되어야 생산자와 소비자 간에 유통이 이루어진다.

07 다음 중 유통경로 구성원에 대한 설명으로 옳지 않은 것은?

① 도매상과 소매상을 유통중간상이라고 한다.
② 소매상은 생산자로부터 제품을 구입하여 조직구매자 또는 다른 도매업자에게 판매하는 유통경로구성원이다.
③ 유통산업이란 경로구성원 중 국민경제적인 측면에서 유통 부문을 구성하는 유통기구들을 의미한다.
④ 최종 소비자는 유통시스템의 구성원이라기보다는 상업적 유통시스템이 목표로 하는 표적시장이라고 할 수 있다.
⑤ 금융기관, 광고업체 등은 유통단계를 구성하는 경로구성원이 아니므로 비회원구성원이라고도 한다.

정답 **05** ⑤   **06** ①   **07** ②

해설 ② 생산자로부터 제품을 구입하여 조직구매자 또는 다른 도매업자에게 판매하는 유통경로구성원은 도매상이다.

08

아래 글상자는 유통산업발전법(법률 제19117호, 2022.12.27., 타법개정) 제2조 정의 내용이다. 괄호 안에 들어갈 용어로 옳은 것은?

> (   )(이)란 일정 범위의 가로(街路) 또는 지하도에 대통령령으로 정하는 수 이상의 도매점포·소매점포 또는 용역점포가 밀집하여 있는 지구를 말한다.

① 매장
② 대규모점포
③ 준대규모점포
④ 상점가
⑤ 전문상가단지

해설 상점가란 일정 범위의 가로(街路) 또는 지하도에 대통령령으로 정하는 수(30개) 이상의 도매점포·소매점포 또는 용역점포가 밀집하여 있는 지구를 말한다.

09

고객의 유형에 따른 효과적인 응대방법으로 가장 옳지 않은 것은?

① 방어적인 유형의 고객에게는 사실을 기초로 한 제품의 장단점으로 공감을 구한다.
② 자신에 대한 자부심으로 단호한 고객에게는 판단상의 오류를 집중적으로 공략한다.
③ 의사결정이 빠른 충동적 고객에게는 상품의 장점을 중심으로 공감을 구한다.
④ 우유부단한 고객의 경우 작은 부문에서부터 결정할 수 있게 공략한다.
⑤ 자주 판매원을 가로막으며 억지스러운 표현을 사용하는 고객에게는 신속하게 판매 포인트를 설명한다.

해설 ② 자신에 대한 자부심으로 단호한 고객에게 고객의 판단상의 오류를 집중적으로 공략하면 역효과를 가져와 판매에 실패하게 된다. 이러한 고객에게는 고객의 선택을 긍정적으로 평가하여 제품을 구매하도록 해야 한다.

정답 **08** ④ **09** ②

10 아래 글상자가 공통적으로 설명하는 소매업체로 옳은 것은?

> • 건강 및 미용용품을 집중적으로 판매하는 전문점이다.
> • 미국에서 대표적인 체인점으로는 CVS, Walgreens, Boots 등이 있다.
> • 편의성 관점에서 강점을 가지고 있다.

① 카테고리 전문점   ② 전문점
③ 백화점   ④ 드럭스토어
⑤ 편의점

 소매업태 중 일반의약품은 물론 건강기능식품과 화장품, 생활용품, 음료, 다과류까지 함께 판매하는 복합형 전문점을 드럭스토어(drug store)라고 한다. 한국에서는 H&B 스토어라고 부르며 올리브영이 대표적이다.

11 유통경로에 대한 설명으로 가장 옳지 않은 것은?

① 최종 사용자인 고객의 만족을 목적으로 한다.
② 가치의 통로이다.
③ 고객이 제품을 소비하는 과정에서 참여하는 상호 의존적인 조직들의 집합체이다.
④ 경로구성원들이 수행하는 단속적인 거래과정이다.
⑤ 판매자와 구매자 간의 교환을 촉진한다.

 ④ 유통경로(distribution channel)에는 제조업체, 도매상 및 소매상 등과 같은 많은 조직이 참여하고 있으며, 이들은 상호 의존관계에 있어 연속적인 거래가 이루어진다.

12 사회에서 행동의 옳고 그름을 판단하는 도덕적 행동기준이라고 할 수 있는 윤리적 행동 여부를 판단하기 위한 기준으로 가장 옳지 않은 것은?

① 다른 사람의 희생을 대가로 모든 것을 얻는 것인가?
② 법률이나 기업방침을 위반하고 있지는 않은가?
③ 회사의 윤리강령을 어기는 사항이 아닌가?
④ 공정하게 행동하고 있는가?
⑤ 회사의 수익을 얼마나 증진시킬 수 있을까?

정답   10 ④   11 ④   12 ⑤

해설 ⑤ 윤리적 행동 여부를 판단하기 위한 기준과 회사의 수익 증대는 아무런 관련이 없다.

13 소매업에 관한 내용으로 가장 옳지 않은 것은?

① 구매한 상품에 필요한 가치를 부가하여 소비자에게 판매하는 일련의 비즈니스 활동 수행
② 소비자와의 빈번한 접촉으로 니즈를 가장 잘 파악하므로 소비자나 공급업체에 필요한 정보를 제공
③ 소매업은 최종 소비자들의 다양한 욕구를 충족시키기 위해 여러 형태로 끊임없이 진화 발전
④ 방문판매, 다단계판매, 카탈로그 판매, 인터넷 쇼핑몰, TV홈쇼핑 등을 포함
⑤ 고객들을 위해 재고 유지, 판매원 지원, 신용제공, 배송과 같은 종합적인 서비스 제공

해설 ⑤ 소매상 고객들을 위해 재고 유지, 판매원 지원, 신용제공, 배송과 같은 종합적인 서비스를 제공하는 것은 도매업의 특징이다.

14 경로 커버리지 전략에 대한 설명으로 가장 옳지 않은 것은?

① 경로 커버리지란 경로구성원의 수와 밀도를 지칭하는 것으로 유통집약도라고도 한다.
② 유통경로의 커버리지 증대는 매출의 지속적인 개선을 가져오므로 커버리지 극대화를 목표로 한다.
③ 집약적 유통경로는 유통비용의 증가와 유통경로에 대한 통제력 약화를 가져올 수 있다는 단점이 있다.
④ 전속적 유통경로는 특정 제품 카테고리에서의 충분한 전문성과 차별성을 갖추고 있어야 가능한 전략이다.
⑤ 선택적 유통경로는 일정 수준 이상의 규모와 입지, 평판, 경영 능력을 갖춘 소수의 중간상을 활용하는 전략이다.

해설 ② 유통경로 커버리지(channel coverage)는 특정지역에서 자사 제품을 취급하는 점포를 얼마나 많이 활용할 것인가를 결정하는 것이다. 경로 커버리지가 증대한다고 해서 매출이 증대하는 것은 아니다. 유통 커버리지는 중간상의 특성, 제품의 특성 및 경로에 대한 통제력 여부에 따라 달라진다.

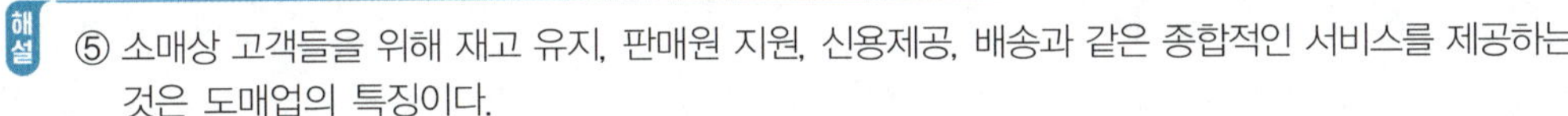

정답 13 ⑤ 14 ②

15 서비스 과정에서 고객참여를 증대시키는 방법으로 가장 옳지 않은 것은?

① 각 서비스마다 고객이 서비스 과정에 참여하는 수준이 다르기 때문에 고객의 과업 수준을 적절히 설정해야 한다.

② 참여 고객의 공헌도에 따라 금전적, 시간적, 심리적인 보상을 효과적으로 제공해야 한다.

③ 고객이 자신의 역할을 효과적으로 수행할 수 있도록 교육할 필요가 있다.

④ 기업에서 제공하는 서비스 범위를 광고나 인플루언서 등을 통해 고객에게 알리고 고객 기대를 관리해야 한다.

⑤ 기업의 수익을 증진시키기 위하여 애호도가 높은 고객에게만 참여를 권장해야 한다.

> **해설** ⑤ 기업의 수익을 증진시키기 위하여 애호도가 높은 고객과는 지속적인 관계를 유지하고, 이와 함께 신규고객을 창출하여야 한다.

16 아래 글상자는 청렴기반 윤리규범에 대한 내용이다. 이와 관련된 설명으로 가장 옳은 것은?

> 조직의 지침과 가치관을 제시하고 윤리적으로 건전한 행동을 지지하는 환경을 조성하여 종업원들 사이의 책임을 정의하는 윤리규범

① 잘못을 범한 사람을 벌하거나 제재하여 불법적인 행위 예방을 강조

② 법이나 규제 등의 외적 기준만을 준수

③ 종업원이 범죄행위만 피하는 것을 목적으로 함

④ 법적 준수를 넘어 정직, 상호 간 존중 등의 핵심 가치를 강조

⑤ 조직 내 윤리사무관(ethics officer)을 배치하여 내부 고발을 자체적으로 해결

> **해설** ④ 청렴기반 윤리규범(integrity-based ethics code)은 조직의 지침과 가치를 제시하고 윤리적으로 건전한 행동을 지지하는 환경을 조성하며 종업원들 간 책임에 대해 정의를 내리는 것이다. 청렴기반 윤리규범은 법적 준수를 넘어 정직, 상호 간 존중 등의 핵심 가치를 강조한다.
> 준수기반 윤리규범(compliance-based ethics code)은 잘못을 한 사람을 벌하거나 제재를 통하여 불법적인 행위를 예방하는 것을 강조한다. ④를 제외한 나머지 내용이 여기에 해당한다.

정답 **15** ⑤   **16** ④

17 매장에서 근무하는 판매원이 지켜야 할 사항으로 가장 옳지 않은 것은?

① 고객 앞에서 다른 직원을 비난하지 않는다.
② 상품진열이나 청소 등으로 고객이 불편을 겪지 않게 유의한다.
③ 고객에 대한 비평이나 귓속말을 하지 않는다.
④ 고객 앞에서 동료와 논쟁하지 않는다.
⑤ 고객 앞에서 협력업체와 상담을 한다.

해설 ⑤ 매장에서 근무하는 판매원은 고객 앞에서는 고객 응대에만 집중해야 한다. 협력업체와의 상담은 고객이 없는 장소에서 별도로 해야 한다.

18 양성평등과 관련한 사항 중 가장 옳지 않은 것은?

① 성평등가족부장관은 양성평등정책 기본계획을 5년마다 수립해야 한다.
② 지위를 이용한 성적 요구로 상대방에게 혐오감을 느끼게 하는 행위는 성희롱이다.
③ 상대방이 성적 언동에 따르지 않는다는 이유로 불이익을 주는 것도 성희롱이다.
④ 국가는 양성평등 실현을 위한 법적, 제도적 장치를 마련하여야 한다.
⑤ 양성평등은 성별에 따른 차별 없이 업무 중인 공적 영역에 한해 동등하게 참여하고 대우 받는 것을 말한다.

해설 '양성평등'이란 성별에 따른 차별, 편견, 비하 및 폭력 없이 인권을 동등하게 보장받고 모든 영역에 동 등하게 참여하고 대우받는 것을 말한다(양성평등기본법 제3조 제1호).
※ 시험 당시에는 '여성가족부장관'이 옳은 표기였으나, '성평등가족부장관'으로 개정됨

19 청소년 보호법(법률 제18550호, 2021.12.7., 일부개정) 제2조 정의상 청소년 출입ㆍ고용금 지업소로 옳지 않은 것은?

① 「체육시설의 설치ㆍ이용에 관한 법률」에 따른 무도학원업 및 무도장업
② 「식품위생법」에 따른 식품접객업 중 대통령령으로 정하는 것
③ 「게임산업진흥에 관한 법률」에 따른 청소년게임제공업 및 인터넷컴퓨터게임시설제공업
④ 「음악산업진흥에 관한 법률」에 따른 노래연습장업 중 대통령령으로 정하는 것
⑤ 「사행행위 등 규제 및 처벌 특례법」에 따른 사행행위영업

해설 ③ 「게임산업진흥에 관한 법률」에 따른 일반게임제공업 및 복합유통게임제공업 중 대통령령으로 정하 는 것이 청소년 출입ㆍ고용금지업소에 해당한다(청소년 보호법 제2조 제5호).

정답 **17** ⑤   **18** ⑤   **19** ③

20 제품의 구색이 넓은 구색에서 전문화된 좁은 구색으로 변화함에 따라 소매업태가 변화하는 것을 지칭하는 소매업태 변천과정에 관한 이론으로 가장 옳은 것은?

① 소매업 수레바퀴 가설
② 라이프사이클 이론
③ 변증법적 이론
④ 자연도태설
⑤ 소매 아코디언 이론

해설 소매 아코디언 이론(Retail Accordion Theory)은 홀랜더(S. C. Hollander) 교수가 주장한 것으로, 상품의 가격이나 마진이 아니라 상품믹스(product mix)의 변화에 초점을 맞추고 있다.
소매상의 변천은 제품구색의 변화에 초점을 맞추어 제품구색이 넓은 소매상(종합점)에서 제품구색이 좁은 소매상(전문점)으로, 다시 종합점으로 되풀이하는 것으로 아코디언처럼 제품구색이 늘었다 줄었다 하는 과정을 되풀이한다는 이론이다.

제**2**과목 판매 및 고객관리(21~45)

21 아래 글상자에서 설명하는 서비스의 특성으로 옳은 것은?

> 같은 호텔에 근무하는 예약담당자 중 한 명은 상냥하고 효율적인 반면, 다른 한 명은 불쾌감을 주고 업무처리가 느릴 수 있다. 즉, 누가, 언제, 어디서, 어떻게 서비스를 제공하느냐에 따라 서비스 품질이 크게 달라질 수 있다.

① 무형성 　　　　　② 비분리성
③ 이질성 　　　　　④ 동시성
⑤ 소멸성

 제시된 사례는 서비스의 특성 중 이질성(heterogeneity)에 대한 것이다. 서비스는 생산 및 인도과정에서 여러 가변적 요소가 개입되기 때문에 고객마다 다르게 제공되는 이질성의 특성을 지니고 있다. 이를 해결하기 위해서는 서비스 제공의 표준절차와 방법을 수립하고 매뉴얼화하는 방법이 있다.

정답 20 ⑤ / 21 ③

22 소매업체는 고객의 구매행동에 영향을 주기 위해 조명, 색상, 음악, 향기 등을 활용하여 매장 분위기를 조성할 수 있는데 이와 관련된 내용으로 가장 옳지 않은 것은?

① 조명은 상품을 돋보이게 하거나 점포의 분위기 및 인상을 좋게 만들 수 있다.
② 창의적인 색채 활용은 소매업체의 이미지를 향상시키고 분위기 조성에 도움을 준다.
③ 향기는 소비자의 기분과 감정에 영향을 줄 수 있다.
④ 음악은 점포 내 고객의 통행속도에 영향을 줄 수 있다.
⑤ 색상마다 가지는 공통적인 느낌을 통해 세계 어느 곳에서든 동일한 이미지를 형성할 수 있다.

해설 ⑤ 같은 색상이라도 나라마다 또는 지역마다 색상마다 갖는 느낌과 이미지는 다르므로 색상을 활용하여 매장 분위기를 조성할 때는 그 지역 거주민들의 선호를 고려하여야 한다.

23 다음 중 고객생애가치(customer lifetime value) 관리 방안으로 옳지 않은 것은?

① 경쟁자보다 더 큰 가치를 제공하여 고객획득률을 향상시킨다.
② 고객 만족도를 높여 고객유지율을 향상시킨다.
③ 경쟁사 대비 획득비용과 유지비용을 높게 유지한다.
④ 크로스 셀링과 업셀링을 통해 고객유지율을 향상시킨다.
⑤ 전환장벽을 높여 고객유지율을 향상시킨다.

해설 고객생애가치(CLV; Customer Lifetime Value)는 고객이 고객으로 있는 동안 구매를 통해 기업에게 기여하는 수익을 현재가치로 환산한 금액이다. 기업은 고객생애가치를 높이기 위하여 경쟁자보다 더 높은 가치를 제공해 주어야 한다. 그러나 기업이 이익을 극대화하기 위해서는 경쟁사보다 고객획득비용과 고객유지비용은 낮게 유지해야 한다.

24 아래 글상자에서 설명하는 점포 레이아웃 유형으로 가장 옳은 것은?

주된 통로를 중심으로 여러 매장 입구가 연결되어 있어 고객이 매장을 손쉽게 둘러 볼 수 있기에 진열된 제품을 최대한 노출시킬 수 있다는 장점이 있다.

① 혼합형(hybrid type) 레이아웃　　② 자유형(free-flow type) 레이아웃
③ 격자형(grid type) 레이아웃　　④ 버블형(bubble type) 레이아웃
⑤ 경주로형(racetrack type) 레이아웃

정답　**22** ⑤　　**23** ③　　**24** ⑤

 경주로형 레이아웃은 주된 통로를 중심으로 여러 매장입구가 연결되게 배치하는 방법이다. 경주로형 배치는 고객들이 다양한 매장의 상품을 볼 수 있게 하여 충동구매를 유발할 수 있다.

25 다음 중 고객의 소리(VOC) 관리에 대한 설명으로 가장 옳지 않은 것은?

① 제품이나 서비스 문의에 대해서는 신속한 답변을 통해 고객의 궁금증을 해결한다.
② 고객의 소리는 감정이 포함된 발언 또는 문장의 형태로 나타나므로 구체적이고 측정 가능한 고객 핵심 요구사항으로 바꾸는 작업이 필요하다.
③ 채널에 따른 개별 관리를 통해 다양한 채널을 통해 유입되는 고객의 소리가 서로 중복되지 않도록 관리한다.
④ 성의 있는 답변을 통해 친밀감을 형성하고 충성도 제고의 수단으로 활용한다.
⑤ 반복된 질문이나 고객 불만 사례를 분석하여 재발 방지 대책 수립 및 직원 교육을 시행한다.

 고객의 소리(VOC; Voice of Customer)는 고객들이 자발적으로 남긴 질문 및 의견들을 말한다. 다양한 채널을 통해 유입되는 고객의 소리는 각 채널의 특성을 고려하여 별개로 관리되어야 한다.

26 아래 글상자의 괄호 안에 들어가는 소비자의 대안평가 방법으로 옳은 것은?

> (　　　)은 고객이 소매업체, 제품 또는 채널을 속성이나 특성의 집합으로 인식하는 개념에 기초한다. 관련 속성에 대한 성과 및 고객이 지각하는 속성의 중요성에 기초하여 제품, 소매업체 또는 채널에 대한 고객의 평가를 예측하는 모델이다.

① 습관적 문제해결모델　　　　② 제한적 문제해결모델
③ 편익 세분화모델　　　　④ 비계획적 구매모델
⑤ 다속성 태도모델

 제시된 소비자의 대안평가 방법은 다속성 태도모델(multi-attribute attitude model)이다. 다속성 모델은 고객들이 점포나 상품을 속성이나 성향들의 집합체로 본다는 사실에 근거하여, 소비자가 상품이나 소매점포를 평가할 때 속성들에 대한 평가를 근거로 평가결과를 예측하려 한다는 것이다.
이 모델은 고객들의 실제 구매결정과정을 반영하지는 않지만, 고객들의 대안에 대한 평가와 선택을 예측하는 데 활용된다.

정답 **25** ③　　**26** ⑤

27 소비자 구매 의사결정 단계에 대한 설명으로 가장 옳은 것은?

① 문제인식 – 정보탐색 – 선택 – 선택평가 – 구매 – 구매 후 평가
② 정보탐색 – 문제인식 – 구매 전 대안 평가 – 태도 – 선택 – 구매 후 평가
③ 문제인식 – 정보탐색 – 구매 전 대안 평가 – 구매 – 구매 후 평가
④ 정보탐색 – 대안 평가 – 문제인식 – 태도 – 구매 – 구매 후 평가
⑤ 문제인식 – 대안 평가 – 정보탐색 – 구매 – 구매 후 평가 – 태도

해설 소비자의 구매에 관한 의사결정은 보통 '문제인식 → 정보탐색 → 구매 전 대안 평가 → 결정 및 구매 → 구매 후 행동 및 평가'의 단계를 거쳐 이루어진다.

28 아래 글상자에서 공통적으로 설명하고 있는 판매촉진 유형으로 옳은 것은?

- 동일 가격에 내용물만 증가시켜 고객이 특매품의 기분을 느끼게 하는 방법
- 한 번 구입했으나 특별한 이유 없이 재구매하지 않은 고객에 대한 재구매 유도
- 상품에 만족한 고객에게 가격적 혜택을 제공함으로써 추가 구매와 더불어 충성고객으로 유인하는 효과

① 쿠폰(coupon)
② 보너스 팩(bonus pack)
③ 무료 샘플링(free sampling)
④ 가격 할인(off label)
⑤ 보상 판매(trade-ins)

해설 판매촉진 유형 중 동일한 가격에 내용물만 증가시켜 고객이 특매품의 기분을 느끼게 하는 방법은 보너스 팩(bonus pack)이다. 보너스 팩은 정상가격으로 보다 많은 양의 제품을 제공하기 위해 큰 용기나 몇 개의 기존 용기를 묶어 판매하는 경우로, 기존고객의 재구매 및 연속구매 촉진을 위해서 사용한다.

29 다음 중 제품관여도에 관한 설명으로 가장 옳지 않은 것은?

① 관여도란 어떤 제품의 구매결정에 투입하는 소비자의 시간 및 정보수집 노력을 말한다.
② 고관여 제품에 비해 저관여 제품은 소비자의 동반구매 욕구가 강하다.
③ 저관여 제품의 경우 적은 정보로도 짧은 시간 내에 구매결정이 가능하다.
④ 제품관여도에 따른 소비자행동의 차이는 마케팅전략과 유통전략에도 차이를 가져온다.
⑤ 저관여 제품은 여러 상표와 모델을 동시에 비교하고자 하는 소비자의 동시비교욕구가 강하다.

정답 **27** ③　**28** ②　**29** ⑤

해설 ⑤ 여러 상표와 모델을 동시에 비교하고자 하는 소비자의 동시비교욕구가 강한 것은 고관여 제품이다.

30 아래 글상자에서 설명하는 기술로 옳은 것은?

> 가구업체인 L사는 어플을 통해, 실제 고객의 거실에 가상으로 자사제품의 그래픽을 구현하여 해당 제품을 거실에 비치한 모습을 현실에서 미리보기할 수 있게 한다.

① 가상현실(VR)
② 증강현실(AR)
③ 딥페이스(deep face)
④ 비콘(beacon)
⑤ 사물인터넷(IoT)

해설 현실세계에 가상의 정보를 증강하여 서비스를 제공하는 메타버스 유형은 증강현실이다. 증강현실(AR; Augmented Reality)은 실세계에 3차원 가상물체를 겹쳐 보여주는 기술을 말한다. 즉, 사용자가 눈으로 보는 현실세계에 가상 물체를 겹쳐 보여주는 기술이다. 현실세계에 실시간으로 부가정보를 갖는 가상세계를 합쳐 하나의 영상으로 보여주므로 혼합현실(MR; Mixed Reality)이라고도 한다.

31 다음 중 소비자의 실용적 욕구와 관련된 설명으로 옳지 않은 것은?

① 소비자의 관점에서 볼 때 실용적 욕구는 소비자의 과업과 연관되어 있다.
② 소비자의 실용적 욕구 충족을 위하여 소매점은 소비자에게 일상생활에서 벗어나 휴식을 취할 수 있는 즐거운 경험을 선사할 필요가 있다.
③ 실용적 욕구를 충족시켜주기 위하여 소매업체들은 적절한 정보와 편리한 쇼핑경험을 제공할 필요가 있다.
④ 실용적 욕구에 의해 동기부여된 소비자들은 더 신중하고 효율적인 방식의 쇼핑을 선호한다.
⑤ 소비자가 면접을 위해 정장을 구입하는 등 구체적인 업무를 수행하기 위해 쇼핑을 하는 경우는 실용적 욕구 충족과 관련이 높다.

해설 소비자의 실용적 욕구는 소비자가 제품을 소비함으로써 얻을 수 있는 만족을 충족하는 것이다. 소비자의 실용적 욕구 충족을 위해 소매점은 소비자에게 필요한 제품을 소개하고 소비자가 제품을 구입하여 만족을 얻을 수 있도록 해야 한다.

정답 **30** ② **31** ②

32 다음 중 매장의 이미지를 구성하는 요소로 가장 옳지 않은 것은?

① 매장 외관 및 인테리어
② 고객동선과 매장 레이아웃
③ 공간 계획과 비주얼 머천다이징
④ 고객의 구매율과 제품 회전율
⑤ 구매시점광고 및 촉진물

해설 매장의 외관이나 인테리어 등이 매장의 이미지를 구성하는 요소가 된다.
④ 고객의 구매율과 제품 회전율은 매장의 이미지를 구성하는 요소와는 아무런 관련이 없다.

33 효과적인 점포 레이아웃의 설계원칙으로 가장 옳지 않은 것은?

① 필요하면 전체 매장을 소규모의 부티크(독립된 매장)들로 분리한다.
② 표적고객층의 구매욕구 충족에 초점을 맞추어 설계한다.
③ 빠르고 효율적인 조정이 가능하도록 레이아웃의 유연성을 유지한다.
④ 고객들이 원하는 상품을 쉽게 찾을 수 있도록 설계한다.
⑤ 비용보다 매출을 우선적으로 고려한다.

해설 점포 레이아웃의 효과적인 설계를 위해서는 매출과 비용을 모두 고려하여야 한다. 점포의 이익은 수익(매출)에서 비용을 뺀 것이기 때문이다.

34 다음 중 POP(Point of Purchasement) 광고의 효과로 가장 옳지 않은 것은?

① 고객의 쇼핑뿐만 아니라 판매원의 접객 · 판매 활동에도 도움을 준다.
② 의심 많은 고객을 납득시키고 신뢰를 갖게 하기 위한 촉진 방법이다.
③ 고객이 구매를 계획하지 않았던 상품도 사도록 하는 충동구매를 유도한다.
④ 광고, 전시, 기타 다른 판매촉진 활동과 시너지효과를 꾀할 수 있다.
⑤ 상품에 관한 설명을 할 수 있으므로 소비자에게 정보전달 효과가 있다.

해설 POP(Point of Purchase) 광고는 소매상의 점두나 점내를 활용하여 판촉활동을 수행하는 점내광고이다. POP 광고는 고객에게 정보를 제공해 주고, 매장의 분위기를 반영하며, 제품에 대한 홍보역할을 수행하고 충동구매를 촉진하는 효과가 있다.

정답 **32** ④   **33** ⑤   **34** ②

35 아래 글상자에서 설명하는 상품의 유형으로 가장 옳은 것은?

> • 독특한 특징이나 브랜드 정체성을 가지고 있어 상당한 구매노력을 기꺼이 감수하려는 특징을 가진 상품으로 가격민감도가 상대적으로 낮다.
> • 대안을 비교하지 않으며, 원하는 제품을 취급하는 소매점을 찾는 데 시간을 투자하는 편이다.

① 편의품
② 선매품
③ 전문품
④ 미탐색품
⑤ 산업용품

해설 전문품(speciality goods)은 독특한 특징이나 브랜드 정체성이 있는 제품과 서비스이다. 소비자의 강한 브랜드 선호도와 충성도를 지니고 있고, 특별한 구매노력을 기울인다. 브랜드 대안 간 비교가 이루어지지 않으며 가격민감도가 낮다.

36 아래 글상자의 괄호 안에 들어갈 용어를 순서대로 나열한 것으로 옳은 것은?

> 제품 (㉠)은(는) 한 기업이 생산, 출시하는 모든 제품 집합을 말한다. 이 중 상호 관련성이 높거나 유사한 제품들의 집합을 제품(㉡)(이)라고 한다.

① ㉠ 계열, ㉡ 믹스
② ㉠ 믹스, ㉡ 계열
③ ㉠ 너비, ㉡ 폭
④ ㉠ 믹스, ㉡ 너비
⑤ ㉠ 계열, ㉡ 폭

해설 한 기업이 생산 및 출시하는 모든 제품 집합은 제품 믹스(product mix)이다. 이 중 관련성이 높거나 유사한 제품들의 집합은 제품계열(product line)이다.
제품계열 구성은 제품 넓이(width)와 제품 깊이(depth)로 구성된다. 제품구성의 넓이는 점포가 몇 종류의 제품계열을 취급하는가를 의미하고, 제품구성의 깊이는 각 제품계열에서 점포가 제공하는 품목의 수를 의미한다. 전문점 지향의 상품구성은 넓이는 좁고 깊이는 깊은 상품구성을 지향한다.

정답 **35** ③ **36** ②

37 한 기업이 보유하고 있는 여러 제품에 적용되는 브랜드 유형 간의 서열을 브랜드 계층구조(brand hierarchy)라고 한다. 다음 중 브랜드 계층구조에 속하는 것으로 옳지 않은 것은?

① 기업 브랜드(corporate brand)
② 패밀리 브랜드(family brand)
③ 개별 브랜드(individual brand)
④ 엄브렐라 브랜드(umbrella brand)
⑤ 브랜드 수식어(brand modifier)

 브랜드 계층구조(brand hierarchy) 이론에서는 브랜드를 4가지로 분류한다. 기업 브랜드, 패밀리 브랜드, 개별 브랜드, 브랜드 수식어 등이다. 엄브렐라 브랜드(umbrella brand)는 여러 제품 범주에 걸쳐 공통적으로 사용되는 브랜드를 의미한다.

38 다음 중 제조업체가 유통업체에게 사용하는 푸시(Push) 전략으로 가장 옳지 않은 것은?

① 중간상광고(trade advertising)
② 협동광고(cooperative advertising)
③ 촉진공제(promotional allowances)
④ 우수고객 보상프로그램(mileage program)
⑤ 트레이드 쇼(trade show)

 제조업체가 최종 소비자들을 상대로 촉진활동을 하여 이 소비자들로 하여금 중간상(특히 소매상)에게 자사제품을 요구하도록 하는 전략은 풀(pull)전략이다. 반면에 어떤 제조업체들은 중간상들을 대상으로 판매촉진활동을 하고 그들이 최종 소비자에게 적극적인 판매를 하도록 유도하는 유통전략을 사용하는데, 이를 푸시(push) 전략이라고 한다.
④ 소비자를 대상으로 하는 우수고객 보상프로그램(mileage program)은 풀전략이다. 기타 매장 내 콘테스트와 경품추첨 등은 소비자를 대상으로 하는 풀전략에 해당한다.

39 점포 혼잡성과 관련한 내용으로 가장 옳지 않은 것은?

① 혼잡한 상황에서 대부분의 고객들은 바빠 보이는 종업원에게 제품 정보 및 서비스에 관해 물어보고 상담하기를 꺼린다.
② 점포 혼잡성은 소비자의 처리할 수 있는 정보의 양을 제한한다.
③ 점포 혼잡성을 지각한 소비자들은 그 점포에 관해 나쁜 이미지를 가지게 될 가능성이 크다.
④ 혼잡한 점포에서 제품을 구매한 소비자들의 구매 만족도는 낮은 편이다.
⑤ 점포 혼잡성을 지각한 소비자들은 구매를 연기하지 않고 반드시 충동구매를 한다.

정답 37 ④　38 ④　39 ⑤

 점포의 혼잡성(crowding)이 일정수준을 넘어 너무 혼잡하면 쇼핑속도가 떨어지고 고객불만을 야기하여 매출이 하락하지만, 적정수준의 혼잡성은 오히려 고객에게 쇼핑의 즐거움을 더해 주기도 한다. ⑤ 점포 혼잡성을 지각한 소비자들은 점포를 방문하지 않고 구매를 연기하는 것이 일반적이다.

40 소비자의 구매행동에 영향을 미치는 요인들에 대한 예시로 가장 옳지 않은 것은?

① 심리적 요인 – 태도
② 인구통계적 요인 – 직업
③ 개인적 요인 – 개성
④ 문화적 요인 – 사회계층
⑤ 사회적 요인 – 라이프스타일

 소비자의 구매행동에 영향을 미치는 요인 중 라이프스타일, 개성 등은 개인적 요인에 해당한다. 개인적 요인(personal factors)은 나이와 생애주기, 직업과 경제적 상황, 라이프스타일 및 성격(개성)과 자아 등이 있다.
심리적 요인(psychological factors)은 동기, 지각(perception), 학습, 신념과 태도 등이 있다. 사회적 요인(social factors)은 소집단과 가족 등이 있고, 문화적 요인(cultural factors)은 문화와 하위문화, 사회계층 등이 있다.

41 다음 중 소비자 행동에 대한 설명으로 가장 옳지 않은 것은?

① 소비자는 여러 점포 중 실제 방문 용의를 가진 고려 점포군 중 하나를 선택하게 된다.
② 소비자는 점포선택 행동에 있어 선택 결정에 따른 위험부담을 느끼게 된다.
③ 소비자는 관여도가 높은 상황에서는 좀 더 많은 상품 정보를 필요로 한다.
④ 소비자는 개인의 라이프스타일 또는 가치관과 거리가 있는 제품에 더 흥미를 느낀다.
⑤ 소비자가 만족하여 애호도가 높다면 그 브랜드만을 지속해서 구매하게 된다.

 ④ 라이프스타일 또는 가치관은 소비자의 구매행동에 영향을 미치는 개인적 요인이다. 소비자는 라이프스타일이나 가치관과 관련이 있는 제품에 더 흥미를 느낀다.

정답 40 ⑤　41 ④

42 서비스 품질을 평가하는 SERVQUAL의 5가지 요인에 관한 설명으로 가장 옳지 않은 것은?

① 응답성(responsiveness)은 고객을 돕고 즉각적인 서비스를 제공하려는 의지와 관련되어 있다.

② 신뢰성(reliability)은 약속된 서비스를 정확하게 제공하는 것을 의미한다.

③ 확신성(assurance)은 서비스를 수행하는 데 있어 종업원들의 능력, 예절 등과 관련되어 있다.

④ 공감성(empathy)은 기업평판, 직원의 정직성 등과 같은 서비스 제공자의 진실성, 정직성을 가리킨다.

⑤ 유형성(tangibles)은 서비스의 평가를 위한 물리적 시설, 장비, 직원 유니폼 등과 같은 외형적인 단서를 의미한다.

> **해설** 소매업체의 서비스 품질을 평가하는 SERVQUAL의 5개 차원(RATER)은 ㉠ 서비스에 대한 신뢰를 바탕으로 정확하게 업무를 수행하는 능력을 나타내는 신뢰성(Reliability), ㉡ 고객에 대해 직원들의 능력·예절·신빙성·안전성을 전달하는 능력을 나타내는 확신성(Assurance), ㉢ 눈으로 구분 가능한 설비나 장비 등 물리적으로 구성되어 있는 외양을 나타내는 유형성(Tangibility), ㉣ 고객에게 제공하는 개별적인 배려와 관심을 나타내는 공감성(Empathy), ㉤ 고객에게 언제든지 준비된 서비스를 제공하겠다는 것을 나타내는 대응성 또는 반응성(Responsiveness) 등이다.

43 커뮤니케이션(communication) 과정에 관한 설명으로 가장 옳은 것은?

① 발신자(sender)는 의사교환과정에서 의사교환 메시지를 받아들이는 주체이다.

② 피드백(feedback)은 커뮤니케이션 과정에서 끼어드는 일체의 방해요인이다.

③ 반응(response)은 발신자가 메시지 전달과정에 보이는 비언어적 행동이다.

④ 해독화(decoding)란 발신자가 부호화하여 전달한 의미를 수신자가 해석하는 과정을 의미한다.

⑤ 부호화(encoding)는 의사소통의 마지막 단계로 이해 가능한 형태로 변환시키는 과정이다.

> **해설** ① 마케팅 커뮤니케이션 과정에서 메시지를 받아들이는 주체는 수신자(receiver)이다.
> ② 커뮤니케이션 과정에서 끼어드는 일체의 방해요인은 잡음(noise)이다.
> ③ 반응(response)은 수신자가 해독된 메시지에 대해 보이는 비언어적 행동이다.
> ⑤ 부호화(encoding)는 발신자의 의도를 상징적으로 표현하는 것이다.

정답 **42** ④ **43** ④

44 다음 중 PR(Public Relation)에 대한 설명으로 가장 옳지 않은 것은?

① 공중의 호의를 획득하고 높이기 위해 정보를 제공하고 커뮤니케이션하는 활동이다.

② 기본적으로 판매 및 매출 증대를 목적으로 하기에 직접적으로 판매에 기여한다.

③ 기업이나 제품과 관계된 뉴스성의 정보를 신문, 잡지 및 방송 등을 통해 전파한다.

④ 메시지 전달을 위해 사용되는 지면이나 시간에 대해 요금을 지불하지 않는다.

⑤ 기업측의 인위적 커뮤니케이션 통제가 어렵기 때문에 정보에 대한 소비자 신뢰도는 높다.

해설 ② PR은 궁극적으로 매출 증대를 목적으로 하지만 직접적으로 판매에 기여하는 것은 아니다.
PR은 기업이 자사의 이미지를 제고한다든지, 자사에 대한 호의적인 평판을 얻거나 비호의적인 평판을 제거 내지는 완화시키려는 커뮤니케이션 활동을 통해 기업과 직·간접적인 관계에 있는 여러 집단들과 좋은 관계를 유지해 나가는 것을 말한다.

45 다음 중 고객 동선에 대한 설명으로 가장 옳지 않은 것은?

① 동선은 직선으로 유도되고 짧지 않은 것이 바람직하다.

② 점포의 동선은 고객이 외부에서 유입되는 이동 동선을 말한다.

③ 주동선은 점포의 입구에서 반대편까지의 동선을 말한다.

④ 보조동선은 매장의 중앙을 중심으로 횡으로 가로지르는 동선을 말한다.

⑤ 순환동선은 집기와 집기 사이의 동선으로 고객의 쇼핑 동선을 말한다.

해설 ② 동선(moving line)은 소비자가 점포 내를 걸어 다니는 길 또는 궤적을 말한다. 동선은 점포의 판매 전략 수립에 매우 중요한 고려요소가 되므로 점포설계에서 매우 중요한 고려요소이다.

정답 44 ②　　45 ②

유통관리사 3급 기출문제

제1과목 유통상식(01~20)

01 제품구색이 늘었다 줄었다 하는 과정이 되풀이되면서 변화해 간다는 소매업태 변천과정 이론으로 가장 옳은 것은?

① 소매상 수레바퀴 이론
② 소매상 아코디언 이론
③ 소매상의 자연도태설
④ 소매상 수명주기 이론
⑤ 소매상의 변증법적 과정 이론

> **해설** 소매 아코디언 이론(Retail Accordion Theory)은 상품의 가격이나 마진이 아니라 상품믹스(product mix)의 변화에 초점을 맞추고 있다.
> 소매상의 변천은 제품구색의 변화에 초점을 맞추어 제품구색이 넓은 소매상(종합점)에서 제품구색이 좁은 소매상(전문점)으로, 다시 종합점으로 되풀이하는 것으로 아코디언처럼 제품구색이 늘었다 줄었다 하는 과정을 되풀이한다는 이론이다.

02 얇고 넓은 상품구색과 관련된 설명으로 가장 옳지 않은 것은?

① 상품계열 내에 포함되어 있는 품목의 다양성은 빈약한 반면, 여러 종류의 상품계열을 갖추고 있는 경우의 상품 구색이다.
② 이런 유형의 상품구색은 상품의 종류가 다양하기 때문에 상권이 넓게 형성된다.
③ 일괄구매에 대한 높은 가능성으로 인해 많은 소비자를 점포로 유인할 수 있다.
④ 백화점이나 할인점과 같은 지역 밀착적인 유통업체에 적합한 상품구색이다.
⑤ 이 상품구색의 경우 유통업체는 독특한 특징을 내세워 차별화하기 힘들다는 한계가 있다.

> **해설** ④ 얇고 넓은 상품구색은 상품의 종류가 다양하기 때문에 상권이 넓게 형성되므로 백화점이나 할인점과 같이 지역 전체를 상권으로 하는 유통업체가 많이 채용하는 방식이다.

정답 **01** ② **02** ④

03 도매상의 혁신전략과 주요 내용에 대한 설명으로 옳지 않은 것은?

구분	전략	주요 내용
㉠	인적자원 재배치	핵심사업 강화 목적의 조직 재설계 및 인적자원의 적재적소 배치
㉡	다각화 전략	다각화를 통한 유통라인 개선
㉢	수직적 통합전략	이윤과 시장에서의 지위강화를 위한 통합
㉣	자산가치가 높은 브랜드 보유전략	종합적인 구매관리 프로그램 활용을 통한 효율 증대
㉤	틈새전략	특정 범위에 특화함으로써 중요한 경쟁우위를 얻기 위함

① ㉠
② ㉡
③ ㉢
④ ㉣
⑤ ㉤

 ④ 도매상이 취급하는 편의품에 대해서는 종합적인 구매관리 프로그램을 활용하여 낮은 가격으로 구매함으로써 효율을 증대시켜야 한다. 그러나 선매품이나 전문품 등의 자산가치가 높은 브랜드 보유전략은 해당 상품에 특화된 프로그램을 활용하여 구매해야 한다.

04 직업윤리에 대한 설명으로 옳지 않은 것은?

① 직업윤리란 직업인으로서 마땅히 지켜야 하는 도덕적 가치관을 말한다.
② 원만한 직업생활을 위해 필요한 올바른 직업관 및 업무를 수행함에 있어서 요구되는 태도, 매너 등을 의미한다.
③ 생활에 필요한 경제력을 얻기 위해 인간이 행하는 직업활동에서 인간이 지켜야 할 행위규범을 의미한다.
④ 직업윤리에는 공정 경쟁의 원칙, 정직과 신용의 원칙, 전문성의 원칙, 고객중심의 원칙, 그리고 합리적 객관성의 원칙 등이 기본적으로 요구된다.
⑤ 직업윤리는 사회적 규범이 직업에 적용된 것으로 개인의 윤리 수준으로 내면화할 필요는 없다.

 ⑤ 직업윤리는 일반윤리 또는 일반적인 사회규범이 직업에 적용된 것이므로 직업인이라면 개인의 윤리 수준으로 내면화하여 지켜야 한다.

정답 03 ④ 04 ⑤

05 유통의 필요성 중 변동비 우위의 원리에 대한 설명으로 가장 옳은 것은?

① 중간상이 개입함으로써 전체 거래빈도의 수가 감소하여 거래를 위한 총비용을 낮출 수 있다.
② 제조업체가 수행할 보관, 위험부담, 정보수집 등에 대한 업무를 유통업체가 대신함으로써 변동비를 낮출 수 있다.
③ 고정비 비중이 큰 제조업체와 변동비 비중이 높은 유통기관이 적절한 역할분담을 통해 비용면에서 경쟁우위를 차지할 수 있다.
④ 생산자와 소비자 사이에 중간상이 개입함으로써 사회 전체 보관의 총비용을 감소시킬 수 있다.
⑤ 도매상이 상품을 집중적으로 대량보관함으로써 제조업체가 지불해야 하는 재고비용의 절감효과를 갖는다.

> **해설** ③ 변동비 우위의 원리는 유통업은 제조업에 비해 변동비(variable cost)의 비중이 크기 때문에 생산자가 제조와 유통을 통합하여 생산된 제품을 직접판매하는 경우 규모의 경제효과가 오히려 적게 나타나게 된다. 따라서 이런 경우 제조와 유통을 분리하여 기능을 분담하는 것이 비용측면에서 효율적이다.

06 기업의 윤리경영에 대한 설명으로 가장 옳지 않은 것은?

① 경영활동의 규범적 기준을 사회의 윤리적 가치체계에 두는 경영방식을 뜻한다.
② 사회적 신뢰를 위해 투명하고 공정하며 합리적인 업무수행을 추구하는 경영정신이며 그 실천이다.
③ 기업의 이윤추구와 사회적 책임감이라는 두 축의 상호 견제와 보완을 통해 가능해진다.
④ 기업의 진정한 의무와 책임은 이윤추구이므로 사회적 책임을 다하기 위해서는 경영에 방해되는 법과 제도가 수정될 수 있도록 적극 행동해야 한다.
⑤ 기업 행위의 적법성 여부뿐만 아니라 입법의 취지와 사회통념까지 감안하여 경영활동의 규범을 수립해야 한다.

> **해설** ④ 기업의 진정한 의무와 책임은 이윤추구라고 해도 사회적 책임을 다하기 위해서는 법과 제도의 범위 내에서 경영을 해야 한다.

정답 05 ③   06 ④

07 아래 글상자의 (   ) 안에 들어갈 용어를 순서대로 나열한 것으로 옳은 것은?

> 제조업자가 생산지점에 바코드를 인쇄하는 것을 (㉠)(이)라 하고, 소매상이 제품에 점포 나름대로 코드를 부여해 인쇄 후 스티커 형식으로 부착하는 것을 (㉡)(이)라 한다.

① ㉠ POS 시스템, ㉡ 스캐너데이터
② ㉠ 인스토어 마킹, ㉡ 소스 마킹
③ ㉠ 소스 마킹, ㉡ 인스토어 마킹
④ ㉠ POS 시스템, ㉡ RFID
⑤ ㉠ RFID, ㉡ POS 시스템

해설 제조업자가 생산지점에 바코드를 인쇄하는 것을 소스 마킹(source marking)이라 하고, 소매상이 제품에 점포 나름대로 코드를 부여해 인쇄 후 스티커 형식으로 부착하는 것을 인스토어 마킹(instore marking)이라 한다.

08 성희롱에 관한 설명 중 옳지 않은 것은?

① 성희롱은 불쾌한 성적 접근, 부적절한 언어 및 신체적 행동을 포함한다.
② 고객도 관리자와 동료직원만큼이나 성희롱에 연관될 수 있다.
③ 고객이 종업원에게 성희롱을 하는데도 그만두도록 아무 조치도 취하지 않았다면 고용주에게도 성희롱에 대한 책임이 있다.
④ 퇴폐적 언변, 농담, 낙서뿐만 아니라 종업원에 대한 외설적 평가 또한 성희롱에 포함된다.
⑤ 근무시간 외 근무지 밖에서 일어난 직장 상사의 부적절한 성적 접근은 성희롱으로 간주되지 않는다.

해설 ⑤ 근무시간 외 근무지 밖에서 일어난 직장 상사의 부적절한 성적 접근은 성희롱으로 간주된다. 성희롱이란 업무, 고용, 그 밖의 관계에서 국가기관 등의 종사자, 사용자 또는 근로자가 ㉠ 지위를 이용하거나 업무 등과 관련하여 성적 언동 또는 성적 요구 등으로 상대방에게 성적 굴욕감이나 혐오감을 느끼게 하는 행위, ㉡ 상대방이 성적 언동 또는 성적 요구에 따르지 아니한다는 이유로 불이익을 주거나 그에 따르는 것을 조건으로 이익 공여의 의사표시를 하는 행위를 하는 경우를 말한다(양성평등기본법 제3조 제2호).

정답 **07** ③　**08** ⑤

09 소매업체들이 고객의 욕구 만족과 구매 결정에 영향을 미치기 위해 사용하는 핵심 의사결정 변수들을 의미하는 소매믹스의 구성요소로 가장 옳지 않은 것은?

① 상품의 형태
② 상품정보의 원천
③ 상품의 다양성과 구색의 전문성
④ 상품의 가격
⑤ 제공되는 고객서비스 수준

해설 소매 마케팅전략 수립을 위해 필요한 소매믹스(retailing mix)는 4P로 구성된다. 취급상품 결정(product), 소매가격 책정(price), 점포입지 선정(place) 및 소매 커뮤니케이션(promotion)이다.
상품의 형태와 제공되는 서비스 수준, 상품의 다양성과 전문성은 취급상품 결정(product)에 해당한다.

10 소비자가 관심이 있거나 자기의 욕구와 관련되는 자극에는 주의를 더 기울이고, 그렇지 않은 자극에는 주의를 기울이지 않는 지각의 유형으로 가장 옳은 것은?

① 지각적 조직화(perceptual organization)
② 지각적 방어(perceptual defense)
③ 지각적 균형(perceptual equilibrium)
④ 지각적 경계(perceptual vigilance)
⑤ 지각적 유추(perceptual inference)

해설 ④ 소비자가 관심이 있거나 자기의 욕구와 관련되는 자극에는 주의를 더 기울이고, 그렇지 않은 자극에는 주의를 기울이지 않는 지각은 지각적 경계(perceptual vigilance)이다.
지각적 방어(perceptual defense)는 소비자는 자신이 원하는 대상은 잘 지각하지만 보고 싶지 않은 대상은 보려고 하지 않는 것을 말한다. 지각적 방어는 소비자가 특정 브랜드에 대해 강한 신념과 태도를 가지고 있을 때, 특정 브랜드를 지속적으로 사용하고 있을 때, 광고로 인해 불안감 등이 생길 때 발생한다.

11 카테고리 킬러에 대한 설명으로 가장 옳지 않은 것은?

① 특정 제품군을 깊게 취급한다.
② Office Depot, Home Depot 등이 대표적인 카테고리 킬러이다.
③ 한정된 제품군 내의 상품을 할인점보다 저렴하게 판매한다.
④ 고급스러운 분위기를 연출하며 백화점과 주요 경쟁관계에 있다.
⑤ 대형화와 체인화를 카테고리 킬러의 성공요인으로 들 수 있다.

정답 09 ② 10 ④ 11 ④

 카테고리 킬러(category killer)는 깊이 있는 구색을 가진 한정된 품목을 저가격, 대량으로 판매하는 업태이다. 카테고리 킬러는 대표적인 대형 전문 할인매장으로 할인점과 전문점이 결합된 형태의 업태이다. 기존의 경쟁업체들보다 매장면적이 넓지만, 다른 소매업태나 백화점보다는 훨씬 좁은 범위의 상품을 깊은 상품구색을 갖추고 싸게 판매한다.

12 아래 글상자의 괄호 안에 들어갈 유통경쟁의 형태로 가장 옳은 것은?

> (   )은 경로상 같은 단계이지만 다른 유형의 경로구성원과의 경쟁을 말하는 것으로 백화점과 할인점 간의 경쟁이 그 예가 될 수 있다. 제조업자는 판매를 극대화하기 위하여 다양한 유형의 소매상을 통하여 유통을 하게 되는 경우가 많은데, 예를 들어 A전자의 LCD TV를 백화점을 통해서 판매할 수도 있고, 할인점을 통해서 판매할 수도 있다.

① 수직적 마케팅 시스템 경쟁(vertical marketing system competition)
② 업태 간 경쟁(intertype competition)
③ 수직적 경쟁(vertical competition)
④ 경로시스템 간의 경쟁(distribution system competition)
⑤ 전방통합 경쟁(forward integration competition)

 경로상 같은 단계이지만 다른 유형의 경로구성원과의 경쟁을 말하는 것으로 백화점과 할인점 간의 경쟁이 그 예가 될 수 있는 것은 업태 간 경쟁(intertype competition)이다. 즉, 업태 간 경쟁은 유사한 상품을 판매하는 서로 상이한 형태의 소매업체 간 경쟁으로 수평적 경쟁이다.

13 소비자기본법(법률 제17799호, 2020.12.29., 타법개정) 제21조 기본계획의 수립 등에 포함된 소비자정책의 목표로 옳지 않은 것은?

① 소비자안전의 강화
② 소비자피해의 원활한 구제
③ 국제소비자문제에 대한 대응
④ 사업자교육 및 정보제공의 촉진
⑤ 소비자와 사업자 사이의 거래의 공정화 및 적정화

 ④ 소비자정책의 목표에는 소비자교육 및 정보제공의 촉진이 포함된다. 5가지 이외에 그 밖에 소비자의 권익과 관련된 주요한 사항이 포함된다(소비자기본법 제21조 제2항 제3호).

정답 12 ②　　13 ④

14 유통채널 내 소매업체의 영향력이 지속적으로 증가하고 있는 이유로 옳지 않은 것은?

① 소매업체의 대형화와 집중화 현상이 영향력 증가의 주요 요인이 되었기 때문이다.
② 소비자 행동이 대형 매장을 찾아 원스톱 쇼핑(one stop shopping)을 추구하는 경향을 보이는 등 소비자 행동이 대형 소매업체에게 유리한 방향으로 변하였기 때문이다.
③ 소매업체들이 원래 그들이 가지고 있는 고유 기능에만 국한하지 않고 복합 기능까지 수행하면서 영향력이 점차 증가하고 있기 때문이다.
④ 정보기술의 발달로 소매업체들이 소비자 데이터 정보수집능력을 키워 제조업체에 비해 유리한 위치를 점할 수 있게 되었기 때문이다.
⑤ 효율적인 경로 기능 관리를 통해 유통채널의 구성원 간 협상력의 불균형이 해소되었기 때문이다.

> **해설** ⑤ 파워 리테일러(power retailer)의 영향력 증대로 유통채널의 구성원 간 협상력의 불균형이 심화되었기 때문이다.

15 유통산업발전법(법률 제19117호, 2022.12.27., 타법개정) 제16조 체인사업자의 경영개선사항 등에서 체인사업자가 경영개선사항으로 추진하여야 할 내용으로 옳지 않은 것은?

① 체인점포의 시설 현대화
② 체인점포에 대한 원재료·상품 또는 용역 등의 원활한 공급
③ 체인점포에 대한 점포관리·품질관리·판매촉진 등 경영활동 및 영업활동에 관한 지도
④ 개별브랜드 또는 자기부착상품의 개발·보급
⑤ 유통관리사의 고용 촉진

> **해설** ④는 공동브랜드 또는 자기부착상표의 개발·보급이다. 이외에도 체인사업자가 경영개선사항으로 추진하여야 할 내용에는 체인점포 종사자에 대한 유통교육·훈련의 실시, 체인사업자와 체인점포 간의 유통정보시스템의 구축, 집배송시설의 설치 및 공동물류사업의 추진 등이 포함된다(유통산업발전법 제16조 제1항).

정답 **14** ⑤ **15** ④

16 고객이 제품을 구매하는 과정에서 판매원의 바람직한 활동으로 옳지 않은 것은?

① 구매 계획과 예산 등을 파악하여 효과적이고 경제적인 구매를 할 수 있도록 도움을 준다.

② 고객이 스스로 판단하여 구매의사결정을 할 수 있도록 도움이 되는 관련 정보를 제공한다.

③ 상담 시 상담 태도는 부드럽고 온화한 분위기로 대화를 조절하는 것이 바람직하다.

④ 구매 니즈에 기반한 구매대안을 제시함으로써 고객이 더 나은 대안을 선택할 수 있도록 도움을 준다.

⑤ 고객의 구매결정을 성실히 도우며 현명한 결정을 위해 계약서 작성은 가능한 지연시키는 것이 좋다.

> **해설** ⑤ 판매원은 고객의 구매결정을 성실히 도우며 현명한 결정을 위해 계약서 작성은 지연시키지 말고 적정한 타이밍에서 하는 것이 좋다.

17 직원이 고객에 대응하는 여러 유형의 MOT(Moment of Truth: 진실의 순간) 중, 아래 글상자의 괄호 안에 들어갈 용어로 가장 옳은 것은?

> (   )은/는 서비스 제공에 있어 고객이 직면하는 문제 또는 불만사항을 해결하기 위해 직원이 대처하는 것을 뜻한다.

① 고객니즈에의 적응(adaptability)　　② 문제에 대한 대처(coping)

③ 서비스 실패에 대한 대응(recovery)　　④ 직원의 자발적 행동(spontaneity)

⑤ 기술적 품질(technical quality)

> **해설** MOT 중 서비스 제공에 있어 고객이 직면하는 문제 또는 불만사항을 해결하기 위해 직원이 대처하는 것은 문제에 대한 대처(coping)이다.
> 리차드 노먼(R. Norman)에 의해 주장된 진실의 순간(MOT)은 고객과 기업이 접촉하는 접점에서 짧은 시간 안에 서비스에 대한 평가가 이루어지는 순간이라 할 수 있다. 이러한 고객과의 접점에서 부정적 인상을 주게 되면 전체 서비스에 대한 고객의 평가가 부정적으로 변할 수 있어서, 종업원의 적절한 대응이 필요하다.

18 불만족한 고객을 응대할 때 유의사항으로 가장 옳지 않은 것은?

① 논쟁이나 변명은 피한다.　　② 고객의 항의내용을 인정하지 않아야 한다.

③ 신속하게 처리한다.　　④ 잘못된 점에 대해 솔직하게 사과한다.

⑤ 상대방에게 공감하며 긍정적으로 듣는다.

정답 **16** ⑤　**17** ②　**18** ②

 ② 불만족한 고객을 응대할 때 고객의 항의내용을 인정하지 않으면 해결하기 어려운 더 큰 상황으로 이어질 수 있다. 고객의 항의내용을 인정하고 잘못된 점에 대해 솔직하게 사과하며 신속하게 처리하는 것이 바람직하다.

19 유통경로의 주요 기능 설명으로 옳은 것을 모두 고르면?

> ㉠ 교환과정의 촉진기능
> ㉡ 제품구색의 불일치를 완화시키는 기능
> ㉢ 구매자와 제조업자를 효율적으로 연결해 주는 기능
> ㉣ 고객서비스 제공기능

① ㉠, ㉡　　　　　　　　　　② ㉠, ㉡, ㉢
③ ㉠, ㉡, ㉢, ㉣　　　　　　④ ㉡, ㉢
⑤ ㉡, ㉢, ㉣

 유통경로의 본질적인 기능은 교환촉진기능, 제품구색의 불일치 완화기능, 거래의 표준화 기능, 소비자와 생산자 간의 연결기능, 고객에 대한 서비스 기능 등이 있다.

20 고객의 구체적인 욕구를 파악하기 위한 질문기법으로 옳지 않은 것은?

① 상대방의 말을 비판하지 않는다.
② 긍정적인 질문을 한다.
③ 구체적으로 질문을 한다.
④ 더 좋은 서비스를 제공하기 위해 고객이 확실히 원하는 것을 찾아내는 질문을 한다.
⑤ 고객의 수준에 맞추되 판매자의 주관적 견해에 기반하여 질문한다.

⑤ 고객의 구체적인 욕구를 파악하기 위해 고객에게 질문하는 경우 고객의 수준에 맞추되 객관적인 견해를 바탕으로 질문해야 한다.

정답　**19** ③　　**20** ⑤

제**2**과목 판매 및 고객관리(21~45)

21 서비스의 기본 특성에 대한 설명으로 가장 옳지 않은 것은?

① 무형성: 서비스는 기본적으로 눈에 보이지 않기 때문에 실체를 보거나 만질 수 없다.

② 비분리성: 서비스는 생산과 소비가 동시에 일어나기 때문에 소비되는 과정에 소비자가 참여하는 특성이 있다.

③ 이질성: 생산 및 제공과정에 가변적 요소가 많기 때문에 한 고객에 대한 서비스가 다음 고객에 대한 서비스와 다를 가능성이 있다.

④ 소멸성: 서비스는 재고와 저장이 불가능하기 때문에 한 번 생산된 서비스는 소비되지 않으면 곧바로 소멸된다.

⑤ 신뢰성: 서비스는 소비자가 믿고 구매할 수 있도록 약속된 서비스를 명확하게 수행해야 한다.

> **해설** ⑤ 신뢰성은 서비스의 기본 특성에 해당하지 않는다. 신뢰성(Reliability)은 서비스 품질, 즉 SERVQUAL 의 5개 차원 RATER의 하나로 서비스에 대한 신뢰를 바탕으로 정확하게 업무를 수행하는 능력을 나타낸다.

22 브랜드에 대해 설명한 아래 글상자의 내용 가운데 가장 옳지 않은 것은?

> 소비자가 기업제품을 경쟁제품과 구별하여 알아볼 수 있도록 돕기 위해 사용하는 ㉠ 명칭, ㉡ 기호, ㉢ 상징, ㉣ 디자인, ㉤ 라벨 또는 이러한 요소들의 결합물을 브랜드라고 한다.

① ㉠ 　　　　　　　　　② ㉡
③ ㉢ 　　　　　　　　　④ ㉣
⑤ ㉤

> **해설** 브랜드(brand)는 특정기업의 제품이나 서비스를 소비자에게 식별시키고 경쟁자들의 것과 차별화하기 위하여 사용되는 독특한 이름과 상징물(로고, 디자인 등)들의 결합체를 의미한다. 라벨은 브랜드의 범주에 해당하지 않는다.

정답 **21** ⑤　　**22** ⑤

23 제품에 대한 안전과 품질 확보 및 정보제공을 용이하게 하기 위해 식품의약품안전처에서 가공식품의 유형 분류 시 고려하는 사항으로 옳지 않은 것은?

① 식품의 섭취대상
② 식품의 원료 또는 성분
③ 식품의 물리·화학적 변화를 유발하는 가공방법
④ 식품의 소매판매용 혹은 산업중간재 여부
⑤ 식품의 형태

해설 ④ 식품의 소매판매용 혹은 산업중간재 여부는 식품유형 분류 시 고려되는 요건에 해당하지 않는다. 제시된 4가지 외에 식품원료의 배합비율(함량), 식품의 섭취방법, 제품의 용도(제품을 사용하는 목적) 등이 요건에 포함된다(식품유형 분류원칙, 식품의약품안전처).

24 상품에 대한 촉진활동은 제조업체나 유통업체가 수행할 수 있다. 유통업체보다는 제조업체에 의한 대규모 촉진활동의 필요성이 높은 소비재의 유형으로 가장 옳은 것은?

① 기호품
② 전문품
③ 선매품
④ 편의품
⑤ 비탐색품

해설 ④ 유통업체보다는 제조업체에 의한 대규모 촉진활동의 필요성이 높은 소비재는 편의품이다. 편의품(convenience goods)은 자주 구매되고 소비자가 제품구매에 최소한의 시간과 노력을 투입하는 일상의 생활필수품을 말한다.

25 아래 글상자에서 설명하는 가격할인의 유형으로 가장 옳은 것은?

> 제조업자가 일반적으로 수행해야 할 유통업무의 일부를 중간상인이 대신 수행할 경우, 이에 대한 보상으로 경비의 일부를 제조업자가 부담하는 것으로 기능할인(function discount)이라고도 한다.

① 수량할인
② 거래할인
③ 현금할인
④ 상품 지원금
⑤ 판매촉진 지원금

정답 **23** ④ **24** ④ **25** ②

 ② 중간상 판매촉진 중 제조업자의 업무를 대신 수행한 것에 대한 보상으로 경비의 일부를 제조업자가 부담하는 것은 거래할인(trade discount)이다.

26 상품라인의 하향확장이 가장 적합하지 않은 상황은?

① 저가격 시장에서 강력한 성장기회를 발견한 경우

② 기존시장으로 진출하려는 강력한 저가격 경쟁사를 방어하려는 경우

③ 고가격대 시장에서 판매가 부진하거나 쇠퇴하고 있다고 판단되는 경우

④ 더 높은 마진과 함께 제품의 고급 이미지를 강화하려는 경우

⑤ 기존상품보다 대중적인 상품을 출시하여 최대한 시장점유율을 높이려는 경우

 ④ 기업이 고품질의 기업이미지를 형성하여 이익률과 매출상승을 달성할 수 있다고 판단될 때 상향확장전략(upward stretch)을 선택한다.

제품라인에서의 주요 의사결정은 제품라인의 길이(length)에 관한 것으로 라인확장전략(line stretching)과 라인충원전략(line filling)이 있다. 여기서 라인확장전략은 현재의 가격대 이상으로 제품라인의 길이를 늘리는 것으로 하향확장(downward stretching), 상향확장, 쌍방향 확장의 세 가지 대안이 있다.

27 아래 글상자 내용 중 거래지향적 판매와 관계지향적 판매에 관한 비교 설명으로 옳지 않은 것만을 모두 나열한 것은?

구분	거래지향적 판매	관계지향적 판매
㉠	고객 욕구를 이해하기보다는 판매에 초점을 맞춤	판매보다는 고객의 욕구를 이해하는 데 초점을 맞춤
㉡	듣기보다는 말하는 데 치중함	말하기보다는 듣는 데 치중함
㉢	설득, 화술, 가격조건 등을 앞세워서 신규고객을 확보하고 매출을 늘리고자 함	상호 신뢰와 신속한 반응을 통하여 고객과 장기적인 관계를 형성하고자 함
㉣	단기적 매출보다 장기적 매출에 초점을 둠	장기적 매출보다 단기적 매출에 초점을 둠

① ㉠

② ㉠, ㉡

③ ㉡, ㉢

④ ㉢, ㉣

⑤ ㉣

 거래지향적 판매 또는 단속형 거래(discrete transaction)에서는 장기적 매출보다 단기적 매출에 초점을 두고, 관계지향적 판매 또는 관계형 교환(relational exchange)에서는 장기적 매출에 초점을 둔다.

정답 **26** ④ **27** ⑤

28 **조직의 구매 담당자가 수행하는 역할로 가장 옳지 않은 것은?**

① 제품과 서비스를 실제 사용하는 조직 내의 사용자(users)
② 무엇을 구매할지 구매결정에 영향을 미치는 영향자(influencers)
③ 공급업자를 탐색하고 계약조건을 협상하는 구매자(buyers)
④ 계약을 체결할 공급업자를 선택하고 승인하는 결정자(deciders)
⑤ 자사 공급업자의 정보를 선택적으로 외부에 공개하는 정보통제자(gatekeepers)

> **해설** ⑤ 자사 공급업자의 정보를 선택적으로 외부에 공개하는 정보통제자(gatekeepers)는 조직의 구매 담당자가 아니라 정보관리 담당자의 역할이다.

29 **상품에 대한 설명으로 가장 옳지 않은 것은?**

① 소비자가 받게 될 혜택의 묶음이다.　② 소비자는 상품의 사용을 통해 효용을 얻는다.
③ 시장에서 경제적 교환의 대상이 된다.　④ 유형재는 물론 무형재도 포함한다.
⑤ 상표는 상품에 포함되지 않는다.

> **해설** ⑤ 상표(brand)는 상품을 구성하는 중요한 요소이다. 상품은 핵심상품, 유형상품 및 확장상품의 3가지 차원으로 구성되는 다차원적 개념이다. 여기서 유형상품은 상표, 품질, 스타일, 특성 및 패키징으로 구성된다.

30 **아래 글상자의 소비자 판매촉진에 대한 설명과 그 종류의 연결이 가장 옳은 것은?**

> ㉠ 고객의 눈앞에서 상품의 사용법과 차별화된 우위성을 납득시켜 구입과 직접적으로 연결시키기 위한 방법이다.
> ㉡ 상품을 효과적으로 전시하여 고객의 구매를 유발하고자 하는 방법이다.
> ㉢ 소비자가 상품 등을 경품으로 받기 위해 자신의 능력을 활용하여 경쟁하도록 하는 방법이다.
> ㉣ 소비자가 자발적으로 제공한 소비자의 정보를 수집하여 데이터베이스를 구축할 수 있을 뿐만 아니라 호의적인 관계구축을 할 수 있다.
> ㉤ 실제 제품에 대한 객관적인 평가가 어렵고 품질이 중요한 경우에 효과적이다.

① ㉠ 디스플레이(display)　　　② ㉡ 프리미엄(premium)
③ ㉢ 추첨(sweepstakes)　　　④ ㉣ 콘테스트(contest)
⑤ ㉤ 샘플(sample)

정답　**28** ⑤　**29** ⑤　**30** ⑤

 소비자 판매촉진(consumer promotion)에는 샘플, 쿠폰, 사은품(프리미엄), 경연(contest)과 추첨, 보너스 팩, 가격할인, 리베이트 등이 있다. 이 중 샘플은 실제 제품에 대한 객관적인 평가가 어렵고 품질이 중요한 경우에 효과적이다.

31 **복수브랜딩(multibranding)에 대한 설명으로 가장 옳지 않은 것은?**

① 복수브랜딩은 소매점에서 더 넓은 진열공간을 차지해 더 높은 점유율을 차지하기 위한 방안이다.

② 복수브랜딩은 서로 다른 구매동기를 가진 세분시장에 맞추어 서로 다른 특성들과 소구점을 가진 제품을 제공한다.

③ 복수브랜딩은 동일제품 범주 내에서 여러 개의 브랜드제품을 도입하는 것이다.

④ 복수브랜딩은 개별 브랜드들 모두가 높은 시장점유율과 높은 수익을 달성할 수 있다는 장점이 있다.

⑤ 복수브랜딩을 통한 복수의 브랜드를 모두 합한 점유율은 단일 브랜드만으로 얻을 수 있는 점유율에 비해 상대적으로 높다.

 복수브랜딩(multibranding)은 동일한 제품범주 내에서 두 개 이상의 서로 다른 브랜드명을 사용하는 전략이다.

④ 복수브랜딩을 도입한다고 개별 브랜드 모두 높은 시장잠유율과 높은 수익을 달성하는 것은 아니다. 하나의 브랜드를 추가하면 기존 브랜드의 매출이 감소하는 자기잠식 현상이 나타날 수 있다.

32 **고객유지와 관리를 위한 방법에 대한 설명으로 가장 옳지 않은 것은?**

① 소매업체의 개인화전략을 통해 고객이 받게 되는 개인화된 보상이나 편익은 고객유지에 도움이 된다.

② 커뮤니티 구축은 고객들 사이의 공동체 의식을 발전시켜 고객유지와 충성도 구축에 도움이 된다.

③ 부가판매를 통해 기존 고객에게 더 많은 상품과 서비스를 제안하는 것은 고객을 우수고객으로 전환시켜 유지하는 데 도움이 된다.

④ 고객생애가치가 마이너스인 고객에게 더 이상의 부가적인 서비스를 제공하지 않는 방법은 바람직하지 않다.

⑤ 소매업체의 커뮤니티 활동에 우수고객들을 포함시킴으로써 소매점에 대한 관여도와 충성도가 높아지게 된다.

정답 **31** ④　**32** ④

 ④ 고객생애가치가 마이너스인 고객에게 더 이상의 부가적인 서비스를 제공하지 않는 방법은 바람직하다고 할 수 있다. 고객생애가치(CLV; Customer Lifetime Value)는 고객이 고객으로 있는 동안 구매를 통해 기업에게 기여하는 수익을 현재가치로 환산한 금액이다.

33 단골고객을 만드는 고객 응대 기법으로 가장 옳지 않은 것은?

① 첫방문인 고객에게도 친절히 대하며 고객에게 적절한 상품을 권한다.
② 상품 판매 후에도 고객 후기나 만족도 평가 등을 통해 애프터 케어(after care)를 실시한다.
③ 점포를 재방문한 고객에게는 이전 방문의 내용을 상기시키며 친밀감을 주는 대화를 한다.
④ 고객 등급과 누적 금액에 따른 차별화된 혜택을 친절하게 알려주어 거래에 기반한 이익 관계를 유지한다.
⑤ 상품을 구매하지 않는 고객에게도 끝까지 친절하게 대하여 다시 찾아오도록 한다.

 ④ 단골고객을 만들려면 고객 등급과 누적 금액에 따른 차별화된 혜택을 친절하게 알려주어 관계에 기반한 이익 관계를 유지하는 것이 바람직하다.

34 고객의 기대에 대한 설명으로 가장 옳지 않은 것은?

① 고객은 과거의 경험을 통해 기대가치를 형성하고, 평가를 통해 재구매를 결정한다.
② 고객은 제품 구매 시 객관적으로 동일한 기대치를 형성한다.
③ 고객의 기대는 구전 커뮤니케이션에 의해 영향을 받기도 한다.
④ 고객의 기대와 실제로 경험한 바의 차이로 만족과 불만족을 결정한다.
⑤ 고객의 기대는 자신이 필요로 하는 욕구가 클수록 커진다.

 ② 고객이 제품을 구매하는 경우 고객마다 주관적 기대치를 다르게 형성한다.

정답 33 ④ 34 ②

35 아래 글상자는 매장 공간계획의 내용을 기술하고 있다. 매장 공간계획의 수립 과정에 대한 순서로서 가장 옳은 것은?

> ㉠ 상품구색의 결정　　　　　　　 ㉡ 품목별 공간 할당
> ㉢ 상품 카테고리별 공간 할당　　　 ㉣ 매장 내 품목별 위치의 결정
> ㉤ 매장 안에 배치할 품목별 수량의 결정

① ㉠ – ㉤ – ㉢ – ㉡ – ㉣　　　　　 ② ㉡ – ㉣ – ㉢ – ㉠ – ㉤
③ ㉢ – ㉣ – ㉡ – ㉤ – ㉠　　　　　 ④ ㉣ – ㉢ – ㉡ – ㉤ – ㉠
⑤ ㉤ – ㉡ – ㉢ – ㉣ – ㉠

해설 ① 매장 공간계획의 수립 과정은 '상품구색의 결정 → 매장 안에 배치할 품목별 수량의 결정 → 상품 카테고리별 공간 할당 → 품목별 공간 할당 → 매장 내 품목별 위치의 결정'의 순으로 이루어진다.

36 매장 환경에 대한 설명으로 가장 옳지 않은 것은?

① 공간적 배치, 분위기, 시각적 커뮤니케이션 요소 등을 포함한다.
② 공간적 배치의 핵심은 원활한 판매서비스를 제공하는 판매원의 배치이다.
③ 매장 분위기는 오감과 관련된 환경적 쾌적성을 의미한다.
④ 매장 분위기의 주요 요소는 조명, 색상, 소리, 공기의 질과 온도, 향기를 들 수 있다.
⑤ 시각적 커뮤니케이션 요소는 고객이 매장과 상품을 쉽게 발견할 수 있도록 지원한다.

해설 ② 공간적 배치의 핵심은 고객이 필요한 상품을 쉽게 파악하고 선택할 수 있도록 상품 카테고리와 상품 품목을 배치하는 것이다.

37 아래 글상자의 괄호 안에 공통으로 들어가는 소비자가 인지하는 효용으로 옳은 것은?

> (　　　)은 외상판매, 무료배달과 설치, 수리 등 유통시스템이 제공하는 다양한 부가가치를 의미한다. 이처럼 다양한 유통 기능을 통해 더 많은 부가가치를 제공할수록 소비자들이 느끼는 (　　　)은 더 커진다.

① 시간적 편의효용　　　　　　　　 ② 구매단위효용
③ 선택효용　　　　　　　　　　　　 ④ 서비스효용
⑤ 장소적 편의효용

정답 **35** ①　**36** ②　**37** ④

해설 외상판매, 무료배달과 설치, 수리 등 유통시스템이 제공하는 다양한 부가가치를 의미하는 것은 서비스 효용이다.

38 언론의 긍정적 관심확보와 호의적인 기업이미지 구축을 위하여 기업이 다양한 대중들과 우호적인 관계를 구축하는 촉진믹스 도구로 가장 옳은 것은?

① 광고(advertising)
② 판매촉진(sales promotion)
③ 인적 판매(personal selling)
④ 홍보(public relations)
⑤ 직접 및 디지털 마케팅(direct & digital marketing)

해설 ④ 언론의 긍정적인 관심을 확보하고 호의적인 기업이미지 구축을 위하여 행하는 촉진믹스 도구는 홍보(public relations)이다.

39 고객생애가치(CLV; Customer Lifetime Value)에 대한 설명으로 가장 옳은 것은?

① 고객생애가치는 인터넷쇼핑몰보다는 백화점을 이용하는 고객들을 평가하는 데 용이하다.
② 고객생애가치는 RFM(Recency, Frequency, Monetary) 분석을 통해 고객의 기업 기여도를 측정할 수 있다.
③ 고객생애가치는 고객과의 관계를 통해 기업에게 기여하는 미래수익을 현재가치로 환산한 금액을 말한다.
④ 고객생애가치는 고객의 점유율(customer share)에 기반하여 정확히 추정할 수 있다.
⑤ 고객생애가치는 시간이 지날수록 고객의 이탈률과 선형적 비례관계를 보인다.

해설 ③ 고객생애가치(CLV; Customer Lifetime Value)는 고객이 고객으로 있는 동안 구매를 통해 기업에게 기여하는 수익을 현재가치로 환산한 금액이다. 고객관계관리(CRM)의 성과지표로 활용한다.

정답 **38** ④   **39** ③

40 유통업체는 다양한 방식으로 자사 서비스품질에 대한 고객의 피드백을 수집한다. 서비스 실패 회복을 위한 고객 피드백 수집방법으로 가장 옳지 않은 것은?

① 온라인의 고객 후기(reviews)
② 회사에 접수된 고객 불평
③ 암행평가(mystery shopping)
④ 표적집단 인터뷰
⑤ 고객 피드백 카드

해설 서비스 실패 회복을 위한 고객 피드백 수집방법으로는 온라인상의 고객 후기, 회사에 접수된 고객 불평, 표적집단 인터뷰(FGI) 등을 활용할 수 있다.
③ 관찰법에 해당하는 암행평가(mystery shopping)는 피드백 수집을 위해 사용할 수 없다.

41 상품의 특성에 따라 매장 내 상품진열방법은 달라진다. 상품에 따른 적절한 상품진열방법의 연결로 가장 옳지 않은 것은?

① 정장스커트 – 적재진열
② 와이셔츠 – 가격대별 진열
③ 신간도서 – 전면진열
④ 식료품 – 품목별 진열
⑤ 거실용 가구 – 아이디어 지향적 진열

해설 ① 적재진열은 창고형 마트와 같은 곳에서 많이 쓰이고 통조림, 라면처럼 높이 쌓아 놓고 파는 방식으로 높게 적재한 상태의 상품 그 자체가 하나의 진열방식이며, 가격이 저렴할 것이라는 기대심리를 자극하는 진열기법이다. 정장스커트에는 적절하지 않다.

42 매장 내 효과적인 상품 배치에 관한 제안으로 가장 옳지 않은 것은?

① 연관구매가 이루어지는 상품들은 서로 인접한 지역에 배치한다.
② 충동구매를 일으키는 상품들은 매장의 앞쪽 지역에 배치한다.
③ 목적구매가 이루어지는 상품들은 매장의 안쪽 지역에 배치한다.
④ 고수익 상품은 할인상품과 함께 고객이 붐비는 지역에 배치한다.
⑤ 프라이버시를 필요로 하는 상품은 고객동선과 일정한 거리를 두고 배치한다.

해설 ④ 충동구매 성격이 높은 상품은 고객을 유인하기 위해 매장 전면에 배치해야 한다. 그러나 전문품이나 고가품 등 고수익 상품은 매장의 안쪽에 배치하여 쇼핑의 쾌적성을 제공해야 한다.

정답 40 ③　41 ①　42 ④

43 서비스품질 격차(gap) 모형에서 나타나는 각종 격차를 해소하기 위한 방법의 연결로 가장 옳지 않은 것은?

① 격차 1 – 고객의 기대를 정확히 이해한다.
② 격차 2 – 업무를 최대한 다양화한다.
③ 격차 3 – 평가 및 보상체계를 잘 갖춘다.
④ 격차 3 – 인적자원을 잘 관리한다.
⑤ 격차 4 – 약속한 사항을 확실히 이행하도록 관리한다.

해설 서비스품질 격차(gap) 모형에서 격차 2는 경영자의 인식과 서비스 품질명세서의 차이를 말하는 것으로 기업자원의 제약이 있거나 경영자의 무관심으로 인해 발생한다. 따라서 해결방법은 서비스 품질목표의 개발, 업무의 표준화 등을 들 수 있다.

참고 갭(gap) 분석 모형

1. 파라슈라만 등의 서비스 갭(gap) 분석모형에 의하면 소비자의 서비스 품질에 대한 기대수준과 제공되는 서비스 간의 차이는 4가지 요인에 의해 발생한다.
2. 4가지 요인은 ㉠ 기업의 경영자가 고객의 욕구를 제대로 파악하지 못하는 경우(갭 1: 이해 차이), ㉡ 경영자가 고객의 욕구를 파악하여도 구체적으로 이를 어떻게 만족시켜주어야 할지를 모르는 경우(갭 2: 과정 차이), ㉢ 서비스를 전달하는 직원이 정해진 지침을 제대로 따르지 않는 경우(갭 3: 행동 차이), ㉣ 기업이 광고 등을 통해 약속한 서비스 내용과 실제 제공되는 서비스 간에 차이가 발생하는 경우(갭 4: 촉진 차이) 등이다.
3. 그리고 ㉤ 기대된 서비스와 지각된(인식한) 서비스의 차이는(갭 5: 인식 차이) 갭 1~갭 4의 한 가지라도 존재하면 발생하는 차이이다.

44 고객확보를 목적으로 평소 판매가격보다 저렴한 가격으로 판매하는 상품을 지칭하는 용어로 가장 옳은 것은?

① 중점이익상품　　　　　　　② 대용량상품
③ 대량진열판매상품　　　　　④ 로스리더상품
⑤ 구색상품

해설 유명 브랜드 상품 등을 중심으로 가격을 대폭 인하하여 고객을 유인한 다음, 방문한 고객에 대한 판매를 증진시키고자 하는 가격결정 방식은 로스리더 가격결정(loss leader pricing)이고 대상이 되는 상품을 로스리더상품이라고 한다.
로스리더 가격결정은 소매점 고객들의 내점빈도를 높이고, 소비자들이 소매점포 전체의 가격이 저렴하다는 인상을 가지도록, 브랜드 인지도가 있는 인기제품을 위주로 파격적으로 저렴한 가격에 판매하는 가격전략이다.

정답 43 ②　44 ④

45 소비자가 구매결정에 대한 평가를 통해 만족과 불만족을 느끼는 과정을 설명하는 공정성이론에 대한 설명으로 옳지 않은 것은?

① 투입(input) 대비 산출(output)의 개념을 사용한다.

② 자신의 투입 대비 산출 비율을 비교대상의 투입 대비 산출 비율과 비교하였을 때 자신의 투입 대비 산출 비율이 높을수록 더 만족한다.

③ 투입요소는 교환과정에 소요되는 제품과 서비스의 성과, 시간절약, 보상 등이 있다.

④ 소비자 자신의 투입 대비 산출 비율이 비교대상의 비율과 같다고 느끼면 공정한 상태로 인식하여 비교적 만족을 느낀다.

⑤ 소비자 자신의 투입 대비 산출 비율이 비교대상의 비율보다 낮다고 느끼면 불만족을 느낀다.

해설 ③ 공정이론에서 투입요소는 구매결정을 위해 투입한 시간과 노력, 구매를 위해 지급한 가격 등이다. 제품과 서비스의 성과, 시간절약, 보상 등은 산출요소이다.

정답 45 ③

2022년
기출문제

2022. 05. 14. 시행 유통관리사 3급
2022. 08. 20. 시행 유통관리사 3급
2022. 11. 19. 시행 유통관리사 3급

유통관리사 3급

유통관리사 3급 기출문제

제 1 과목 유통상식(01~20)

01 서비스 유통경로가 소비재나 산업재 유통경로에 비해 단순한 것은 서비스의 독특한 특성에 기인한다고 할 수 있는데 이러한 서비스의 독특한 특성으로 옳지 않은 것은?

① 무형성 ② 소멸성
③ 비분리성 ④ 이질성
⑤ 유형성

해설 서비스의 특성
- **소멸성**: 서비스의 소멸성의 특징은 사용하지 않으면 소멸되어 저장이 불가능하다.
- **무형성**: 서비스는 형체가 없는 무형성의 특징을 갖는다.
- **이질성**: 고객에게 제공하는 서비스는 다르므로 표준화가 어렵고 실제의 성과인 표준치를 측정하거나 개발하는 것 역시 어렵다.
- **비분리성**: 생산과 소비가 동시에 이루어지므로 소비하면 흔적이 남아 있거나 찾을 수가 없다.

02 환경문제에 대한 사회적 욕구에 부응하기 위한 유통업체들의 활동으로 가장 옳지 않은 것은?

① 안전한 유통폐기물처리
② 환경친화형 상품조달
③ 소음 등 환경문제를 고려한 유통시스템 구축
④ 포장 간소화
⑤ 고령자를 배려한 개별점포의 시설 확충

해설 ⑤ 고령자를 배려한 개별점포의 시설 확충은 환경문제와 관련이 없는 유통업체들의 활동이다.

정답 01 ⑤ 02 ⑤

03　유통경로의 필요성을 설명하는 원리로서 가장 옳지 않은 것은?

① 고정비 우위의 원리　　　　② 총거래수 최소의 원리
③ 집중저장의 원리　　　　　④ 분업의 원리
⑤ 변동비 우위의 원리

> **해설**　유통경로의 필요성: 총거래수 최소의 원리, 집중준비(저장)의 원리, 분업의 원리, 변동비 우위의 원리

04　판매원이 고객가치 증진을 위한 브레인스토밍(brainstorming)을 실시할 경우 고려해야 할 기본원칙으로 가장 옳지 않은 것은?

① 아이디어의 양을 중시한다.
② 자유분방한 분위기를 조성한다.
③ 아이디어의 결합과 개선을 요구한다.
④ 의견에 대하여 일체 비판하지 않는다.
⑤ 개인 의견이나 창의가 전혀 수정·개량되지 않도록 한다.

> **해설**　브레인스토밍(Brainstorming)의 원칙
> • 의견의 질보다 양을 중시한다.
> • 현장에서 새로운 발상을 유도한다.
> • 상대방의 아이디어에 자기의견을 첨가할 수도 있다.
> • 여러 명이 한 가지 문제를 놓고 무작위로 아이디어를 교환한다.

05　중간상은 제조업체와 소비자 사이에 위치하면서 다양한 문제를 해소해 주는데, 이에 대한 내용으로 가장 옳지 않은 것은?

① 상품구색상의 불일치 해소
② 생산단위와 구매단위 불일치 해소
③ 생산시점과 소비시점 불일치 해소
④ 장소적 불일치 해소
⑤ 경로구성원 간의 수직적 갈등 해소

> **해설**　⑤ 유통경로가 상하의 수직적 구조로 이루어져 그 구성원 간 발생하는 갈등을 수직적 갈등이라 하는데, 이러한 갈등은 중간상이 해결해 주지 못한다.

정답　**03** ①　　**04** ⑤　　**05** ⑤

06 판매원이 갖추어야 할 지식 중 시장지식에 관한 것만을 나열한 것으로 옳은 것은?

① 고객에 대한 이해, 상권에 대한 이해
② 업무 관련 내용, 회사 관련 내용
③ 제품의 가격과 할인 조건
④ 회사의 창립시기와 조직 구성
⑤ 상표명의 의미

해설 ②·④ 회사 및 업무지식, ③·⑤ 상품지식

07 아래 글상자에서 설명하는 소매업태의 변천과정과 관련된 이론으로 가장 옳은 것은?

> 새로운 형태의 소매상은 저가격, 저마진, 저서비스의 점포운영방식으로 소매시장에 진입해 기존의 고가격, 고마진, 고서비스의 소매업태와 경쟁하게 된다.

① 소매 수명주기 이론
② 소매업 수레바퀴 가설
③ 소매 아코디언 이론
④ 대리이론
⑤ 거래비용이론

해설 ① **소매 수명주기 이론**: 한 소매기관이 출현하여 사라지기까지 일반적으로 진입단계(초기 성장단계), 성장단계(발전단계), 성숙단계, 그리고 쇠퇴단계를 거친다는 이론이다.
③ **소매 아코디언 이론**: 상품의 가격이나 마진이 아니라 상품믹스(product mix)의 변화에 초점을 맞추고 있다. 소매상의 변천은 제품구색의 변화에 초점을 맞추어 제품구색이 넓은 소매상(종합점)에서 제품구색이 좁은 소매상(전문점)으로, 다시 종합점으로 되풀이하는 것으로 아코디언처럼 제품구색이 늘었다 줄었다 하는 과정을 되풀이하는 이론이다.
④ **대리이론**: 대리인의 결정과 행동에 의뢰인이 의존한다는 개념을 배경으로, 유통경로상에 개별 경로구성원(의뢰인)에게 가장 큰 성과를 주는 경로구성원(대리인)을 찾아 계약을 맺게 됨에 따라 경로구조가 결정된다는 경로구조 결정이론이다.
⑤ **거래비용이론**: 수직적 통합(내부화)에 소요되는 비용과 시장거래에서 발생되는 비용의 상대적 크기에 따라 경로구조가 결정된다는 경로구조 결정이론이다.

정답 **06** ① **07** ②

08 의약품이나 화장품 등을 취급하는 복합점포로서, 건강 및 미용과 관련된 제품들을 주로 판매하기 때문에 H&BC(Health & Beauty Care) shop이라고 부르기도 하는 소매업태로 가장 옳은 것은?

① 양판점(general merchandising store)
② 회원제 도매클럽(membership wholesale club)
③ 드럭 스토어(drug store)
④ 할인점(discount store)
⑤ 슈퍼마켓(supermarket)

해설
① 양판점: 의류 및 생활용품을 중심으로 다품종 대량판매하는 체인형 대형 소매점으로, 점포형태 및 상품구성은 백화점과 유사하지만 대량매입, 다점포화, 유통업체 브랜드 중심의 상품구성 등으로 가격면에서 백화점보다 저렴하다는 차이가 있다.
② 회원제 도매클럽: 일정액의 연회비를 받고 회원들에게 할인된 가격으로 판매하는 업태이다.
④ 할인점: 의류품이나 가정용품, 일반잡화 등의 대중적이고 실용적인 상품을 저렴한 가격으로 판매하는 유통기관이며, 상품가격의 상한과 하한을 양판점보다 더 줄인 박리다매형 셀프서비스 업태이다.
⑤ 슈퍼마켓: 식료품을 중심으로 다양한 상품을 판매하는 셀프서비스 방식이다.

09 우리나라 소매유통의 최신 트렌드로 옳지 않은 것은?

① 간편식 매출 증가
② 1인 가구 증가로 인한 소량구매 확산
③ 명동, 종로 등 전통상권의 지위 강화
④ 구독경제 비즈니스의 확대
⑤ 메타버스 등 새로운 정보기술과의 결합

해설
③ 소매유통의 최신 트렌드로 명동, 종로 등 전통상권의 지위가 약화되고 있다.

10 유통산업의 성장배경으로 가장 거리가 먼 것은?

① 가격경쟁의 심화 ② 정보기술의 발전
③ 제품의 표준화 ④ 유통업체의 대형화
⑤ 유통산업 양극화 정책

해설
⑤ 유통산업이 발전하려면 통합정책이 필요한데, 양극화 정책을 하게 되면 갈등이 생겨 오히려 성장에 방해가 된다.

정답 08 ③ 09 ③ 10 ⑤

11 양성평등과 관련된 설명 중 가장 옳지 않은 것은?

① 모든 인간은 고정된 성 역할이나 성별 고정관념에 구속됨 없이 자유롭게 자신의 능력을 개발하고 선택할 수 있는 권리를 가진다.
② 양성평등의 개념은 성인지 – 양성평등 – 남녀평등 순으로 변화해 왔다.
③ 기존의 성정체성 기반의 성 역할 구분은 개인의 능력개발을 저해하는 요인이다.
④ 여성과 남성은 헌법이 보장하는 평등한 권리를 가지고 태어난 존엄한 존재이다.
⑤ 성별에 대한 차별 없이 사회, 문화적 발달에 기여하고 혜택을 공평하게 누려야 한다.

> **해설** ② 양성평등의 개념은 성인지 – 양성평등 순으로 변화해 왔다.

12 서비스의 품질 속성 중 판매원의 복장과 관련성이 높은 개념으로 가장 옳은 것은?

① 공감성 ② 확신성
③ 유형성 ④ 반응성
⑤ 신뢰성

> **해설** 서비스의 품질 속성 중 판매원의 복장과 관련이 있는 것은 유형성(tangible)이다. 유형성은 서비스를 제공할 때 이용되는 설비나 장비, 서비스를 제공하는 외모와 관련이 있는 기준이다.
>
> **참고** SERVQUAL 5개 차원
> - 유형성: 물리적 시설, 장비, 직원, 커뮤니케이션 자료의 외양
> - 신뢰성: 약속한 서비스를 믿을 수 있고 정확하게 수행할 수 있는 능력
> - 대응성: 고객을 돕고 신속한 서비스를 제공하려는 자세
> - 확신성: 직원의 지식과 예절, 신뢰와 자신감을 전달하는 능력
> - 공감성: 회사가 고객에게 제공하는 개별적 배려와 관심

13 직업인이 갖추어야 할 바람직한 직업윤리에 대한 설명으로 가장 옳지 않은 것은?

① 직업을 통해 다른 사람에게 봉사하는 마음을 가지고 실천하는 봉사의식
② 자신의 직업이 타인을 위해 중요한 일을 하고 있다고 생각하는 직분의식
③ 자신의 직업에 충실하게 최선을 다하는 책임의식
④ 자신이 하고 있는 일이 다른 사람에 비해 우월한 지위에 있다고 여기는 선민의식
⑤ 직업에 필요한 지식과 교육을 바탕으로 수행해내는 전문가의식

> **해설** ①, ②, ③, ⑤ 외에 자신이 맡은 일은 하늘에 의해 맡겨진 일이라고 생각하는 태도인 소명의식과 자신의 일이 자신의 능력과 적성에 꼭 맞는다 여기고 그 일에 열성을 가지고 성실히 임하는 태도인 천직의식이 있다.

정답 11 ②　**12** ③　**13** ④

14 소매업의 특징에 대한 설명으로 가장 옳지 않은 것은?

① 유통에 있어서 최종 소비자와의 접점에 있다.

② 단순히 제품을 판매하는 것만을 의미하는 것이 아니고, 다양한 서비스 판매활동도 포함한다.

③ 상품과 서비스에 필요한 가치를 부가하여 최종 소비자에게 판매하는 비즈니스 활동이다.

④ 사업고객과 주로 거래하기 때문에 입지, 촉진, 점포 분위기는 상대적으로 덜 중요하다.

⑤ 최종 소비자들의 다양한 욕구를 충족시키기 위해 여러 형태로 진화·발전하여 왔다.

해설 ④ 사업고객이 아닌 매장을 직접 방문하여 구매하는 일반 소비자와 거래하기 때문에 입지나 촉진, 점포 분위기 등이 상대적으로 더 중요하다.

15 아래 글상자에서 설명하는 개념으로 가장 옳은 것은?

> 이것은 모든 유통채널을 재고관리에서 고객관리까지 유기적으로 결합하여 소비자가 동일한 상품에 대해 온·오프라인에 관계없이 동일한 가격과 프로모션으로 구매할 수 있다는 특징이 있다. 예를 들어, 온라인에서 확인한 상품을 오프라인 매장에서 바로 구매하거나, 온라인에서 산 상품을 오프라인에서 반품할 수도 있다.

① 싱글채널(single channel)　　② 듀얼채널(dual channel)

③ 크로스채널(cross channel)　　④ 멀티채널(multi channel)

⑤ 옴니채널(omni channel)

해설 ① 싱글채널(single channel): 오프라인 점포만 존재하는 채널
② 듀얼채널(dual channel): 두 개의 서로 다른 유통채널을 운영하는 형태
④ 멀티채널(multi channel): 온·오프라인과 텔레마케팅 등 다양한 채널을 독립적으로 운영하는 유통채널 형태

16 소매업체를 대신해서 공급자가 소매업의 재고관리를 수행하는 공급망관리를 의미하는 용어로 가장 옳은 것은?

① SCM(Supply Chain Management)　　② CR(Continuous Replenishment)

③ VMI(Vendor Managed Inventory)　　④ ECR(Efficient Consumer Response)

⑤ EDI(Electronic Data Interchange)

정답 **14** ④　　**15** ⑤　　**16** ③

 ① SCM(Supply Chain Management): 공급사슬관리(SCM)는 원자재 구매에서 최종 소비자에 이르기까지 일련의 공급사슬상에 있는 사업주체 간의 연계화·통합화를 통하여 경쟁우위를 확보하려는 혁신경영기법이다.
② CR(Continuous Replenishment): CR(지속적 상품보충)은 소비자로부터 얻은 재고 및 판매정보를 기초로 하여 상품보충량을 공급업체가 결정하는 방법이다.
④ ECR(Efficient Consumer Response): 생산에서 최종판매에 이르기까지 상품의 흐름에 관련된 각 기업들이 공동으로 상품의 유통과정을 일체화, 표준화함으로써 소비자의 만족 및 기업의 이윤을 극대화하기 위한 물류와 정보의 전략적 제휴에 의해 최종 소비자 반응에 신속히 대응한다는 경영혁신전략이다.
⑤ EDI(Electronic Data Interchange): 수·발주 장부 및 지불청구서 등 기업 서류를 컴퓨터 간에 교환할 수 있도록 제정된 전자문서교환 기준이다.

17 아래 글상자에서 설명하는 소매업태로 가장 옳은 것은?

> 최근 소매업태 중에서 이 업태의 성장률이 상대적으로 높은 편이다. 저출산 고령화, 대형 유통체인에 대한 출점 및 영업규제, 일반의약품 판매허용, 소비자의 소량 다빈도 구매행태 증가 등의 트렌드를 통해 앞으로의 지속적인 성장세가 전망된다. 그러나 매장 공급초과로 인하여 점주의 수익률이 악화되는 등 다양한 논의가 필요하다.

① 백화점　　　　　　　　　② 온라인 쇼핑몰
③ 대형마트　　　　　　　　　④ 편의점
⑤ TV홈쇼핑

 편의점은 일반적으로 좋은 위치에 입지하여 장시간 영업을 하며 한정된 수의 품목을 취급하는 소매상으로, 이는 대규모 소매상이 제공할 수 없는 편리함을 소비자에게 제공하는 것을 목적으로 하는 일종의 미니 슈퍼와 같은 형태로 시작된 근린형 소형 소매업태이다.

18 매장 내에서 판매원이 지녀야 할 마음가짐으로 가장 옳지 않은 것은?

① 고객의 입장에서 배려하는 마음을 가진다.
② 고객을 감동시키기 위해 고객정보를 조사한다.
③ 효과적인 커뮤니케이터(communicator)가 되어야 한다.
④ 고객이 원할 때 상세하고 친절히 설명해 주어야 한다.
⑤ 고객이 만족할 수 있도록 상품 및 서비스를 준비한다.

 ② 고객을 감동시키기 위해서 친절한 응대 등을 통한 서비스 측면을 강화해야 하는데, 고객정보를 조사하는 것은 오히려 고객에게 불쾌감을 주는 등 더 부정적인 문제가 발생할 수 있다.

정답　17　④　　18　②

19 '소비자기본법'(시행 2021.12.30., 법률 제17799호, 2020.12.29., 타법개정)에서 규정한 사업자의 책무에 해당하지 않는 것은?

① 사업자는 물품 등으로 인하여 소비자에게 생명·신체 또는 재산에 대한 위해가 발생하지 아니하도록 필요한 조치를 강구하여야 한다.

② 사업자는 물품 등을 공급함에 있어서 소비자의 합리적인 선택이나 이익을 침해할 우려가 있는 거래조건이나 거래방법을 사용하여서는 아니 된다.

③ 사업자는 안전하고 쾌적한 소비생활 환경을 조성하기 위하여 물품 등을 제공함에 있어서 환경친화적인 기술의 개발과 자원의 재활용 대책을 마련해야 한다.

④ 사업자는 소비자의 개인정보가 분실·도난·누출·변조 또는 훼손되지 아니하도록 그 개인정보를 성실하게 취급하여야 한다.

⑤ 사업자는 물품 등의 하자로 인한 소비자의 불만이나 피해를 해결하거나 보상하여야 하며, 채무불이행 등으로 인한 소비자의 손해를 배상하여야 한다.

해설 소비자기본법 제19조(사업자의 책무)

> ① 사업자는 물품 등으로 인하여 소비자에게 생명·신체 또는 재산에 대한 위해가 발생하지 아니하도록 필요한 조치를 강구하여야 한다.
> ② 사업자는 물품 등을 공급함에 있어서 소비자의 합리적인 선택이나 이익을 침해할 우려가 있는 거래조건이나 거래방법을 사용하여서는 아니 된다.
> ③ 사업자는 소비자에게 물품 등에 대한 정보를 성실하고 정확하게 제공하여야 한다.
> ④ 사업자는 소비자의 개인정보가 분실·도난·누출·변조 또는 훼손되지 아니하도록 그 개인정보를 성실하게 취급하여야 한다.
> ⑤ 사업자는 물품 등의 하자로 인한 소비자의 불만이나 피해를 해결하거나 보상하여야 하며, 채무불이행 등으로 인한 소비자의 손해를 배상하여야 한다.

20 업태에 대한 설명으로 가장 옳지 않은 것은?

① 업태는 상품의 영업방법을 중심으로 한 분류이다.

② 업태는 소비자를 중심으로 한 발상이다.

③ 업태는 판매방법, 경영방법의 차이에 의한 분류이다.

④ 업태는 소비자 라이프스타일의 변화에 대응한 판매방법의 유형에 의한 분류이다.

⑤ 업태는 무엇을 파는가를 중심으로 한 상품특성에 의한 분류이다.

해설 ⑤ 무엇을 파는가를 중심으로 한 상품특성에 의한 분류는 업종이다.

정답 **19** ③ **20** ⑤

제2과목 판매 및 고객관리(21~45)

21 아래 글상자에 대한 설명으로 가장 알맞은 것은?

> • 디자인이 좋은 제품은 품질도 우수할 것이라는 견해
> • 동일한 가격과 성능을 지니고 있는 서로 다른 브랜드의 A와 B 제품이 있는데, 내가 좋아하는 유명인이 A브랜드를 사용하는 모습을 본 후에 A제품에 대해 더 선호도가 높아지는 경우
> • 성공한 스테디셀러 제품의 브랜드 이미지를 바탕으로 동일 브랜드의 자매제품을 출시하는 경우

① 후광효과(Halo effect)
② 파노플리효과(Panoplie effect)
③ 밴드왜건효과(Band Wagon effect)
④ 언더독효과(Underdog effect)
⑤ 스놉효과(Snob effect)

> **해설** ① 후광효과(Halo effect, 현혹효과): 개인이 갖는 능력, 지능, 용모 또는 사회관계능력과 같은 특성들 중 하나에 기초하여 피평가자의 일반적 인상을 형성하는 것을 말한다.

22 제품믹스는 넓이(width), 길이(length), 깊이(depth)로 결정되는데 다음 중 넓이(width)를 결정하는 것으로 가장 옳은 것은?

① 유통경로의 길이
② 유통경로의 다양성
③ 제품믹스의 길이
④ 제품의 계열(라인) 수
⑤ 제품의 품목 수

> **해설** 상품믹스의 너비(width): 상품믹스의 넓이(폭)는 해당 기업이 생산·판매하는 상품계열의 수를 의미한다. 만약 ○○제약에서 소화제와 피로회복제 두 가지 계열의 제품을 생산한다면, 이 회사의 상품믹스의 넓이는 2가 된다.

정답 **21** ① **22** ④

23 상품의 안전한 취급과 배송을 위한 배송 라벨표시 방법에 대한 설명으로 가장 옳지 않은 것은?

① 읽기 쉽고 두드러지게 보이는 색상을 선택해야 한다.

② 눈에 잘 띄는 사이즈로 부착해야 한다.

③ 배송실패 최소화를 위해 수취인의 이름과 연락처, 주소 등의 개인정보가 노출되도록 해야 한다.

④ 날씨의 영향을 받지 않도록 견고히 부착되어야 한다.

⑤ 빠르게 읽고, 쉽게 이해할 수 있어야 한다.

> **해설** ③ 배송실패 최소화를 위해서일지라도 민감한 개인정보는 노출되도록 해서는 안 된다.

24 점포의 혼잡성이 소비자에게 미치는 영향에 대한 설명으로 가장 옳지 않은 것은?

① 혼잡성은 소비자가 인식하고 처리할 수 있는 정보의 양을 제한한다.

② 대부분의 소비자는 혼잡한 상황에서 바빠 보이는 직원에게 물어보고 상담하기를 꺼린다.

③ 혼잡한 상황에서 소비자는 구매를 연기하기보다 충동구매를 한다.

④ 혼잡한 상황에서의 구매경험에 대한 고객만족도는 대부분 낮다.

⑤ 혼잡성을 경험한 소비자는 그 점포에 대해 나쁜 이미지를 갖게 될 가능성이 크다.

> **해설** ③ 점포가 혼잡한 상황에서 소비자는 충동구매를 하지 않고 구매를 연기하려고 한다.

25 고객을 칭찬할 경우 사용할 수 있는 화법으로 가장 옳지 않은 것은?

① 마음속에서 우러나오는 감동을 가지고 칭찬한다.

② 고객이 알아채지 못한 곳을 발견하여 칭찬하는 것이 효과적이다.

③ 지나친 칭찬은 아부처럼 들리기 쉬워 역효과를 가져올 수도 있으니 주의한다.

④ 구체적인 칭찬보다는 추상적인 칭찬이 효과적이다.

⑤ 고객의 선택에 대해 찬사와 지지를 보낸다.

> **해설** ④ 추상적인 칭찬보다는 구체적인 칭찬이 효과적이다.

정답 **23** ③　**24** ③　**25** ④

26 조명(lighting)은 점포환경관리의 주요 수단의 하나이다. 조명의 용도로서 가장 옳지 않은 것은?

① 상품의 사용정보를 제공한다.
② 상품에 어울리는 공간 구성과 분위기를 연출한다.
③ 점포 내부공간의 단점을 보완하기도 한다.
④ 특정 상품에 고객 관심을 집중시킨다.
⑤ 무드 조성을 통해 점포이미지를 개선한다.

해설 연출력을 높이는 효과 중 하나인 조명은 판매하는 상품과 매장 분위기에 맞춰 적절히 조화롭게 연출한다면 소비자의 구매 욕구를 상승시켜 판매로 연결시킬 수 있는 요소이다. 반면, '상품의 사용정보 제공'은 연출력과 거리가 먼 설득력을 높이는 요소에 해당한다.

27 고객이 결정하기 힘들어할 경우 효과적으로 판매를 종결하기 위해 사용하는 일반적인 방법으로 두 가지 대안 중에서 한 가지를 선택하도록 하는 결정기법으로 옳은 것은?

① 타이밍지적법
② 보증법
③ 실례법
④ 가정적 종결법
⑤ 요약 반복법

해설 ① 타이밍지적법: 지금 구매하지 않으면 손해가 발생할 수 있음을 알려 고객의 저항을 해결하는 방법
② 보증법: 결단을 못 내리고 망설이고 있는 고객에게 판매담당자가 품질에 대한 확신을 주는 방법
③ 실례법: 추상적이고 구체적이지 못한 반론에 대해 실례를 들어 저항을 해결하는 방법
⑤ 요약 반복법: 고객에게 어필할 수 있다고 생각되는 가장 중요한 이익을 요약, 반복하여 설명하는 방법

28 제품을 효과적으로 판매하기 위해 시연하는 방법을 사용할 경우 주의할 사항에 대한 설명으로 가장 옳지 않은 것은?

① 일반적으로 너무 긴 시간을 시연에 할애하는 것은 바람직하지 못하다.
② 상품을 사전에 점검하여 완벽한 제품을 고객에게 제시한다.
③ 시연은 고객이 직접 사용해 보도록 하는 편이 효과적이다.
④ 고객이 요청하는 상품은 마지막에 제시하는 것이 효과적이다.
⑤ 너무 많은 상품을 제시하면 고객이 혼란스러울 수 있기에 2~3개 정도가 적당하다.

해설 ④ 고객이 요청하는 상품을 먼저 제시하는 것이 효과적이다.

정답 **26** ① **27** ④ **28** ④

29 판매원이 매장에서 지녀야 할 기본적인 태도와 관련된 설명으로 가장 옳지 않은 것은?

① 명찰은 고객이 알아볼 수 있도록 왼쪽 가슴 위에 단정하게 착용한다.
② 지나치게 화려한 액세서리 착용을 지양한다.
③ 신발은 슬리퍼를 준비하여 편안하게 응대한다.
④ 지나친 색조화장은 피하는 것이 좋다.
⑤ 항상 용모를 단정하게 관리한다.

> **해설** 고객에게 불쾌감을 줄 수 있는 너무 편안한 복장은 삼가야 한다.

30 아래 글상자에서 설명하는 상품의 분류로 가장 옳은 것은?

> • 소비자들이 여러 브랜드들의 품질, 가격, 스타일 등을 기준으로 비교하고 구매하는 상품으로, 구매 시 약간의 시간과 노력의 투자가 필요하다.
> • 판매업체는 다양한 구색을 구비해 고객의 개인별 취향을 충족시켜 주어야 한다.

① 편의품　　　　　　　　　② 선매품
③ 전문품　　　　　　　　　④ 비탐색품
⑤ 자본재

> **해설**
> ① 편의품: 별로 값이 비싸지 않고 최소의 구매노력을 통해 구매가 가능한 품목으로, 사는 데는 여기저기 다니면서 시간을 소비할 필요가 없다.
> ③ 전문품: 소비자가 상품구매에 있어 시간과 노력을 아끼지 않는 것으로 가격보다는 상품에 특수한 매력을 갖고 있으며, 구매결정요인은 절대적으로 품질을 우선시한다.
> ④ 비탐색품: 소비자에게 알려지지 않은 혁신제품 또는 소비자가 이미 잘 알고 있지만 구매를 고려하지 않는 제품, 당장 필요하지 않아 구매를 고려하지 않고 있는 제품으로 결혼예식 드레스, 장의용품 등이다.
> ⑤ 자본재: 생산에 사용되고 소비되는 토지 이외의 재화를 말한다.

31 소비자가 상품을 통해 다른 사람들에게 자신의 위치나 개성을 표현하면서 얻을 수 있는 편익을 의미하는 것으로 가장 옳은 것은?

① 기능적 편익　　　　　　　② 심리적 편익
③ 감성적 편익　　　　　　　④ 사회적 편익
⑤ 정서적 편익

정답 **29** ③　　**30** ②　　**31** ④

 제품이 제공하는 편익
- **기능적 편익(functional benefits)**: 제품의 속성과 연결되어 소비자들에게 제공되는 편익을 의미하며, 이에는 다양한 상품구색, 좋은 위치, 경제적 가격, 애프터서비스, 주차시설, 정보제공 등이 있다.
- **감각적 편익(sensual benefits)**: 상품이 소비자에게 주는 긍정적 감정들을 의미하며, 이에는 매장의 분위기, 감각적 디자인 및 배경, 매장냄새, 매장외관 및 간판, 네온사인, 전반적인 색깔 등이 있다.
- **상징적 편익(symbolic benefits)**: 상품의 구매를 통해 사회적으로 인정받음으로써 얻게 되는 만족을 의미하며, 이에는 매장의 사회적 위치나 이미지 혹은 연령이나 소득, 지위 등과의 적합성 등이 있다.

32 브랜드의 계층구조 중 구형브랜드와 구분해 주거나, 품질이 개선된 것을 나타내기 위해서 사용하는 것으로 옳은 것은?

① 서비스 마크(service mark)
② 기업 브랜드(corporate brand)
③ 패밀리 브랜드(family brand)
④ 개별 브랜드(individual brand)
⑤ 브랜드 수식어(brand modifier)

① **서비스 마크(service mark)**: 자기가 제공하는 서비스와 타인의 서비스를 식별하기 위해 사용하는 독자적 영업 표지를 말한다. 기업 식별 수단으로 쓰이는 표지나 회사명, 상징, 슬로건, 캐릭터명, 로고 및 그 특징을 나타내는 것을 모두 포함한다.
② **기업 브랜드(corporate brand)**: 일반적인 기업의 브랜드(상표)이다.
③ **패밀리 브랜드(family brand)**: 하나의 상표를 몇 개 또는 여러 개의 제품에 공통적으로 사용하는 경우를 말한다.
④ **개별 브랜드(individual brand)**: 동일 제품범주에서 여러 개의 브랜드제품을 도입하는 경우를 의미한다.

33 서비스 품질 평가요소 중 판매원의 능력, 지식, 예의 등을 통해 고객이 느끼는 서비스 품질에 대한 믿음과 관련된 것은?

① 신뢰성(reliability)
② 확신성(assurance)
③ 유형성(tangibility)
④ 반응성(responsiveness)
⑤ 공감성(empathy)

SERVQUAL 5개 차원
- **유형성**: 물리적 시설, 장비, 직원, 커뮤니케이션 자료의 외양
- **신뢰성**: 약속한 서비스를 믿을 수 있고 정확하게 수행할 수 있는 능력
- **대응성**: 고객을 돕고 신속한 서비스를 제공하려는 자세
- **확신성**: 직원의 지식과 예절, 신뢰와 자신감을 전달하는 능력
- **공감성**: 회사가 고객에게 제공하는 개별적 배려와 관심

정답 32 ⑤　33 ②

34 구매시점(point-of-purchase) 광고에 대한 설명으로 가장 옳지 않은 것은?

① 소비자들의 구매유도를 위해 눈에 잘 띄게 설치해야 한다.

② 소비자들에게 주로 경제적인 인센티브를 제공하는 판촉수단이다.

③ 소비자가 상품을 구입하는 최종지점에서의 광고이다.

④ 상품의 실물대, 포스터, 알림보드 등의 광고물들을 말한다.

⑤ 구매시점 광고는 소비자의 관심과 구매행동에 긍정적인 영향을 미칠 수 있다.

> **해설** POP(Point of Purchase) 광고는 소비자의 구매가 주로 이루어지는 곳에 상품의 구매를 유도할 목적으로 설치된 여러 형태의 광고물을 말한다. POP 광고는 진열대에 부착하는 광고를 의미하는 것으로 비용은 거의 들지 않는 반면, 제품의 홍보효과는 매우 뛰어난 장점이 있다. 따라서 경제적인 인센티브를 제공하는 가격촉진수단이 아닌 비가격촉진수단에 해당한다.

35 점포선택에 영향을 주는 점포속성변수에 대한 설명으로 가장 옳지 않은 것은?

① 의복을 구매할 때와 가전제품을 구매할 때 소비자들이 고려하는 점포속성변수는 달라진다.

② 고관여 제품을 구매하는 경우 점포선택에 대한 의사결정을 심사숙고할 가능성이 높다.

③ 점포이미지 같은 점포속성변수는 점포선택뿐만 아니라 상품선택과 브랜드선택에도 영향을 미친다.

④ 소매점은 광고나 촉진활동 같은 소매믹스변수로 소비자의 점포선택에 영향을 미칠 수 있다.

⑤ 소비자들의 점포선택에 영향을 주는 점포속성변수로는 인구규모 및 가구수 그리고 세대 비율이 대표적이다.

> **해설** ⑤ 인구규모 및 가구수 그리고 세대 비율은 소비자가 점포를 선택하는 속성변수가 아니라 점포입지를 결정하는 변수에 해당한다.

36 소매업체가 고객의 입점유도와 궁극적인 매출증대를 위해 원가나 일반 판매가보다 훨씬 싸게 책정한 상품을 의미하는 것으로 가장 옳은 것은?

① 단수가격상품(odd pricing products)

② 묶음상품(bundling products)

③ 유통업체브랜드(private brands)

④ 미끼상품(loss leaders)

⑤ 제조업체브랜드(national brands)

정답 **34** ② **35** ⑤ **36** ④

 ① 단수가격상품(odd pricing products): 100원, 1,000원 등에서 조금 낮은 95원, 950원 등으로 가격을 책정하여 낮은 가격이라는 인식을 주는 상품이다.
② 묶음상품(bundling products): 판매촉진을 위해 여러 제품을 하나로 묶어 할인한 가격에 판매하는 상품이다.
③ 유통업체브랜드(private brands): 대형 도·소매 유통업체가 자신의 제품임을 나타낼 수 있는 상품명이나 기호 혹은 기업명이나 기호 등으로 표시된다.

37 서비스관리를 위한 7가지 요소(7P)로 가장 옳지 않은 것은?

① 장소(place)
② 예측(prediction)
③ 사람(people)
④ 물리적 환경(physical evidence)
⑤ 과정(process)

해설 서비스관리를 위한 7가지 요소(7P): Product(상품), Price(가격), Place(장소 또는 유통), Promotion(판촉), Personnel(Participant, People : 참가자), Physical Evidence(물리적 환경), Process(과정)

38 동일한 고객에게 연속적으로 수익성이 더 높은 제품 및 서비스를 판매하는 것을 의미하는 것으로 가장 옳은 것은?

① 버즈마케팅(buzz marketing)
② 크로스셀링(cross-selling)
③ 업셀링(up-selling)
④ 바이럴마케팅(viral marketing)
⑤ 보상판매(trade-in)

해설 ① 버즈마케팅(buzz marketing): 버즈(buzz)란 단어는 벌이 윙윙거리는 모양의 의성어로서, 마케팅에서는 소비자들이 자발적으로 제품에 대한 입소문을 내주는 현상을 의미한다.
② 크로스셀링(cross-selling): 한 제품을 구입한 고객이 다른 제품을 추가로 구입할 수 있도록 유도하는 전략이다.
④ 바이럴마케팅(viral marketing): 다른 형태의 구전 또는 온라인 구전(word of mouth)으로서 소비자들로 하여금 온라인을 통해 다른 사람에게 오디오, 비디오 또는 문서로 된 정보 또는 기업이 개발한 제품이나 서비스를 전달하도록 고무하는 마케팅을 말한다.
⑤ 보상판매(trade-in): 제품을 판매하면서 자사의 구제품을 가져오는 고객에 한하여 구제품에 대해 일정한 자산가격을 인정해 주고 신제품 구입 시 일정률 또는 일정액을 할인해 주는 판매방법을 말한다.

정답 **37** ② **38** ③

39 **고객이 불만을 제기할 경우의 응대방법으로 가장 옳지 않은 것은?**

① 고객이 제기하는 불만내용을 적극적으로 경청한다.

② 고객과의 논쟁이나 변명은 피하고 고객의 입장에서 성의 있는 자세로 응대한다.

③ 고객이 지나친 언어사용과 행동을 취할지라도 차분하고 이성적인 자세로 응대한다.

④ 신속하게 불만사항을 처리하고 재발 방지책을 강구한다.

⑤ 고객의 요구사항 속에 숨겨져 있는 욕구를 끄집어내기 위해 고객이 제기하는 불만에 대해 계속 질문한다.

해설 ⑤ 불만고객에게 계속 질문을 하게 되면 불만을 더 키워 역효과가 나게 되므로, 신속하게 해결책을 마련하여 처리해야 한다.

40 **구매활동을 통해 구매액이 누적됨에 따라 포인트를 제공하여 재구매를 장려하고 보상하는 판매촉진도구를 의미하는 것으로 가장 옳은 것은?**

① 사은품   ② 할인판매

③ 경품   ④ 쿠폰

⑤ 로열티 프로그램

해설 로열티 프로그램은 사용자에게 서비스 이용에 따라 유·무형의 보상을 제공하여 서비스 이용을 늘리고 재구매 유도, 충성고객을 확대하는 모든 마케팅 전략을 말한다. 이에는 항공사의 마일리지 프로그램, 백화점의 멤버십 프로그램뿐 아니라 커피숍의 로열티 카드, 리워드 카드 등을 모두 포함한다. 즉, 로열티 프로그램은 고객들을 끌어들일 마케팅 요소이자 충성고객들의 서비스 사용을 유지하도록 하는 보상정책에 해당한다.

41 **매장 레이아웃 구성의 목적으로 가장 옳지 않은 것은?**

① 구매편의 및 구매환경의 향상   ② 고객의 쇼핑시간 단축효과 향상

③ 매출액 및 수익률의 향상   ④ 매장 공간의 효율성 향상

⑤ 직원들의 작업능률 향상

해설 ② 고객이 매장에 머무르는 시간이 길어지도록 고객의 동선을 극대화해야 한다.

정답 39 ⑤   40 ⑤   41 ②

42 점포의 후방공간에 대한 설명으로 가장 옳지 않은 것은?

① 점포공간 중 매장 이외의 부분을 말한다.
② 작업장, 사무실, 휴게실 등의 공간을 말한다.
③ 점포의 생산성과 가장 관련이 높은 공간이다.
④ 영업형태, 취급상품 유형 등을 고려하여 후방공간의 비율을 결정한다.
⑤ 판매상품의 후방공간 체류시간을 최소화할 수 있도록 하는 레이아웃이 필요하다.

해설 후방공간은 매장의 관리와 운영을 위한 지원시설로서 사무실, 작업장, 창고, 휴게실 등을 의미하는
시설을 말한다. 따라서 점포의 생산성과는 관련성이 떨어진다.

43 푸시(push)전략에 대한 설명으로 가장 옳지 않은 것은?

① 제조업자가 중간상들을 대상으로 하여 판매촉진활동을 수행하는 것을 말한다.
② 대체로 충분한 자원을 가지고 있지 못한 소규모 제조업체가 푸시전략에 의존한다.
③ 판매원의 적극적인 판매 시도가 중요한 상품의 경우 푸시전략을 활용한다.
④ 상품의 상표인지도와 애호도를 높이기 위해 광고를 푸시하는 방식을 활용한다.
⑤ 가격할인, 수량할인, 인적 판매, 협동광고, 점포판매원 훈련프로그램 등을 제공한다.

해설 푸시전략과 풀전략
- **푸시(push)전략**: 도매상이나 소매상을 대상으로 지원금이나 할인판매와 같은 촉진수단을 사용하는
  전략
- **풀(pull)전략**: 소비자를 대상으로 TV 광고 등을 통해 촉진활동을 수행하는 전략

44 구매에 영향을 미치는 준거집단에 대한 설명으로 가장 옳지 않은 것은?

① 신념, 느낌 그리고 행동에 있어 비교의 기준이 되는 집단을 의미한다.
② 가족은 구매결정에 영향을 미치는 준거집단에서 제외된다.
③ 직접적인 대화뿐만 아니라 간접적인 관찰을 통해 의사결정에 대한 정보를 제공한다.
④ 특정 구매행동에 대한 인정 및 칭찬 등의 보상을 통해 구매행동을 강화한다.
⑤ 개인의 취향이 아닌 준거집단에 동화되고 소속되기 위해 제품을 구매하기도 한다.

해설 ② 가족은 구매결정에 가장 큰 영향을 미치는 준거집단이다.

정답 42 ③ 43 ④ 44 ②

45 고객응대 시 발생할 수 있는 컴플레인의 원인으로 가장 옳지 않은 것은?

① 판매사원의 대고객 서비스 인식 부족

② 무성의한 접객태도와 상품에 대한 관리 소홀

③ 매장상품에 대한 상품지식의 결핍

④ 판매를 완료하고자 하는 적극적인 판매자세

⑤ 고객의 교환과 환불요구에 대한 미대응

해설 ④ 판매를 위한 적극적인 판매자세는 컴플레인을 유발하는 요인이 아니다.

정답 **45** ④

유통관리사 3급 기출문제

제 1 과목 유통상식(01~20)

01 아래 글상자에서 공통으로 설명하는 소매업태로 가장 옳은 것은?

> • 업종별 유통채널에 의해 각각 제공되던 상품들을 한 번에 구매하고자 하는 소비자 니즈에 맞춘 형태임
> • 의약품, 생활용품, 식품 등을 취급하는 복합점포임
> • 건강, 미용과 관련된 제품들을 주로 판매하므로 Health & Beauty care shop이라고도 함

① 전문할인점 ② 하이퍼마켓
③ 백화점 ④ 편의점
⑤ 드럭스토어

해설 ① **전문할인점**: '카테고리 킬러'라고도 하는데, 한 가지 또는 한정된 상품군을 깊게 취급하며, 할인점보다 훨씬 저렴한 가격으로 판매하는 소매업태를 말한다.
② **하이퍼마켓**: 슈퍼마켓, 할인점, 창고소매점의 장점을 결합한 소매업태인데, 대형화된 슈퍼마켓에 할인점을 접목시켜 식품과 비식품을 저렴하게 판매하는 소매업태를 의미한다.
③ **백화점**: 하나의 매장 내에 일괄 구매와 비교가 가능하도록 상품 부문별로 구색을 갖추어 진열·판매하는 대규모 소매업태를 뜻한다.
④ **편의점**: 일반적으로 좋은 위치에 입지하여 장시간 영업을 하며 한정된 수의 품목을 취급하는 소매상이다.

02 편의품에 대한 설명으로 가장 옳지 않은 것은?

① 상품회전율이 높은 상품이다.
② 단가가 낮으며 판매마진율 또한 낮은 상품이다.
③ 습관적으로 구매하는 상품이다.
④ 샴푸, 비누 등의 생활필수품이 해당된다.
⑤ 일반적으로 고관여 상품에 해당된다.

정답 01 ⑤   02 ⑤

해설 편의품은 일반적으로 별로 값이 비싸지 않고 최소의 구매노력으로 구매가 가능한 품목으로 저관여 제품에 속한다. 저관여 제품은 구매 중요도가 낮고 값도 싸며, 상표 사이의 차이가 별로 없고 잘못 구매했을 경우 위험이 적은 제품을 말한다.

03 아래 글상자에서 설명하는 효과로 가장 옳은 것은?

> • 어떤 대상에 대해 일반적으로 좋거나 나쁘다고 생각하고 그 대상의 구체적인 행위들을 일반적인 생각에 근거하여 평가하는 경향이다.
> • 하나를 보면 열을 안다는 식으로 한 가지 좋은 점을 보고 나머지 다른 점까지 모두 좋을 것이라 예측하여 판단하는 것이다.

① 맥락효과(context effect)
② 방사효과(radiation effect)
③ 최신효과(recency effect)
④ 빈발효과(frequency effect)
⑤ 후광효과(halo effect)

해설 ① 맥락효과(context effect): 최초로 알게 된 정보가 그 이후에 알게 된 새로운 정보들에 대한 판단기준을 제공하고 전체적인 맥락을 만드는 현상을 말한다.
② 방사효과(radiation effect): 예쁜 여자랑 다니는 못생긴 남자는 뭔가 다른 특별한 게 있을 것이라고 보는 것처럼 매력 있는 짝과 함께 있을 때 사회적 지위나 자존심이 고양되는 효과를 말한다.
③ 최신효과(recency effect): 어떤 사물에 대해 많은 정보를 얻었을 때, 마지막에 얻은 정보에 의해서 판단이 좌우되기 쉬워지는 효과를 말한다.
④ 빈발효과(frequency effect): 내성적이라고 생각했던 사람도 웃기는 행동을 자주 하면 외향적이라고 생각되듯이 반복해서 제시되는 행동이나 태도가 첫인상을 바꾸는 것을 말한다.

04 기업이 지켜야 할 윤리규범과 관련한 내용으로 가장 옳지 않은 것은?

① 잘못을 범한 사람을 벌하거나 제재하여 불법적인 행위 예방을 강조하는 윤리규범
② 법이나 규제 등 외적 기준을 준수하는 윤리규범
③ 범죄행위를 하지 않는 것에 목적을 두고 있는 윤리규범
④ 법적 준수를 넘어 정직, 상호 간 존중 등의 핵심 가치를 강조하는 윤리규범
⑤ 직접적인 실행 여부보다 형식에 치우치는 윤리규범

해설 ⑤ 형식에 치우치는 것보다 직접적인 실행 여부에 중점을 둔 윤리규범

정답 03 ⑤   04 ⑤

05 유통산업발전법(시행 2021.1.1. 법률 제17761호, 2020.12.29., 타법개정)상 용어의 정의로 옳지 않은 것은?

① 유통표준코드란 상품·상품포장·포장용기 또는 운반용기의 표면에 표준화된 체계에 따라 표기된 숫자와 바코드 등으로서 산업통상부령으로 정하는 것을 말한다.

② 판매시점 정보관리시스템이란 상품을 판매할 때 활용하는 시스템으로서 광학적 자동판독방식에 따라 상품의 판매·매입 또는 배송 등에 관한 정보가 수록된 것을 말한다.

③ 유통설비란 화물의 수송·포장·하역·운반과 이를 관리하는 물류정보처리활동에 사용되는 물품·기계·장치 등의 설비를 말한다.

④ 공동집배송센터란 여러 유통사업자 또는 제조업자가 공동으로 사용할 수 있도록 집배송시설 및 부대업무 시설이 설치되어 있는 지역 및 시설물을 말한다.

⑤ 무점포판매란 상시 운영되는 매장을 가진 점포를 두지 아니하고 상품을 판매하는 것으로서 산업통상부령으로 정하는 것을 말한다.

> **해설** ③ '물류설비'란 화물의 수송·포장·하역·운반과 이를 관리하는 물류정보처리활동에 사용되는 물품·기계·장치 등의 설비를 말한다(유통산업발전법 제2조 제13호).
> ※ 시험 당시에는 산업통상자원부령이 옳은 표기였으나, 산업통상부령으로 개정됨.

06 도소매업의 유형과 특징에 대한 설명 중에서 가장 옳지 않은 것은?

① 도매상은 재판매 또는 사업을 목적으로 구매하는 고객에게 상품을 판매하고 이와 관련된 활동을 수행하는 상인이다.

② 소매상은 최종 소비자를 대상으로 활동하기 때문에, 최종 소비자의 요구사항에 관심을 가진다.

③ 도매상은 소매상에 비하여 더 넓은 상권을 대상으로 대규모의 거래를 한다는 점이 특징이다.

④ 도매상이 수행하는 기능은 기본적으로 조달과 분배이며, 다수의 제조업자들로부터 상품을 구매하여 이를 소매상에게 배분하는 기능을 수행한다.

⑤ 소매상의 유형은 크게 슈퍼마켓과 백화점 같은 무점포 소매상과 방문판매나 자동판매기 같은 점포형 소매상으로 나눌 수 있다.

> **해설** 소매상은 크게 점포 소매상과 무점포 소매상으로 구분할 수 있다. 점포 소매상으로는 백화점, 슈퍼마켓 등의 전통적인 소매상과 최근에 등장하여 발전하고 있는 편의점(CVS), 대형마트, 회원제 창고형 도소매점(MWC), 카테고리 킬러(전문할인점), 대중양판점(GMS), 하이퍼마켓, 전문점 등이 포함된다. 무점포 소매상에는 방문판매, 텔레마케팅, 카탈로그·DM 소매상, 인터넷 쇼핑몰, 자동판매기 등이 포함된다.

정답 **05** ③ **06** ⑤

07 아래 글상자의 내용 중에서 상대적으로 높은 고객접촉도를 가지는 업무의 특성을 모두 나열한 것으로 가장 옳은 것은?

> ㉠ 고객 응대 위치는 분산된다.
> ㉡ 종업원의 역량 중 대인관계 기술이 중요하다.
> ㉢ 업무처리는 자동화와 표준화가 중시된다.
> ㉣ 업무의 핵심가치는 효율성이다.

① ㉠, ㉡
② ㉠, ㉢
③ ㉡, ㉢
④ ㉡, ㉣
⑤ ㉢, ㉣

 ㉢ 업무처리는 고객 반응에 맞춰 즉각 대응할 수 있는 융통성 있는 커뮤니케이션이 중시되어야 한다.
㉣ 업무의 핵심가치는 효율성보다는 고객과의 친밀한 관계를 통해 장기적이고 지속적인 관계구축이 중요하다.

08 판매원이 갖추어야 할 시장지식으로 가장 옳은 것은?

① 주문서 작성방법
② 상품의 재고상황
③ 상품의 원산지
④ 고객의 구매행동 특성
⑤ 상품의 보증기간

①·② 업무지식, ③·⑤ 상품지식

09 아래 글상자 내용 중 서비스품질을 측정할 수 있는 차원을 모두 나열한 것으로 가장 옳은 것은?

> ㉠ 신뢰성(reliability)
> ㉡ 확신성(assurance)
> ㉢ 무형성(intangibility)
> ㉣ 공감성(empathy)
> ㉤ 반응성(responsiveness)

① ㉠
② ㉠, ㉡
③ ㉠, ㉡, ㉢
④ ㉠, ㉡, ㉣, ㉤
⑤ ㉠, ㉡, ㉢, ㉣, ㉤

정답 **07** ①　　**08** ④　　**09** ④

 **서비스품질 측정 5개 차원**
- **유형성**: 물리적 시설, 장비, 직원, 커뮤니케이션 자료의 외양
- **신뢰성**: 약속한 서비스를 믿을 수 있고 정확하게 수행할 수 있는 능력
- **대응성(반응성)**: 고객을 돕고 신속한 서비스를 제공하려는 자세
- **확신성**: 직원의 지식과 예절, 신뢰와 자신감을 전달하는 능력
- **공감성**: 회사가 고객에게 제공하는 개별적 배려와 관심

10 텔레마케팅을 진행할 경우 지켜야 할 전화예절로 가장 옳지 않은 것은?

① 전화는 즉시 받는다.
② 신원을 확실하게 밝힌다.
③ 매너와 에티켓을 지킨다.
④ 간결하고 알아듣기 쉽게 말한다.
⑤ 강한 억양으로 목소리를 높여 빠르게 말한다.

 ⑤ 목소리가 지나치게 높으면 날카로운 인상을 주거나 불쾌감을 줄 수 있으며, 반대로 지나치게 낮으면 의사전달이 잘 안되므로 적당한 억양으로 말한다. 말하는 속도도 상대방이 잘 알아들을 수 있도록 천천히 말해야 한다.

11 아래 글상자의 괄호 안에 들어갈 용어를 순서대로 나열한 것으로 가장 옳은 것은?

> 프랜차이징은 (㉠)가 (㉡)에 대해 제품, 서비스 이외에도 상점관리의 노하우 등을 제공하는 대가로 계약금, 로열티, 임대료 등의 수입을 얻는 프랜차이즈 계약에 의해 운영된다.

① ㉠ 가맹본부, ㉡ 가맹점사업자
② ㉠ 가맹점사업자, ㉡ 가맹본부
③ ㉠ 가맹본부, ㉡ 제조업체
④ ㉠ 제조업체, ㉡ 가맹본부
⑤ ㉠ 유통업체, ㉡ 제조업체

 프랜차이징은 가맹본부가 가맹점사업자에 대해 제품, 서비스 이외에도 상점관리의 노하우 등을 제공하는 대가로 계약금, 로열티, 임대료 등의 수입을 얻는 프랜차이즈 계약에 의해 운영된다.

정답 10 ⑤　11 ①

12 중간상의 존재로 나타나는 효과로 가장 옳지 않은 것은?

① 총 거래수의 감소
② 거래의 표준화
③ 상품 및 시장정보의 제공
④ 생산자의 재고 비용 증대
⑤ 시간, 장소, 형태상의 불일치 해소

해설 ④ 중간상이 2명의 생산자의 제품을 수집하여 구색을 갖추어 저장하면, 2명의 생산자가 각각 재고를 가지고 있는 것보다 재고비용을 절감할 수 있다.

13 최근에 등장한 O2O에 대한 설명으로 가장 옳지 않은 것은?

① 음료 주문을 온라인에서 하고, 제품은 매장에서 수령하기도 한다.
② 개인 간의 거래에 활발하게 이용되고 있다.
③ 온라인 플랫폼을 통해 승객과 기사를 연결해 주기도 한다.
④ 온라인과 오프라인의 장점을 결합하고 있다.
⑤ 일반적으로 B2C 거래에서 활용된다.

해설 O2O(Online to Offline)는 온라인과 오프라인을 연결하는 방식의 서비스를 말한다. 과거에 오프라인 매장에서 제품을 보고 실제 구매는 저렴한 온라인으로 하는 쇼루밍(Showrooming)이 많았다면, 스마트폰 등장 이후엔 온라인으로 제품을 확인하고 오프라인에서 구매하는 현상인 웹루밍(Webrooming)이 나타났다. 이처럼 온라인과 오프라인을 넘나드는 소비자들이 늘어나면서, 온·오프라인을 결합한 방식인 O2O 서비스 역시 증가했다. 이는 기업과 소비자 간 거래에 많이 활용되고 있다. 모바일에서 결제하면 오프라인 매장에서 제품을 받아갈 수 있는 형태부터, 모바일 배달 주문 서비스나 택시 호출 서비스 등이 대표적인 O2O 서비스이다.

14 상품의 다양성과 구색처럼 취급하는 상품계열에 따른 소매상의 분류 유형으로 가장 옳지 않은 것은?

① 할인점
② 백화점
③ 전문점
④ 대형마트
⑤ 셀프서비스

해설 ⑤ 셀프서비스는 고객이 직접 제품을 선택하는 저가·단시간의 쇼핑을 할 수 있게 한 판매 방법이다. 따라서 소매상의 분류 유형에 속하지 않는다.

정답 **12** ④ **13** ② **14** ⑤

15 소매업의 역할 중 소비자에 대한 기능으로 가장 옳지 않은 것은?

① 올바른 상품을 적시에 제공하는 역할
② 필요한 상품의 재고를 보유하는 역할
③ 쇼핑의 즐거움을 제공하는 역할
④ 위험을 부담하고 금융기능을 제공하는 역할
⑤ 소비자 가격을 결정하는 역할

> **해설** ④ 소매상은 외상판매나 할부판매, 기타 신용제공을 통해 소비자의 구매비용 부담을 덜어주는 등의 금융기능을 수행하나, 위험을 부담하지는 않는다.

16 판매원이 매장 내에서 수행하는 업무로 가장 옳지 않은 것은?

① 제품판매   ② 소비자 불만처리
③ 제품수납   ④ 인건비 관리
⑤ 제품진열

> **해설** ④ 인건비 관리는 매장 판매원이 수행하는 업무가 아니라 해당 관리부서의 업무에 해당한다.

17 기업의 사회적 책임활동에 대한 내용으로 가장 옳지 않은 것은?

① 기업과 관련된 이해당사자들이 기업에 어떠한 사회적 책임을 요구하고 있는지에 대한 분석과 이해가 필요한 활동이다.
② 기업 이윤추구와의 연관성을 고려해서 기업이 어떠한 사회적 책임활동을 수행할 것인지 찾아 실행하는 것이다.
③ 법률에 의해 의무적으로 실행하도록 요구된 활동만을 충실히 실행하는 것이다.
④ 사회구성원들의 공동이익 창출에 유익한 활동을 계획하고 실행하는 것이다.
⑤ 기업이 처해있는 사회 환경 속에서 사회 전체 이익에 기여할 수 있는 방안을 찾아 실행하는 것이다.

> **해설** ③ 기업의 사회적 책임활동은 법률에 의해 의무적으로 실행하도록 요구된 활동만을 실행하는 게 아니라 그보다 훨씬 넓은 범위의 다양한 활동까지를 포함한다.

정답   **15** ④   **16** ④   **17** ③

18 아래 글상자에서 설명하는 소매상 발전이론으로 가장 옳은 것은?

> • 사회, 경제적인 소매환경이 변화함에 따른 소매상의 진화와 발전을 진입단계, 성장단계, 쇠퇴단계의 세 가지 단계로 나누어 설명한다.
> • 백화점과 같은 고급점포나 자동판매기 같은 고마진/고가격을 추구하는 소매상에 대해서는 설명할 수 없다.

① 자연도태설
② 소매 수레바퀴 가설
③ 변증법 과정
④ 소매상 수명주기 이론
⑤ 소매 아코디언 이론

해설
① **자연도태설**: 환경에 적응하는 소매상은 생존·발전하게 되고 환경변화에 적응하지 못한 소매상은 자연적으로 도태된다는 이론이다(적자생존).
③ **변증법 과정**: 두 개의 경쟁적인 소매상이 하나의 새로운 형태로 합하면서 혁신적인 형태로 발전한다는 이론이다.
④ **소매상 수명주기 이론**: 한 소매기관이 출현하여 사라지기까지 일반적으로 진입단계(초기 성장단계), 성장단계(발전단계), 성숙단계, 그리고 쇠퇴단계를 거친다는 이론이다.
⑤ **소매 아코디언 이론**: 소매상의 변천은 제품구색의 변화에 초점을 맞추어 제품구색이 넓은 소매상(종합점)에서 제품구색이 좁은 소매상(전문점)으로, 다시 종합점으로 되풀이하는 것으로 아코디언처럼 제품구색이 늘었다 줄었다 하는 과정을 되풀이하는 이론이다.

19 아래 글상자에서 설명하는 유통경로가 창출하는 효용 중 형태효용을 모두 나열한 것으로 가장 옳은 것은?

> ㉠ 24시간 영업하는 편의점을 소비자가 원하는 시간에 이용
> ㉡ 정수기, 비데 등의 제품을 렌트를 통해 이용
> ㉢ 치약, 비누, 커피 같은 편의품을 편의점뿐만 아니라 대형마트에서도 구매 가능
> ㉣ 1인 가구의 증가에 맞춰 소량 포장 식품을 판매
> ㉤ 신선식품의 신선도를 높게 보이도록 랩을 씌우거나 진열장의 온도가 보이도록 진열

① ㉠, ㉡
② ㉢, ㉣
③ ㉣, ㉤
④ ㉠, ㉡, ㉢
⑤ ㉡, ㉢, ㉤

정답 **18** ② **19** ③

 **형태효용(form utility):** 제품과 서비스를 고객에게 좀 더 매력적으로 보이기 위하여 그 형태나 모양을 변경시키는 모든 활동을 말한다.
ⓔ, ⓜ이 형태효용에 해당한다. 한편, ㉠은 시간효용, ㉡은 소유효용, ㉢은 장소효용에 해당한다.

20 아래 글상자에서 설명하는 내용과 관련이 깊은 용어로 가장 옳은 것은?

> 판매원은 양질의 서비스를 제공하기 위해 자신의 기분과는 상관없이 조직을 대신해 고객에게 친근감, 공손함, 공감 등을 표현한다. 이러한 경우 이로 인한 많은 부담과 스트레스를 느끼게 된다.

① 감정노동
② 품질과 생산성 간의 상충관계
③ 고객 간 갈등
④ 응답성
⑤ 판매원의 사회화

 판매원들은 양질의 서비스를 제공하기 위해 자신의 기분과는 상관없이 조직을 대신해서 고객에게 친근감, 공손함, 공감 등을 표현해야 한다. 이 경우 이러한 책임 때문에 많은 부담과 스트레스를 느끼게 된다.

정답 **20** ①

제2과목 판매 및 고객관리(21~45)

21 상품의 구성요소로 가장 옳지 않은 것은?

① 기능과 품질　　　　　　　　② 브랜드
③ 패키징(Packaging)　　　　　④ 레이블링(Labeling)
⑤ 판매자 정보

> **해설** ⑤ 상품의 구성요소로는 디자인과 색상, 브랜드(상표), 기능과 품질, 포장 등이며, 판매자 정보는 상품의 구성요소와 거리가 멀다.

22 점포의 공간 관리 중 고객의 시선을 사로잡아 점포로 끌어들이는 역할을 수행하는 것으로 가장 옳은 것은?

① 후퇴평면 진열　　　　　　　② 멀티숍
③ 버블계획　　　　　　　　　　④ 엔드 매대
⑤ 쇼윈도

> **해설** ② **멀티숍**: 여러 브랜드의 제품을 한 곳에 모아놓고 판매하는 매장을 말한다.
> ③ **버블계획**: 전반적으로 제품을 진열하는 매장 공간, 고객서비스 공간, 창고 등과 같은 매장의 주요 기능 공간의 규모와 위치를 간략하게 보여주는 것을 말한다.
> ④ **엔드 매대**: 엔드 매대는 평대 양 끝 진열대를 말한다.

23 판매원이 갖추어야 할 의사소통의 기술에 대한 설명으로 가장 옳지 않은 것은?

① 지나친 전문용어, 외국어를 남발하지 않는다.
② 명령형보다 의뢰형으로 바꾸어 말한다.
③ 부정형은 긍정 혹은 권유하는 말로 바꾸어 사용한다.
④ 발음은 또박또박 명확하게 한다.
⑤ 친근감을 위해 유행어, 속어 등을 사용한다.

> **해설** ⑤ 대화 중 비어나 은어, 속어, 유행어 등을 사용해서는 안 된다.

정답　**21** ⑤　　**22** ⑤　　**23** ⑤

24 진실의 순간(MOT; Moments of Truth), 즉 고객접점관리에 대한 설명으로 가장 옳지 않은 것은?

① 고객에 대한 세심한 배려가 필요하다.
② 매장의 청결, 상품의 진열 상태도 영향을 준다.
③ 신속한 대응을 위해 종업원에게 권한위임이 필요하다.
④ 고객이 종업원과 마주하는 첫 10분간만 적용된다.
⑤ 여러 접점 중 단 한 곳에서라도 부정적 인상을 준다면 기업의 이미지는 손상된다.

해설 ④ 고객접점 서비스란 고객과 서비스 요원 사이의 15초 동안의 짧은 순간에서 이루어지는 서비스이다.

25 식료품점이나 드럭스토어처럼 공간효율성을 강조하는 점포에 적합한 배치방법으로 가장 옳은 것은?

① 나선형 배치   ② 루프형 배치   ③ 자유형 배치
④ 경주로형 배치   ⑤ 격자형 배치

해설 ② **루프형 배치**: 굴곡통로로 고리처럼 연결되어 매장 내부가 경주로처럼 뻗어나간 형태로, 매장의 입구에서부터 고객의 통로를 원이나 사각형으로 배치하여 매장의 생산성을 극대화시키기 위한 레이아웃 기법이다.
③ **자유형 배치**: 일련의 원형·팔각형·타원형·U자형 패턴으로, 비대칭적으로 배치하여 고객이 편안히 둘러볼 수 있도록 배치한다. 패션 지향적인 매장에서 많이 사용된다.
④ **경주로형 배치**: 경주로형은 loop형이라고도 하며, 주된 통로를 중심으로 여러 매장 입구가 연결되어 있어 고객들이 여러 매장들을 손쉽게 둘러 볼 수 있도록 레이아웃된 형태의 매장을 의미한다.

26 점포 내에서 이루어지는 비가격 판매촉진수단에 대한 설명으로 가장 옳지 않은 것은?

① 보너스 팩(bonus pack)은 묶음포장, 번들 형태로 정상가격에 제품을 추가 제공하는 방식을 말한다.
② 샘플링(sampling)은 정상제품을 소량 견본품으로 제작하여 저렴한 가격에 판매하는 방식을 말한다.
③ 공개시연(demonstration)은 실제 제품의 시연을 통해 사용법과 기능의 특장점을 홍보하는 방법을 말한다.
④ 멤버십(membership)은 회원에 대하여 우대 특전을 제공하는 로열티 프로그램 방식을 말한다.
⑤ 콘테스트(contest)는 사은품 및 상금을 획득하기 위해 퀴즈, 공모 등을 통해 소비자가 참여하는 경진대회 형태의 촉진수단을 말한다.

정답 **24** ④   **25** ⑤   **26** ②

 ② 샘플링은 무료로 나눠줌으로써 신제품의 브랜드를 인지하도록 촉진한다. 때로는 고객이 샘플을 얻기 위해 쿠폰을 오리고 자신의 정보를 적거나 직접 매장으로 가서 쿠폰을 제시해야만 견본품을 얻을 수 있는 경우도 있다.

27 고객불만 처리 시 응대요령으로 가장 옳지 않은 것은?

① 고객을 존중하는 태도로 응대한다.
② 고객과 논쟁하지 않는다.
③ 고객에 대한 선입견을 가지고 자기통제력을 유지한다.
④ 고객의 의견을 긍정적으로 경청한다.
⑤ 고객의 입장에 공감하며 성의 있는 자세로 임한다.

 ③ 고객에 대한 선입견을 가져서는 안 된다.

28 매장에 상품을 진열할 때 유의할 사항으로 가장 옳지 않은 것은?

① 상품, 가격, 용량을 보기 쉽게 진열한다.
② 상품의 훼손을 피하기 위해 고객의 손이 닿지 않게 진열한다.
③ 상표가 잘 보이게 진열한다.
④ 상품이 무너지지 않게 안정적으로 진열한다.
⑤ 고객의 쇼핑 편의를 위해 품종경계를 구분하여 진열한다.

 ② 상품은 보기 쉽고, 고르기 쉬우며, 구매하기 쉽게 손이 잘 닿도록 진열해야 한다.

29 구매시점(POP; Point of Purchase) 광고에 대한 설명으로 가장 옳지 않은 것은?

① 주로 소매점의 점두나 진열대 및 점포 내에 전시한다.
② 소비자들의 구매를 유도할 목적으로 사용되는 판매촉진전략 중 하나이다.
③ 매장의 분위기나 이미지 연출과는 관련이 없다.
④ 판매원의 도움 없이 제품 정보를 제공하기도 한다.
⑤ 소비자의 충동구매를 유인하는 역할을 한다.

 ③ 매장 분위기 형성이나 이미지 연출에 효과적이다.

정답 **27** ③　**28** ②　**29** ③

30 고객불만 처리방법 중 하나인 MTP법에 대한 내용으로 가장 옳지 않은 것은?

① M은 사람(Man)에 대한 부분으로 고객의 불만에 응대하는 사람을 바꾼다.
② T는 책임감(Take responsibility)에 대한 부분으로 친절, 신속하게 책임지고 해결한다.
③ 고객의 언성이 높아질 경우 상급자가 응대할 수 있도록 안내한다.
④ 고객이 서있을 경우 편안한 장소로 이동하여 앉도록 한다.
⑤ 매장에서 불만이 발생한 고객을 고객만족팀 또는 소비자 상담실로 안내한다.

해설 고객불만의 처리방법(MTP법): 고객불만의 처리방법은 더 높은 고객만족 향상이라는 차원에서 처리되어야 한다. 고객불만의 처리방법으로 주로 MTP법(삼변주의 원칙)이 사용되는데 사람과 시간, 장소를 바꾸어 불만을 처리하는 방법이다.
- 사람(Man)을 바꾼다: 판매담당자 → 판매관리자(상위 관리자)
- 시간(Time)을 바꾼다: 즉각 처리 → 충분한 시간(냉각기간)을 두고 처리
- 장소(Place)를 바꾼다: 판매장소 → 사무실·소비자 상담실

31 기업의 각 제품에 고유한 브랜드명을 붙여 브랜드별로 서로 다른 세분시장을 목표로 삼을 때 유용한 브랜딩 전략으로 가장 옳은 것은?

① 다제품브랜딩(multiproduct branding) ② 다수브랜딩(multibranding)
③ 프라이빗브랜딩(private branding) ④ 재판매자브랜딩(reseller branding)
⑤ 제휴브랜딩(co-branding)

해설 ② 서로 다른 세분시장을 목표로 할 때의 유용한 브랜딩 전략은 다수브랜딩 전략이다. 다수브랜딩 전략은 각 제품에 별도의 브랜드명을 붙여 시장을 공략한다.

32 포장에 대한 설명으로 가장 옳지 않은 것은?

① 포장은 용기를 포함하여 제품을 감싸는 물체를 총칭한다.
② 포장은 제품의 이미지를 향상시켜 주는 기능을 갖는다.
③ 포장은 고객이 구매의사 결정을 내리는 것과는 무관하다.
④ 포장을 통해 유통업체와 소비자에게 운반용이성을 제공한다.
⑤ 제품의 보호는 포장의 기능 중 하나이다.

해설 ③ 포장은 멋진 포장을 통해 구매욕을 자극하여 판매를 촉진하는 기능이 있으므로 구매의사 결정에 영향을 미친다.

정답 **30** ② **31** ② **32** ③

33 고객응대 시 사용할 수 있는 설득화법에 대한 내용으로 가장 옳지 않은 것은?

① 고객의 특성이나 의도를 정확하고 신속하게 파악한다.
② 고객의 수준에 적합한 표현을 한다.
③ 고객의 장점을 인정하여 칭찬을 아끼지 않는다.
④ 고객의 말에 귀를 기울이고 고객의 반응을 살피면서 대화한다.
⑤ 정치문제나 종교에 대한 이야기를 통해 공감대를 형성한다.

해설 ⑤ 정치문제나 종교는 개인마다 성향이 달라 공감대 형성보다는 자칫 불화를 일으킬 수 있다.

34 교차판매에 적합한 상품유형으로 가장 옳은 것은?

① 대체재　　　　　　　　　　② 보완재
③ 정상재　　　　　　　　　　④ 사치재
⑤ 필수재

해설 교차판매 전략은 한 기업이 여러 제품을 생산하는 경우, 고객의 데이터베이스를 이용하여 기업이 제공하는 다른 제품의 구매를 유도하는 전략이다. 따라서 샴푸와 린스, 치약과 칫솔과 같은 보완재의 경우, 한 상품이 구매될 경우 다른 상품의 구매를 유도할 수 있는 교차판매에 적합하다.

35 아래 글상자의 괄호 안에 들어갈 용어로 가장 옳은 것은?

> 제품을 크게 (㉠)(과)와 (㉡)(으)로 분류할 경우 (㉠)(은)는 최종 소비자가 소비를 목적으로 구매하는 제품이고, (㉡)(은)는 기업이 제품이나 서비스를 생산하는 데 투입하기 위해서 구매하는 제품이다.

① ㉠ 편의품, ㉡ 선매품　　　　② ㉠ 편의품, ㉡ 전문품
③ ㉠ 선매품, ㉡ 전문품　　　　④ ㉠ 소비재, ㉡ 산업재
⑤ ㉠ 산업재, ㉡ 소비재

해설 제품을 크게 소비재와 산업재로 분류할 경우 소비재는 최종 소비자가 소비를 목적으로 구매하는 제품이고, 산업재는 기업이 제품이나 서비스를 생산하는 데 투입하기 위해서 구매하는 제품이다.

정답　33 ⑤　　34 ②　　35 ④

36 매장에서 근무하는 판매원의 자세로 가장 옳지 않은 것은?

① 찾아온 고객을 관심 있게 응시하되, 뚫어지게 쳐다보지는 않는다.
② 가급적 사적인 용건을 삼가며 판매사원 간의 예의를 지킨다.
③ 근무 중에 다른 생각을 하며 무표정하게 서 있지 않는다.
④ 고객이 상품을 보고 있을 때 쇼케이스와 고객 사이를 통로 삼아 지나가지 않는다.
⑤ 고객응대 중에 다른 고객이 부르면 고개만 돌려서 확인했음을 알려준다.

> **해설** ⑤ 고객응대 중이라도 다른 고객이 부르면 응대 중인 고객에게 잠깐의 양해를 구한 후 다른 고객에게 적극적인 관심을 보여야 한다.

37 POS(Point of Sales) 시스템을 통해 획득한 자료를 활용 가능한 분야로 가장 옳지 않은 것은?

① 시간대별 매출분석
② 인기상품, 비인기상품에 대한 상품판매 동향 분석
③ 적정 발주 및 재고량 산출
④ 고객 연령대별 판매 분석
⑤ 적정 물류비 및 배송비 분석

> **해설** ⑤ POS 시스템은 판매시점의 정보로 물류비나 배송비 분석과는 거리가 멀다.

38 아래 글상자의 괄호 안에 들어갈 용어로 가장 옳은 것은?

> 브랜드 자산은 높은 (㉠)와 독특하고 강력한 (㉡)(으)로부터 형성된다.

① ㉠ 브랜드 아이덴티티, ㉡ 브랜드 인지도
② ㉠ 브랜드 인지도, ㉡ 브랜드 이미지
③ ㉠ 브랜드 인지도, ㉡ 브랜드 확장
④ ㉠ 브랜드 아이덴티티, ㉡ 브랜드 확장
⑤ ㉠ 브랜드 이미지, ㉡ 라인 확장

> **해설** 브랜드 자산(Brand Equity or Brand Asset): 고객이 브랜드에 대해 객관적으로 인지된 가치를 넘어선 보이지 않는 주관적인 평가로 브랜드에 대하여 소비자가 가지는 인지도, 선호도, 충성도, 이미지 등을 말한다.

정답 **36** ⑤ **37** ⑤ **38** ②

39 서비스의 기본 특성으로 가장 옳지 않은 것은?

① 무형성   ② 비분리성
③ 이질성   ④ 소멸성
⑤ 유형성

해설 서비스의 특성으로는 무형성, 이질성, 비분리성, 소멸성 등이 있다.

40 소비자를 대상으로 하는 판매촉진 방법으로 가장 옳지 않은 것은?

① 할인쿠폰   ② 세일
③ 보너스 팩   ④ 사은품
⑤ 판매장려금

해설 ⑤ 판매장려금은 판매촉진을 목적으로 사전에 약정된 계약상의 거래량이나 거래액에 따라 지급하는 금품이나 재화 등으로, 중간상 대상의 판매촉진 수단에 해당한다.

41 커뮤니케이션(communication) 과정에 대한 설명으로 가장 옳지 않은 것은?

① 발신자(sender)는 메시지를 보내는 주체이다.
② 부호화(encoding)는 발신자가 전달하고자 하는 메시지 내용을 시각적, 청각적 부호 등으로 전환시키는 과정이다.
③ 반응(response)은 메시지를 전달한 후의 발신자 행동을 의미한다.
④ 잡음(noise)은 커뮤니케이션 과정에서 끼어드는 방해 요인으로, 계획되지 않은 현상이나 왜곡이 일어나는 것을 뜻한다.
⑤ 해독화(decoding)란 발신자가 부호화하여 전달한 의미를 수신자가 해석하는 과정을 말한다.

해설 반응: 메시지에 노출된 후에 일어나는 수신자의 행동을 말한다.

정답   39 ⑤   40 ⑤   41 ③

42 소매업체의 서비스 회복(service recovery)에 대한 설명으로 가장 옳지 않은 것은?

① 고객의 소리에 귀를 기울인다.
② 공정한 해결책을 제공한다.
③ 신속하게 문제를 처리한다.
④ 고객의 불만·불평에 공감하려는 자세가 필요하다.
⑤ 서비스 실패 시 서비스 회복은 불가능하다.

> **해설** ⑤ 서비스가 실패했더라도 서비스 회복은 가능하다.

43 구매 후 자신의 구매의사결정에 대한 고객의 심리적 불안감을 낮춰주기 위한 사후관리 활동으로 가장 옳은 것은?

① 구매 대안들에 대한 다양한 정보를 제공한다.
② 소비자에게 문제해결의 시급성과 당위성을 느끼게 해야 한다.
③ 소비자에게 문제를 인식하는 계기를 제공한다.
④ 판매 이후 해당 제품의 우수성 등에 대한 자료를 소비자에게 꾸준히 제공한다.
⑤ 구매 대안들에 대한 평가 기준을 제시해 준다.

> **해설** 소비자는 구매 후 제품의 만족도와 구매 전 기대치를 비교하며 불안감을 갖게 된다. 따라서 사후활동으로 제품에 대한 신뢰감을 주기 위해 제품의 우수성 등에 대한 자료를 제공하는 등의 노력이 필요하다.

44 POS(Point of Sales)시스템에 대한 설명으로 가장 옳지 않은 것은?

① POS시스템 도입으로 잘 팔리는 상품과 잘 팔리지 않는 상품을 선별할 수 있는 단품관리가 가능해졌다.
② POS터미널은 통신기능과 금전등록기능을 갖춘 컴퓨터 본체와 스캐너로 구성되어 있다.
③ POS는 모든 정보원천으로부터 고객정보를 통합·분석하는 고객관계관리 시스템이다.
④ POS시스템 도입으로 매상등록시간이 단축되었다.
⑤ POS시스템 도입으로 인해 판매원의 입력오류를 방지할 수 있다.

> **해설** POS, 즉 판매시점(point of sales) 정보관리시스템은 주로 소매점포의 판매시점에서 수집한 POS 데이터를 통해 재고관리, 제품생산관리, 판매관리를 효율적으로 하려는 정보 의사소통 방법을 말한다. 따라서 고객정보를 통합·분석하는 고객관계관리 시스템이 아니다.

정답 **42** ⑤ **43** ④ **44** ③

45 제품 및 서비스에 대해 개인이 가지고 있는 비교적 일관된 평가, 느낌, 행동성향을 의미하는 고객의 심리적 요인으로 가장 옳은 것은?

① 동기　　　　　　　　　② 지각
③ 학습　　　　　　　　　④ 성격
⑤ 태도

 구매행동에 영향을 미치는 요인
- **사회·문화적 요인**: 문화, 사회계층, 준거집단, 가족 등
- **마케팅 요인**: 제품, 가격, 유통, 촉진 등
- **개인적 요인**: 나이, 직업, 생활양식, 개성 등
- **심리적 요인**: 동기유발, 지각, 학습, 태도, 욕구, 제품의 평가기준, 구매의도 등

정답　**45** ⑤

유통관리사 3급 기출문제

제1과목 유통상식(01~20)

01 소비자가 관심이 있거나 자기의 욕구와 관련되는 자극에는 주의를 더 기울이고, 그렇지 않은 자극에는 주의를 기울이지 않는 지각의 유형으로 가장 옳은 것은?

① 지각적 조직화(perceptual organization)
② 지각적 방어(perceptual defense)
③ 지각적 균형(perceptual equilibrium)
④ 지각적 경계(perceptual vigilance)
⑤ 지각적 유추(perceptual inference)

해설 ① 정보가 기억 속에 자리잡는 방식으로, 어떤 상황을 무의미하고 독립된 단편으로 지각하는 것이 아니라 일종의 조직된 전체 또는 형태로 지각하여 조직화한다는 것이다.
② 소비자는 외부 정보를 자신의 기존 태도 및 신념에 일치하도록 자아를 보호하는 방향으로 변형, 왜곡하는 경향이 있어서, 자신이 원하는 대상은 잘 지각하지만 보고 싶지 않은 대상은 잘 보려고 하지 않는다.
③ 소비자는 구매에 앞서 기존의 신념과 일치하는 정보를 선택하고 이 신념을 확고하게 하려고 정보를 이해하며, 심리구조의 균형을 이루는 일관성을 유지하려는 노력을 하게 된다.
⑤ 소비자가 어떤 대상을 파악할 때 다른 대상과 비슷한 정도에 따라 추론하는 것으로, 새로운 제품이나 잘 모르는 제품을 접했을 때, 이미 알고 있는 제품과의 유사성을 근거로 제품을 판단한다.

02 유통의 기능 중 유통조성활동으로 가장 옳지 않은 것은?

① 잠재고객의 발견, 구매유발을 위한 판매상담 및 판매촉진활동
② 거래과정에서 거래단위, 가격, 지불조건 등을 표준화시키는 활동
③ 운전 자본 및 신용을 조달하고 관리하는 금융활동
④ 유통과정에서 발생되는 물리적, 경제적 위험을 유통기관이 부담하는 위험부담활동
⑤ 기업이 필요로 하는 합법적인 소비자 정보 및 상품정보를 수집 제공하는 활동

정답 **01** ④ **02** ①

 유통조성활동의 기능
- **표준화 기능**: 거래과정에서 거래단위, 가격, 지불조건 등을 표준화한다.
- **시장금융기능**: 고객에게 신용으로 판매하는 것과 같이 유통기관이 외상거래, 어음발행, 담보, 할부판매 등의 시장금융활동을 함으로써 생산자와 소비자 간의 원활한 마케팅 기능을 도모한다.
- **위험부담기능**: 유통과정에서 발생하는 물리적 위험과 경제적 위험을 유통기관이 부담함으로써 소유권 이전과 물적 유통기능이 원활히 이루어지도록 해준다.
- **시장정보기능**: 기업이 필요로 하는 소비자 정보와 소비자가 필요로 하는 상품정보를 수집 제공함으로써, 정보적으로 격리되어 있는 양자를 가깝게 유도하여 거래가 촉진될 수 있도록 해준다.

03 청소년 보호법(법률 제18550호, 2021.12.7., 일부개정)에서 정한 인터넷게임 제공자가 16세 미만의 청소년 회원가입자의 친권자 등에게 고지해야 하는 사항에 해당하지 않는 것은?

① 제공되는 게임의 특성
② 게임의 유료화정책 등에 관한 기본적인 사항
③ 제공되는 게임의 등급
④ 인터넷게임의 판매·대여·유통 경로
⑤ 인터넷게임 이용 등에 따른 결제정보

 청소년 보호법 제25조(인터넷게임 제공자의 고지 의무) 제1항

> 인터넷게임의 제공자는 16세 미만의 청소년 회원가입자의 친권자 등에게 해당 청소년과 관련된 다음 각 호의 사항을 알려야 한다.
> 1. 제공되는 게임의 특성·등급(「게임산업진흥에 관한 법률」 제21조에 따른 게임물의 등급을 말한다)· 유료화정책 등에 관한 기본적인 사항
> 2. 삭제 〈2021.12.7.: 인터넷게임 이용시간〉
> 3. 인터넷게임 이용 등에 따른 결제정보

04 전문점의 상품구색에 대한 설명으로 가장 옳지 않은 것은?

① 상품계열별로 거의 대부분의 품목들을 구비하고 있는 깊고 좁은 상품구색이다.
② 여러 종류의 상품계열을 취급하지 않기 때문에 비용이 적게 드는 이점이 있다.
③ 제한된 상품계열의 전문성 확보를 통해서 고객만족을 실현하고자 한다.
④ 상품에 대한 폭넓은 지식과 정보를 갖춘 전문판매원의 확보와 배치가 필요하다.
⑤ 특정 상품계열에 대해 다양한 상품비교가 가능하기 때문에 소비자를 점포로 흡인할 수 있는 능력이 높다.

정답 **03** ④ **04** ⑤

 전문점은 고객에게 제공하고자 하는 상품이나 서비스를 전문품으로 집약하여 판매하는 소매업태로, 취급하는 제품계열은 한정되어 있으나 해당 제품계열 내에서는 매우 다양한 품목들을 취급한다. 상품구색이 깊고 좁은 특정품 판매점이며, 전문적 상품구색과 높은 서비스 제공을 통하여 경쟁적 우위를 갖는다. 취급하는 상품계열이 많지 않아서 구색을 갖추는 데 비용이 적게 드는 이점도 있다.

05 서비스품질 격차모형(Gap 모형)에서 고객이 기대했던 서비스와 실제 제공받은 서비스에 대한 격차에 해당하는 것은?

① Gap 1
② Gap 2
③ Gap 3
④ Gap 4
⑤ Gap 5

 서비스품질 Gap

Gap의 종류		Gap의 내용
Gap 1	고객의 기대와 경영자 인식 간의 차이	제공되는 서비스의 내용에 대한 서비스 기업 경영자와 고객과의 불일치
Gap 2	경영자 인식과 실행 가능한 서비스 수준과의 차이	기술적인 어려움, 비현실적 구상 등으로 인해 실제로 적용 불가능한 서비스 내용
Gap 3	실행 가능한 수준과 실제 제공된 서비스와의 차이	종업원의 피로, 사기 저하 등 전달체계에서의 부작용
Gap 4	제공된 서비스와 홍보된 서비스의 차이	과장된 광고 등에 의한 지각의 차이
Gap 5	기대된 서비스와 지각된 서비스와의 차이	Gap 1에서 Gap 4의 한 가지라도 존재하면 발생하는 차이

06 바코드 마킹 기법 중 소스 마킹(source marking)에 대한 설명으로 가장 옳지 않은 것은?

① 제조 및 수출업자가 상품을 생산, 포장하면서 인쇄한다.
② POS 시스템 도입으로 생선, 정육 등에 주로 사용한다.
③ 유통업체의 매출등록 간편화, 표시비용이 절감된다.
④ 광고 및 판매촉진의 효과를 측정할 수 있다.
⑤ 재고관리의 효율성을 도모할 수 있다.

 POS 시스템 도입은 소스 마킹과 관련이 있지만, 생선이나 정육 등에 사용되는 것은 인스토어 마킹에 대한 설명이다. 인스토어 마킹은 각각의 소매점포에서 청과, 생선, 정육 등을 포장하면서 바코드 프린터 등의 마킹기기를 이용하여 라벨에 바코드를 인쇄하고, 이를 사람이 일일이 직접 상품에 부착하는 것을 말한다.

정답 **05** ⑤ **06** ②

07 양성평등기본법(법률 제18099호, 2021.4.20., 일부개정)에서 규정하고 있는 내용으로 가장 옳지 않은 것은?

① 양성평등정책 기본계획 및 추진체계
② 양성평등정책의 기본시책
③ 여성발전기금
④ 자녀 양육에 관한 모성 및 부성의 권리 보장
⑤ 양성평등정책 관련 기관 및 시설과 단체 등의 지원

해설 ③ 「양성평등기본법」 제42조에서는 여성발전기금이 아닌 양성평등기금을 설치할 것을 규정하고 있다.

08 도매상의 혁신전략과 주요 내용에 대한 설명으로 옳지 않은 것은?

구분	전략	주요 내용
㉠	자산의 재배치 전략	핵심사업 강화 목적의 조직 재설계
㉡	다각화 전략	다각화를 통한 유통라인 개선
㉢	수직적 통합전략	이윤과 시장에서의 지위강화를 위한 통합
㉣	자산가치가 높은 브랜드 보유전략	종합적인 구매 관리 프로그램
㉤	틈새전략	특정 범위에 특화함으로써 중요한 경쟁적 우위를 얻기 위함

① ㉠ ② ㉡ ③ ㉢
④ ㉣ ⑤ ㉤

해설 ④ 도매상이 취급하는 편의품에 대해서는 종합적인 구매관리 프로그램을 활용하여 낮은 가격으로 구매함으로써 효율을 증대시켜야 한다. 그러나 선매품이나 전문품 등의 자산가치가 높은 브랜드 보유전략은 해당 상품에 특화된 프로그램을 활용하여 구매해야 한다.

09 의류나 장난감처럼 한 가지 또는 한정된 상품에 전문화된 할인업태로 비용 절감과 저마진 정책을 통해 할인점보다 훨씬 저렴한 가격으로 판매하는 소매업태로 가장 옳은 것은?

① 백화점 ② 전문점
③ 카테고리 킬러 ④ 회원제 도매클럽
⑤ 기업형 슈퍼마켓

정답 **07** ③ **08** ④ **09** ③

> **해설** 카테고리 킬러(CK)는 특정한 상품계열에서 전문점과 같은 상품구색을 갖추고 저렴하게 판매하는 일종의 전문품 할인점 또는 전문양판점이다. 대량구매와 대량판매 그리고 낮은 비용으로 저렴한 상품가격을 제시하며, 전문점과 할인점이 접목된 것이라 할 수 있다.

10 고가격 고마진의 백화점에 대해 저가격 저마진의 할인점이 등장하여 경쟁한 결과로 백화점과 할인점의 절충형인 새로운 형태의 소매점으로 진화된다는 소매상 발전이론은?

① 소매 수명주기 이론　　　　　　② 소매업 수레바퀴 이론
③ 소매점 아코디언 이론　　　　　④ 진공지대 이론
⑤ 변증법적 이론

> **해설** ⑤ **변증법적 이론**: 두 개의 서로 다른 경쟁적인 소매업태가 하나의 새로운 소매업태로 합쳐지는 소매업태 혁신의 합성이론을 의미한다.
> ① **소매 수명주기 이론**: 한 소매기관이 출현하여 사라지기까지 일반적으로 진입단계(초기 성장단계), 성장단계(발전단계), 성숙단계, 그리고 쇠퇴단계를 거친다는 이론이다.
> ② **소매업 수레바퀴 이론**: 소매가격의 혁신은 오로지 저비용구조에 바탕을 둔 저가격을 기반으로 이루어진다는 이론이다.
> ③ **소매점 아코디언 이론**: 소매상의 진화과정을 가격이 아닌 소매점에서 취급하는 상품구색의 변화에 초점을 두어 설명하고 있으며, 소매상은 제품구색의 확대 → 축소 → 확대 과정에 따라 종합점 → 전문점 → 종합점의 순서로 진화해 간다고 보는 이론이다.
> ④ **진공지대 이론**: 기존의 업태가 가격과 서비스 수준의 조합으로 사업 영역(A, B, C)을 가져간다고 가정할 때, 최적가격과 서비스 수준이라 여겨지는 B영역 수준으로 기존업태들(A, C)은 자연스럽게 이동하려고 노력하고, C수준 이하와 A수준 이상은 진공지대가 되고 혁신업태는 바로 이 진공지대 영역으로 들어온다는 이론이다.

11 아래 글상자의 괄호 안에 들어갈 유통경쟁의 형태로 가장 옳은 것은?

> (　　)은 경로상 같은 단계지만 다른 유형의 경로구성원과의 경쟁을 말하는 것으로 백화점과 할인점 간의 경쟁이 그 예가 될 수 있다. 제조업자가 판매를 극대화하기 위하여 다양한 유형의 소매상을 통하여 유통을 하게 되는 경우가 많은데, 예를 들어 ○○전자의 LCD TV를 백화점을 통해서 판매할 수도 있고, 할인점을 통해서 판매할 수도 있다.

① 수직적 마케팅 시스템 경쟁(vertical marketing system competition)
② 업태 간 경쟁(intertype competition)
③ 수직적 경쟁(vertical competition)
④ 경로시스템 간의 경쟁
⑤ 전방통합 경쟁(forward integration competition)

정답 **10** ⑤　　**11** ②

 ② 유사한 상품을 판매하는 서로 다른 형태의 소매업체 간 경쟁을 말한다. 문제에 제시된 것처럼 유사한 가전제품을 백화점과 할인점 등 서로 다른 형태의 업체를 통해서 판매하는 경우가 이에 해당된다.

① 수직적 마케팅 시스템(VMS, 수직적 유통경로)은 생산에서 소비에 이르기까지의 유통과정을 체계적으로 통합하고 조정하여 하나의 통합된 체제를 유지하는 시스템을 의미하며, 마케팅 비용을 절감하고 경쟁기업과 대항하기 위해서 형성되었다. 대표적인 예로 프랜차이즈 시스템이 있다.

③ 서로 다른 경로수준에 있는 경로구성원 간의 경쟁을 말하며, 마트에서 일반 상품과 마트 자체의 PB상품이 경쟁하는 것 등이 이에 해당된다.

④ 수평적 유통경로시스템, 또는 수직적 유통경로시스템 간의 경쟁을 뜻하며, 예를 들자면 프랜차이즈와 협동조합 간의 경쟁 등이 해당된다.

⑤ 전방통합은 제품 생산 및 유통과정에서 공급자 쪽인 기업이 소비자 쪽에 더 가까운 분야의 기업을 통합하는 것으로, 공급업체가 유통업체를 소유하거나 통제하는 것 등이 해당된다.

12 아래 글상자에서 설명하는 도매상으로 가장 옳은 것은?

> 유통경로상에서 물적 소유, 촉진, 협상, 위험부담, 주문, 지불 등 거의 모든 유통활동을 수행하며, 소매상 고객들을 위해 재고유지, 판매원 지원, 신용제공, 배달, 경영지도와 같은 종합적인 서비스를 제공하기도 한다.

① 진열 도매상   ② 현금거래 도매상

③ 트럭 도매상   ④ 직송 도매상

⑤ 완전서비스 도매상

 ① 소매상들에게 매출비중이 높지 않은 상품들을 주로 공급하며, 상대적으로 이윤이 적고 매출비중은 낮지만 회전율이 높은 상품들을 취급한다. 주로 위탁판매를 한다.

② 현금무배달 도매상이라고도 한다. 현금지불조건으로 거래를 성사하며, 배달은 하지 않고 저렴한 가격으로 공급한다. 예를 들면 코스트코, 농협 하나로 클럽 등이 있다.

③ 판매와 배달기능을 트럭을 이용하여 직접 수행한다. 주로 한정된 제품을 취급하며 고객(소매상)들의 주문에 의해 구매와 보관, 배송의 기능을 수행한다.

④ 소매상 고객으로부터 주문이 왔을 때, 해당 상품을 생산자가 직접 구매자에게 배송하도록 하는 형태로, 도매상은 재고를 보유하거나 운송하는 기능을 수행하지 않는다. 주된 취급품목은 물류비용이 많이 들고, 부피가 크며 무포장 상품인 목재, 석탄, 건자재 등이다.

정답 12 ⑤

13 생산자와 소비자가 중간상을 거치지 않고 직접 거래할 경우에 발생할 수 있는 불편함으로 가장 옳지 않은 것은?

① 생산자와 소비자 상호 간의 정보불일치
② 생산량과 수요량의 불일치
③ 생산지역과 소비지역의 불일치
④ 생산자와 소비자 간의 시간적 불일치
⑤ 생산지 가격과 소비자 가격 사이의 가격 불일치

> **해설** 도매상의 주요 기능으로는 금융기능, 소매상 지원기능, 재고보유기능, 물류대행기능, 구색편의기능, 위험부담 분산기능 등이 있다. ①~④의 불일치는 도매상을 통하여 해결할 수 있지만, 생산지 가격과 소비자 가격의 불일치 문제, 즉 비용 문제는 생산자에게 직접 매입을 하는 것이 더 유리하다.

14 매장 내에서 판매원이 수행하는 역할에 대한 설명으로 가장 옳은 것은?

① 고객의 요구사항을 회사에 제대로 전달하는 상담자의 역할을 한다.
② 고객의 잠재욕구를 파악하여 판매를 성사시키는 서비스제공자의 역할을 한다.
③ 고객에게 제품 정보나 각종 제품 활용기법을 제공하는 정보전달자의 역할을 한다.
④ 고객이 느끼는 문제를 고객의 입장에서 해결해 주는 수요창출자의 역할을 한다.
⑤ 경쟁력 높은 제품을 개발하는 서비스제공자의 역할을 한다.

> **해설** ③ 매장의 판매원은 상품의 효용 또는 혜택도 판매하는 것이므로 고객의 욕구충족이 실현될 수 있는 현명한 선택에 이르도록 상품에 대한 풍부한 지식과 정보를 가지고 있어야 한다. 따라서 판매원은 정보전달자의 역할을 한다.
> ① 정보습득자의 역할에 대한 설명이다.
> ② 수요창출자의 역할에 대한 설명이다.
> ④ 서비스제공자의 역할에 대한 설명이다.
> ⑤ 매장의 판매원이 직접 경쟁력 높은 제품을 개발하지는 않지만, 상담자의 역할을 수행함으로써 기업의 효율성 증대를 통한 생산성 증대에 기여할 수 있다.

15 판매예측을 위한 계량적 기법으로 가장 옳지 않은 것은?

① 상관관계법
② 이동평균법
③ 지수평활법
④ 회귀분석법
⑤ 델파이기법

> **해설** ⑤ 델파이기법은 정량적 예측기법(quantitative method)이 아닌 정성적 예측기법(qualitative method)에 해당한다.

정답 **13** ⑤ **14** ③ **15** ⑤

16 점포 내 구매환경을 구성하는 요소로 가장 옳지 않은 것은?

① 매장면적　　　　　　　　② 점포의 색채

③ 매대배치　　　　　　　　④ 비품과 설비

⑤ 상품의 품질

> **해설** ⑤ 상품의 품질은 점포 내 구매환경의 요소와는 관련이 없다. 매장의 내부 환경은 시설환경과 상품환경으로 구성되는데, 상품환경은 상품의 품질에 대한 것이 아니라, 상품진열이나 인테리어, 집기 및 진열도구 등을 상품과 조화를 이루도록 하면서 판매와 연결시키는 것이다.

17 판매원이 고객을 응대할 때 사용하는 용어에 대한 설명으로 가장 옳지 않은 것은?

① '~하지 마십시오.'라는 부정형보다는 '~해주십시오.'라는 긍정형으로 이야기한다.

② '잠시만 기다려주시겠습니까?'의 경우 '잠깐만요'로 줄여서 간략하게 표현한다.

③ 대기 시간이 발생한 경우 기다려주신 것에 대해 감사한 마음으로 '기다려주셔서 감사합니다.'라고 표현한다.

④ 감사의 인사는 의례적이지 않게 진심을 담아 표현한다.

⑤ '네, 잘 알겠습니다.'의 경우 고객의 시선을 바라보며 하는 것이 효과적이다.

> **해설** ② 고객을 응대할 때 간결하고 알아듣기 쉽게 말하는 것이 중요하지만, 그렇다고 말을 지나치게 줄여서 표현하는 것보다는, 격식에 맞춰 정중하게 말하는 것이 중요하다.

18 자신이 하고 있는 일이 사회나 기업을 위해 중요한 역할을 하고 있다고 믿고 수행하는 태도와 관련된 직업윤리를 의미하는 것으로 가장 옳은 것은?

① 소명의식　　　　　　　　② 천명의식

③ 직분의식　　　　　　　　④ 책임의식

⑤ 봉사의식

> **해설** ① 자신이 맡은 일은 하늘에 의해 맡겨진 일이라고 생각하는 태도와 관련된다.
> ② 천직의식이라고도 하며, 자신의 일이 자신의 능력과 적성에 꼭 맞는다 여기고 그 일에 열성을 가지고 성실히 임하는 태도와 관련된다.
> ④ 직업에 대한 사회적 역할과 책무를 충실히 수행하고 책임을 다하는 태도와 관련된다.
> ⑤ 직업활동을 통해 다른 사람과 공동체에 대하여 봉사하는 정신을 갖추고 실천하는 태도와 관련된다.

> 정답 **16** ⑤　　**17** ②　　**18** ③

19 유통의 필요성 중 변동비 우위의 원리에 대한 설명으로 가장 옳은 것은?

① 중간상이 개입함으로써 전체 거래빈도의 수가 감소하여 거래를 위한 총비용을 낮출 수 있다.

② 제조업체가 수행할 보관, 위험부담, 정보수집 등에 대한 업무를 유통업체가 대신함으로써 변동비를 낮출 수 있다.

③ 고정비 비중이 큰 제조업체와 변동비 비중이 높은 유통기관이 적절한 역할분담을 통해 비용면에서 경쟁우위를 차지할 수 있다.

④ 생산자와 소비자 사이에 중간상이 개입함으로써 사회 전체 보관의 총비용을 감소시킬 수 있다.

⑤ 도매상이 상품을 집중적으로 대량보관함으로써 제조업체가 지불해야 하는 재고비용의 절감효과를 갖는다.

> **해설** ③ 변동비는 조업도에 따라 비례적으로 변화하는 비용(원재료비, 노무비, 판매수수료 등)이다. 유통분야에서는 제조업과는 다르게 변동비의 비중이 상대적으로 커서 제조분야와 유통분야를 통합하여 판매하여도 큰 이익을 기대하기 어려우므로, 제조분야와 유통분야를 무조건 통합하여 대규모화하기보다는 제조업자와 유통기관이 적절하게 역할을 분담한다면 비용면에서 훨씬 유리하다는 것이 변동비 우위의 원리이다.
> ① 총거래수 최소의 원칙에 대한 설명이다.
> ② 분업의 원칙에 대한 설명이다.
> ④ 집중준비의 원칙에 대한 설명이다.
> ⑤ 집중준비의 원칙에 대한 설명이다.

20 유통경로의 본질적인 기능으로 가장 옳지 않은 것은?

① 거래의 촉진 및 효율성 증대

② 제품구색의 불일치 완화 및 쇼핑편의성 제고

③ 거래의 단순화 및 거래비용 절감

④ 소비자 욕구 및 구매관련 정보탐색의 용이성

⑤ 경로 간 경쟁으로 혁신적 발전 촉진

> **해설** ⑤ 경로 간 경쟁을 통한 발전 촉진을 유통경로의 본질적인 기능이라고 볼 수는 없다.
>
> **참고** 유통경로의 사회적·경제적 기능
> - 교환과정의 촉진
> - 소비자와 제조업자의 연결
> - 고객서비스 제공
> - 정보제공
> - 제품구색 불일치의 완화
> - 거래의 표준화
> - 쇼핑의 즐거움 제공

정답 19 ③   **20** ⑤

제2과목 판매 및 고객관리(21~45)

21 소비자의 구매의사결정과정의 순서로 가장 옳은 것은?

① 정보 탐색 – 문제 인식 – 이해 – 대안 평가 – 구매 – 구매 후 평가
② 노출 – 주의 – 이해 – 기억 – 구매 – 구매 후 평가
③ 정보 탐색 – 기억 – 문제 인식 – 대안 평가 – 구매 – 구매 후 평가
④ 문제 인식 – 정보 탐색 – 대안 평가 – 구매 – 구매 후 평가
⑤ 문제 인식 – 정보 탐색 – 대안 평가 – 기억 – 구매 – 구매 후 평가

> **해설** 소비자의 구매에 관한 의사결정은 보통 '문제 인식 → 정보 탐색 → 대안 평가 → 구매결정 및 구매 → 구매 후 행동'의 단계를 거쳐 이루어진다.

22 아래 글상자의 소비자 판매촉진에 대한 설명과 그 종류의 연결이 가장 옳은 것은?

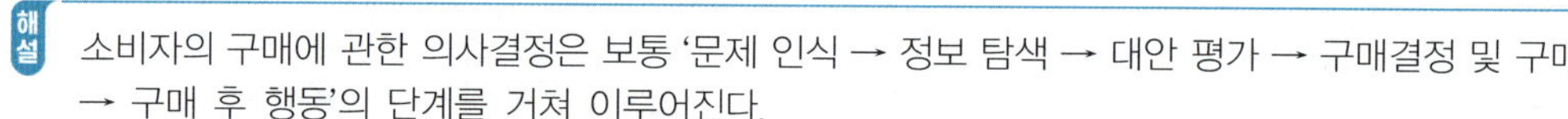

> ㉠ 고객의 눈앞에서 상품의 사용법과 차별화된 우위성을 납득시켜 구입과 직접적으로 연결시키기 위한 방법이다.
> ㉡ 상품을 효과적으로 전시하여 고객의 구매를 유발하고자 하는 방법이다.
> ㉢ 소비자가 상품을 타기 위해 자신의 능력을 활용하여 경쟁하도록 하는 방법이다.
> ㉣ 호의적인 관계구축뿐만 아니라 소비자의 정보를 수집하여 데이터베이스를 구축할 수 있다는 장점이 있다.
> ㉤ 실제 제품에 대한 객관적인 평가가 어렵고 품질이 중요한 경우에 효과적이다.

① ㉠ 디스플레이(display) ② ㉡ 프리미엄(premium)
③ ㉢ 추첨(sweepstakes) ④ ㉣ 콘테스트(contest)
⑤ ㉤ 샘플(sample)

>  **해설** ⑤ ㉤은 샘플에 대한 설명으로, 제품을 무료로 나눠줌으로써 신제품의 브랜드를 인지하도록 촉진한다. 구입이 예상되는 고객에게 특정 제품을 무료로 제공함으로써, 상품을 접촉하게 하여 최초 구매를 유도하거나 상표전환을 유도하는 수단이다.
> ① ㉠은 시연회(demonstration)에 대한 설명이다. 전문품이나 대중에게 직접 시험구매시키기에는 무리가 있는 제품 또는 샘플로 제작하기에 어려움이 있는 제품의 경우에 사용된다.
> ② ㉡은 디스플레이에 대한 설명이다. 프리미엄은 백화점의 화장품 매장에서 화장품을 일정 금액 이상 구입하면 화장품 가방 또는 여행용 가방이나 머플러 등을 함께 지급하는 것 등의 판매촉진 전략을 말한다.

정답 **21** ④ **22** ⑤

③ ㉢은 콘테스트에 대한 설명이다. 콘테스트에 참여하기 위해서는 제품구매, 설문참여, SNS 업로드 등의 방법이 있다.

④ ㉣은 추첨에 대한 설명이다. 경품추첨은 이름, 연락처 등 몇 가지 사항을 기재해 보내면 되는 용이한 방법으로, 이 과정에서 수집된 소비자의 정보를 통하여 데이터베이스를 구축할 수 있다.

23 상품의 포장(packing)에 대한 설명으로 옳지 않은 것은?

① 포장은 물품을 수송, 보관함에 있어서 가치 또는 상태를 보존하기 위해서 적절한 재료, 용기 등을 물품에 가하는 기술 또는 상태를 의미한다.

② 포장은 종종 판매증진뿐만 아니라 다른 중요한 운영활동의 수행을 용이하게 한다.

③ 포장은 선적과 보관, 진열할 때의 용이성, 그리고 다른 환경적인 요구사항들을 충족시켜야 하며, 상품의 확인을 돕고, 그렇게 함으로써 지각상의 장애를 제거한다.

④ 공업포장은 구매자 또는 소비자와 직접 접촉한다는 것을 염두에 두어야 하는 반면, 상업포장은 상품보호가 가장 중요하므로 최우선으로 하여야 한다.

⑤ 소비자가 상품을 편리하게 운반하고 사용하게 하는 기능이 있으며, 상품포장의 기능은 크게 상품기능, 의사전달기능, 가격기능 등으로 분류된다.

해설 ④ 공업포장은 상품보호가 가장 중요하므로 이를 최우선으로 하여야 하고, 상업포장은 구매자 또는 소비자와 직접 접촉한다는 것을 염두에 두어야 한다.

24 고객에게 접근하기 위한 기회를 포착하는 판매원의 대기자세로 가장 옳지 않은 것은?

① 부드럽고 밝은 표정을 담은 채 고객의 태도나 동작을 관찰한다.

② 고객의 요구에 신속히 응대할 수 있는 가장 편리한 장소에 위치한다.

③ 고객이 부담을 느끼지 않도록 고객을 응시하지 말고 다른 업무를 이행하면서 조심스럽게 고객을 관찰한다.

④ 고객이 직원의 전문성을 파악할 수 있도록 직원 간의 업무에 대한 대화에 집중한다.

⑤ 친절한 인사로 고객에게 호의적인 감정을 전달하고 부드러운 분위기를 연출한다.

해설 접객을 위해서는 고객 본위의 응대를 하여야 하므로, 그 사이에 다른 업무를 보지 않도록 해야 한다. 고객의 앞에서는 고객에게 집중하고, 아무리 업무에 대한 내용이라 하더라도 직원 간의 대화는 자제한다.

정답 23 ④ **24** ④

25 고객에게 칭찬을 할 경우 바람직한 방법으로 가장 옳지 않은 것은?

① 비교하거나, 대조하여 확실하게 칭찬하는 것이 효과적이다.
② 구체적인 근거를 들어 칭찬을 한다.
③ 고객의 선택을 지지하여 칭찬을 한다.
④ 고객이 생각지도 못한 부분을 발견하여 칭찬하는 것은 고객에게 불쾌감을 줄 수 있다.
⑤ 마음속에서 우러나지 않는 무성의한 칭찬은 지양해야 한다.

> **해설** ④ 고객이 생각지도 못한 부분을 발견하여 칭찬하는 것은 일반적인 칭찬보다 진실성 있고 효과적이다.
>
> **참고** 고객칭찬의 요령
> • 고객의 장점을 발견하려고 노력한다.
> • 칭찬하는 내용은 고객이 칭찬받기를 바라는 것으로 한다.
> • 칭찬할 때에는 좀 지나칠 만큼 크게 그리고 힘차게 해야 한다.

26 불만고객 응대 시 주의사항으로 가장 옳지 않은 것은?

① 감정적 표현을 피하고 객관적으로 불만사항을 검토한다.
② 고객의 화가 풀릴 때까지 불만을 느낀 이유에 대해 구체적으로 토론한다.
③ 고객의 불만사항을 정확하게 파악하여 문제의 개선방안을 모색한다.
④ 정중한 언행으로 대하며 책임의식을 가진다.
⑤ 고객의 불만을 해소하기 위한 적극적인 자세로 임한다.

> **해설** ② 불만고객은 대체로 차분한 상태가 아니기 때문에 조금이라도 대응이 잘못되면 분쟁으로 연결되기가 쉽다. 고객이 컴플레인을 제기하면 이에 대한 토론이나 논쟁을 하여 의견대립을 할 것이 아니라, 일단 차분하고 죄송스러워하는 태도로 컴플레인의 원인을 파악해야 한다.

27 상품에 대한 설명으로 가장 옳지 않은 것은?

① 소비자가 받게 될 혜택의 묶음이다.
② 소비자는 상품의 사용을 통해 효용을 얻는다.
③ 시장에서 경제적 교환의 대상이 된다.
④ 유형재는 물론 무형재도 포함한다.
⑤ 상표는 상품에 포함되지 않는다.

정답 **25** ④　**26** ②　**27** ⑤

 ⑤ 상표는 디자인, 색상 등과 함께 상품의 구성요소에 포함된다.

참고 **상표의 기능**
- 기업적 측면의 상표 기능: 상품 차별화, 상품 선택의 촉진, 고유 시장 확보, 출처와 책임의 명확화, 무형의 자산
- 소비자 측면의 상표 기능: 상품의 식별, 정보가치, 상품의 보증

28 고객충성도 관리과정은 기반 구축, 유대 강화, 이탈 방지 등으로 구성된다. 판매원을 활용한 유대 강화의 방법으로 가장 옳은 것은?

① 고객서비스의 등급화   ② 연관판매의 확대
③ 맞춤화 유대의 강화   ④ 사회적 유대의 강화
⑤ 구조적 유대의 강화

해설 ④ 판매원을 활용하여 계속적인 관계가치를 제공하는 고객과의 유대 강화는, 사회적 유대의 강화로 분류하는 것이 가장 적합하다.

29 식품의약품안전처는 안전과 품질 확보를 위한 공통사항을 정하고 제품에 대한 정보 제공을 용이하게 하기 위해 식품 유형을 분류하는 기준을 마련하고 있다. 식품의약품안전처에서 가공식품의 유형을 분류할 때 고려하는 사항으로 옳지 않은 것은?

① 식품의 섭취대상
② 식품의 원료 또는 성분
③ 식품의 물리·화학적 변화를 유발하는 가공방법
④ 식품의 소매판매용 혹은 산업중간재 여부
⑤ 식품의 형태

해설 ④ 식품이 소매판매용인지, 또는 산업중간재인지의 여부는 가공식품의 유형을 분류할 때 고려할 필요가 없다.

참고 **가공식품 분류원칙**
- 식품첨가물 또는 식품 첨가 유무에 의한 분류: 식품첨가물이나 식품 첨가로 인한 안전관리 목적
- 가공처리 여부에 의한 분류: 원형을 알아볼 수 없거나 현격한 성분변화가 일어난 경우 위생관리 목적
- 위해발생 우려(섭취방법 등) 여부에 의한 분류: 섭취 시 세척, 가열조리 등의 과정 없이 그대로 섭취하거나 양념만을 혼합하여 섭취하여 위생상 위해발생 우려가 있는 경우

정답 **28** ④   **29** ④

30 효과적인 판매를 위해 판매원이 관리해야 할 요소들에 대한 설명으로 가장 옳지 않은 것은?

① 고객이 원하는 상품이 매장에 준비되어 있도록 상품관리를 한다.
② 고객의 입장을 헤아리며 고객응대관리를 한다.
③ 고객이 부담 없이 즐기며 돌아볼 수 있게 매장관리를 한다.
④ 고객을 잘 파악하여 재구매가 일어날 수 있게 고객관리를 한다.
⑤ 고객이 확신을 가질 수 있게 재무관리를 한다.

> **해설** ⑤ 재무관리는 판매원이 고객에게 보여줄 필요가 없는 영역이다.
> 상품관리, 고객응대관리 및 고객관리, 매장관리는 판매원의 관리요소에 해당한다.

31 아래 글상자에서 설명하고 있는 마케팅 전략 요소로 가장 옳은 것은?

> 기업이 소비자의 마음속에 자사 제품을 경쟁 제품과 비교했을 때 분명한 개성을 느끼게 하고, 긍정적인 위치를 차지할 수 있도록 하는 마케팅 전략 결정을 말한다.

① 포스팅(posting)
② 포지셔닝(positioning)
③ 표적시장(targeting)
④ 교차판매(cross selling)
⑤ 촉진판매(promotion)

> **해설** ① 포스팅은 블로그 등에 글을 게시하는 것을 말하며, 비용 부담 없이 입소문을 통하여 제품을 노출하게 하는 효과가 있다.
> ③ 시장 공략을 위하여 전체 시장을 세분화하는 것이 시장세분화이고, 이 중에서 기업이 마케팅활동을 하기 위하여 선정하는 시장이 표적시장이다. 즉, 고객이 가지고 있는 선호의 다양성 및 행동의 비합리적 요소의 인식을 통해 시장을 이질적인 집단체로 보고, 그 속에서 표적시장을 설정하는 것이다.
> ④ 교차판매는 한 제품을 구입한 고객이 다른 제품을 추가로 구입할 수 있도록 유도하는 전략이다.
> ⑤ 촉진판매는 판촉이라고도 하며, 현재의 고객과 잠재고객에게 다양한 커뮤니케이션 활동을 전개하여 상품을 알리고, 다른 상품과 비교하며 설득하여 소비자의 구매성향을 바꾸어 나가는 마케팅 활동이다.

32 매장 내 구매시점(POP) 광고의 기능으로 가장 옳지 않은 것은?

① 분위기연출 기능
② 상품설명 기능
③ 행사안내 기능
④ 상품주문 기능
⑤ 인건비 절감 기능

정답 **30** ⑤   **31** ②   **32** ④

 POP(Point of Purchase) 진열방식은 고객에게 정보를 제공해 주고, 매장의 분위기를 반영하며, 제품에 대한 홍보역할을 수행한다. POP 진열(POP 광고)은 설득적이고, 암묵적인 세일즈맨의 역할을 할 수 있으며, 소매업자의 목적을 위하여 유연하게 변화시킬 수 있다는 것을 강조한다. 하지만 이 광고 자체로 상품을 주문할 수 있는 기능은 없다.

33 아래 글상자의 괄호 안에 들어갈 서비스의 특징으로 가장 옳은 것은?

> A 매장에서는 서비스의 (   )을 극복하기 위해 표준서비스 운영절차를 만들어 고객응대부터 사소한 것까지 정해진 순서로 일을 처리해 나감으로써 서비스를 표준화시켰다. 이를 통해, 고객에게 효율적인 시스템과 일관성 있는 서비스를 제공할 수 있게 되었다.

① 무형성　　　　　　　　　② 비분리성
③ 이질성　　　　　　　　　④ 소멸성
⑤ 통합성

 서비스의 특성 중 이질성은 서비스의 품질이 고르지 않다는 것이므로, 이를 극복하여 일관성 있는 서비스를 제공하기 위해 표준서비스 운영절차가 필요하다.

> **참고** 서비스의 특성
> 서비스는 보거나 만질 수 없는 무형적(비유형적, intangible), 생산과 소비가 동시에 일어나는 특성인 비분리성(inseperability), 품질이 고르지 않은 이질성(heterogeneity), 제품이 판매되지 않으면 사라져 재고형태로 저장할 수 없는 특성인 소멸성(perishability)의 특성이 있다.

34 깊고 넓은 상품구색을 갖춘 매장이 가지는 장점으로 가장 옳지 않은 것은?

① 다양한 상품을 접할 수 있어 일괄구매가 가능하다.
② 상품선택의 폭이 넓어 구매 만족수준이 높다.
③ 소비자를 점포로 흡인할 수 있는 능력이 높다.
④ 재고 유지 · 관리에 대한 비용 부담이 적다.
⑤ 매장면적을 크게 형성하는 데 유리하다.

④ 깊고 넓은 상품구색을 갖추기 위해서는 다양한 상품을 다량으로 구비하고 있어야 하므로, 재고 유지 · 관리에 대한 비용 부담이 크다.

정답　**33** ③　　**34** ④

35 아래 글상자에서 설명하는 레이아웃의 종류로 가장 옳은 것은?

> • 통로 낭비가 작아 면적을 유용하게 사용할 수 있고, 많은 상품 진열이 가능하다.
> • 곤돌라 등 각종 설비 표준화가 가능하여 비용이 경제적이다.
> • 동선계획으로 고객 흐름을 컨트롤할 수 있다.
> • 매장 진열 구조파악이 용이하다.
> • 매장 구조가 커질수록 레이아웃이 단조로워지는 것이 단점이다.

① 상하수직형 레이아웃 ② 자유통행형 레이아웃
③ 귀갑형 레이아웃 ④ 그리드형 레이아웃
⑤ 수평형 레이아웃

해설 격자형, 그리드형 레이아웃(Lattice type, Grid type)
• 설비나 통로를 반복적인 패턴의 사각형으로 배치하고, 상품은 직선형으로 병렬배치한다.
• 고객들이 지나는 통로에 반복적으로 상품을 배치하는 방법이며 비용면에서 효율적이다.
• 공간효율을 높이고자 하는 형태로 대형마트나 슈퍼마켓, 편의점에 가장 적합하다.
• 기둥이 많고 기둥간격이 좁은 상황에서도 설비비용을 절감할 수 있고, 통로 폭이 동일하기 때문에 건물 전체의 필요면적을 최소화할 수 있다.

36 판매를 위한 디스플레이 및 상품연출 기법에 대한 설명으로 가장 옳지 않은 것은?

① 상황에 적합한 이미지를 연출하기 위해 상품의 성격을 파악한다.
② 상품의 특징을 명확히 보여주도록 연출한다.
③ 상품연출은 판매를 위한 견본 전시이므로 무리한 연출로 상품에 손상이 가서는 안 된다.
④ 춘하추동 계절감을 비롯하여 설날, 추석 등 판매적기를 파악하여 연출방법을 세분화시킨다.
⑤ 상품주기를 기본으로 품목에 따라 쇠퇴기와 소멸기의 상품을 부각시킨다.

해설 점내진열을 할 때에는 고가의 상품부터, 그리고 판매가 빨리 되는 상품부터 배열하는 것이 바람직하다. 제품수명주기에는 '도입기 → 성장기 → 성숙기 → 쇠퇴기'의 순서가 있다. 쇠퇴기와 소멸기의 상품은 이미 판매가 늦게 되는 것이므로, 디스플레이를 통하여 이를 부각시키기에는 적합하지 않다. 광고를 할 때도, 제품을 상기시키는 수준의 최소한의 광고를 하여 경비를 절약하는 것이 좋다.

정답 **35** ④ **36** ⑤

37 고객응대의 기본원칙에 대한 설명으로 가장 옳지 않은 것은?

① 균일성의 원칙: 고객을 동일하게 응대하는 것이 바람직하다.

② 공평성의 원칙: 모든 고객은 차별 없이 공평하게 응대해야 한다.

③ 신속성의 원칙: 고객을 오래 기다리게 해서는 안 된다.

④ 마케팅믹스의 원칙: 고객에게 제품에 대한 정보를 충분히 제공해야 한다.

⑤ 고객중심의 원칙: 고객이 무엇을 원하는지 파악해야 한다.

> **해설** 마케팅믹스는 마케팅 전략수립에 사용되는 4가지 요소인 제품, 가격, 유통, 판촉으로, 4P라고도 한다. 서비스 마케팅믹스의 경우, 여기에 3P(과정, 시설, 종업원)가 추가되어 7P라고도 한다. 고객에게 제품에 대한 정보를 충분히 제공하는 것은 중요하지만, 이를 마케팅믹스의 원칙으로 보기는 어렵다.

38 아래 글상자의 거래지향적 판매와 관계지향적 판매에 관한 상대적인 비교 설명 중에서 옳지 않은 것만을 바르게 나열한 것은?

구분	거래지향적 판매	관계지향적 판매
㉠	고객 욕구를 이해하기보다는 판매에 초점을 맞춤	고객의 욕구를 이해하여 관계를 형성하는 데 초점을 맞춤
㉡	듣기보다는 말하는 데 치중함	말하기보다는 듣는 데 치중함
㉢	설득, 화술, 가격조건 등을 앞세워서 신규고객을 확보하고 매출을 늘리고자 함	상호 신뢰와 신속한 반응을 통하여 고객과 장기적인 관계를 형성하고자 함
㉣	단기적인 매출은 낮을 수 있으나 장기적인 매출은 높아질 수 있음	단기적인 매출은 높아질 수 있으나 장기적인 매출은 낮아질 수 있음

① ㉠

② ㉠, ㉡

③ ㉡, ㉢

④ ㉢, ㉣

⑤ ㉣

> **해설** 거래지향성은 현재 판매하는 거래의 금전적 성과를 가장 중요하게 여기므로, 현재의 거래보다 더 나은 매출을 가져올 수 있는 대안이 있다면 거래지향적 판매자는 현재의 거래를 끊을 수도 있다. 단, 이 과정에서 거래에 대한 고려가 단기적이므로, 단기적인 매출은 높아질 수 있지만 장기적인 매출은 낮아질 수 있다.
> 관계지향성은 상대방이 제공하는 산출물이 장기적으로 이익이 된다고 기대하며 판매자와 소비자가 상호 의존하고 있다고 인식한다. 따라서 관계지향적 판매에서는 미래의 장기적 판매목표를 달성하는 데 초점을 맞추므로, 현재는 물론 미래의 매출에도 관심을 갖는다. 따라서 단기적인 매출은 낮을 수 있으나 장기적인 매출은 높아질 수 있다.

정답 **37** ④ **38** ⑤

39 적용 대상이 기존 제품 카테고리인지 아니면 신규 제품 카테고리인지를 기준으로 브랜드전략을 분류하기도 한다. 기존 제품 카테고리의 자사 브랜드가 차지하는 소매점포매대의 할당면적을 확대하고 싶은 제조업체의 상표전략으로 가장 옳은 것은?

① 브랜드확장전략　　　　　　　　　　② 공동브랜드전략
③ 신규브랜드전략　　　　　　　　　　④ 복수브랜드전략
⑤ 노(no)브랜드전략

해설

④ **복수브랜드전략**: 동일한 상품에 대해 두 개 이상의 상이한 상표(브랜드)를 설정하여 별도의 품목으로 차별화하는 전략이다. 예컨대, 캐주얼 의류시장에서 이랜드그룹이 헌트, 언더우드, 브렌따노 등의 복수의 경쟁상표를 도입한 경우를 들 수 있다. 브랜드 자체가 많아지므로 소매점포매대에서 차지하는 자사 브랜드 할당면적은 확대된다. 이러한 복수브랜드(상표)전략은 자칫 자기잠식현상을 야기할 수 있으나, 시장 방어, 세분시장 욕구 충족, 전체 매출액의 제고 측면에서는 유용성이 있다고 볼 수 있다.

① **브랜드확장전략**: 브랜드 가치를 갖는 특정 브랜드의 네임을, 다른 제품군에 속하는 신제품 브랜드에 확장하여 사용하는 전략을 의미한다.

② **공동브랜드전략**: 생산된 모든 종류의 제품에 기존의 단일한 제품명 또는 상표명을 부착하는 전략을 말한다.

③ **신규브랜드전략**: 기업이 기존에 판매하던 영역이 아닌 새로운 범주의 제품에, 새로운 상표를 달고 진출하는 전략이다.

⑤ **노브랜드전략**: 생산자나 판매자 브랜드에 비해 상당히 할인된 상표 없는 제품을 판매하는 전략으로, 포장과 광고의 비용이 절약되어 가격이 싸다는 특징이 있다.

40 아래 글상자에서 설명하는 가격할인의 유형으로 가장 옳은 것은?

> 제조업자가 일반적으로 수행해야 할 유통업무의 일부를 중간상인이 대신 수행할 경우, 이에 대한 보상으로 경비의 일부를 제조업자가 부담하는 것으로 기능할인(function discount)이라고도 한다.

① 수량할인
② 현금할인
③ 거래할인
④ 상품지원금
⑤ 판매촉진지원금

정답　**39**　④　　　**40**　③

 **가격할인의 유형**
- **현금할인**(cash discount): 중간상이 제품을 현금으로 구매하거나 대금을 만기일 이전에 지불하는 경우, 제조업자가 판매대금의 일부를 할인해 주는 것을 말한다.
- **거래할인**(trade discount): 중간상이 제조업자가 수행해야 할 업무(마케팅 기능)의 일부를 수행할 경우, 이에 대한 보상으로 경비의 일부를 제조업자가 부담하는 것을 말한다.
- **판매촉진지원금**(promotion allowances): 중간상이 제조업자를 위해 지역광고를 하거나 판촉을 실시할 경우, 이를 지원하기 위해 지급되는 보조금이다. 지원금은 중간상이 물품대금을 지불할 때 그 금액만큼 공제하는 방식으로 행하여진다.
- **수량할인**(quantity discount): 중간상들이 일시에 대량으로 구매를 하는 경우 현금할인을 해주는 것으로 할인율은 구매량에 따라 증가한다.
- **계절할인**(seasonal discount): 에어컨, 히터 등 제품판매에 있어 계절성이 있는 경우 비수기에 제품을 구매하면 가격을 할인해 주는 것이다.

41 점포 레이아웃의 단계를 바르게 나열한 것으로 가장 옳은 것은?

① 점포레이아웃 → 부문레이아웃 → 매장레이아웃 → 곤돌라레이아웃 → 페이스레이아웃
② 매장레이아웃 → 부문레이아웃 → 곤돌라레이아웃 → 페이스레이아웃 → 점포레이아웃
③ 부문레이아웃 → 매장레이아웃 → 점포레이아웃 → 페이스레이아웃 → 곤돌라레이아웃
④ 점포레이아웃 → 매장레이아웃 → 곤돌라레이아웃 → 부문레이아웃 → 페이스레이아웃
⑤ 점포레이아웃 → 매장레이아웃 → 부문레이아웃 → 곤돌라레이아웃 → 페이스레이아웃

해설 ⑤ 큰 범위에서 작은 범위의 순으로, 즉 '점포레이아웃 → 매장레이아웃 → 부문레이아웃 → 곤돌라레이아웃 → 페이스레이아웃'의 순으로 정리를 한다.
점포 전체의 레이아웃을 결정한 후 매장공간의 레이아웃을 정하고, 각 상품부문의 레이아웃을 잡은 후 곤돌라(진열대)의 레이아웃을 결정한다. 페이스레이아웃은 개별상품 단위의 정면 진열 구성에 대한 결정이므로 가장 마지막에 결정하면 된다.

42 상품라인의 하향확장이 적합한 상황으로 가장 옳지 않은 것은?

① 저가격 시장에서 강력한 성장기회를 발견한 경우
② 기존시장으로 진출하려는 강력한 저가격 경쟁사를 방어하려는 경우
③ 고가격대 시장에서 판매가 부진하거나 쇠퇴하고 있다고 판단한 경우
④ 더 높은 마진과 함께 이미지를 제고하려는 경우
⑤ 기존상품보다 대중적인 상품을 출시하여 최대한 시장점유율을 높이려는 경우

정답 **41** ⑤ **42** ④

 상품라인을 하향확장하는 것은 품질과 가격을 낮추는 것을 의미하며, 이를 상향확장하는 것은 품질과 가격을 높이는 것을 의미한다. 상향확장은 명품화를 생각하면 되고, 하향확장은 저가 시장의 대중적 제품화를 생각하면 된다. ①, ②, ③, ⑤는 이러한 하향확장과 연관된 상황이지만, ④의 높은 마진 및 이미지 제고는 오히려 상향확장과 관련되는 내용이다.

43 **매장의 공간 구성에 대한 설명으로 가장 옳지 않은 것은?**

① 매장이 어느 지역에 위치해야 하는가의 결정에서부터 매장의 공간 구성이 시작된다.

② 건물외관과 매장기능 및 편의시설의 기능이 적절하게 조합되도록 구성한다.

③ 동일기능을 집중하여 배치하고 고객출입구와 서비스기능을 분리하여 운영한다.

④ 통로는 고객이 원활히 목적지로 이동하는 동시에 상품운반이 용이하도록 설계한다.

⑤ 재해대책 및 비상대피계획을 사전에 수립하여 공간 구성에 반영해야 한다.

 ① 매장의 위치가 결정된 이후부터 매장의 공간 구성이 시작된다.

44 **소비자가 구매하는 제품이 주는 특정한 편익(benefit)에 대한 설명으로 가장 옳은 것은?**

① 모든 편익은 계량적으로 손쉽게 측정할 수 있다.

② 상징적 편익은 소비자가 보관 가능한 제품을 구매할 때 얻는 것을 말한다.

③ 기능적 편익은 소비자의 needs(필요)를 충족시켜줄 수 있는 제품의 속성에서 발생한다.

④ 경험적 편익은 기존에 구매한 제품보다 가격이나 품질이 우수하다고 생각할 때 발생한다.

⑤ 쾌락적 편익은 다른 사람보다 저렴한 가격으로 구매했을 때 발생한다.

 상품이 제공하는 편익
- **기능적 편익(functional benefits)**: 제품의 속성과 연결되어 소비자들에게 제공되는 편익을 의미하며, 이에는 다양한 상품구색, 좋은 위치, 경제적 가격, 애프터서비스, 주차시설, 정보제공 등이 있다.
- **감각적 편익(sensual benefits)**: 상품이 소비자에게 주는 긍정적 감정들을 의미하며, 이에는 점포의 분위기, 감각적 디자인 및 배경, 점포냄새, 점포외관 및 간판, 네온사인, 전반적인 색깔 등이 있다.
- **상징적 편익(symbolic benefits)**: 상품의 구매를 통해 사회적으로 인정받음으로써 얻게 되는 만족을 의미하며, 이에는 점포의 사회적 위치나 이미지 혹은 연령이나 소득, 지위 등과의 적합성 등이 있다.

정답 **43** ①　　**44** ③

45 아래 글상자의 괄호 안에 들어갈 용어로 가장 옳은 것은?

> (   )은/는 자신이 생각하는 것과 행동하는 방식 사이에서 불일치가 나타날 때 생기는 심리적 상태로, 고객은 상품 구매 후 본인의 판단에 실수나 오류가 있다고 생각하여 구매한 것을 후회하거나 제품을 교환하는 등의 행동을 취함으로써 이를 극복한다.

① 포괄적 문제해결행동
② 탐색적 문제해결행동
③ 귀인적 사고
④ 인지부조화
⑤ 소비자편익의 불일치

해설 소비자는 기대보다 제품성과가 크면 만족하고, 기대보다 제품성과가 작으면 불만족하게 된다. 그리고 불만족하는 경우에는 갈등으로 인한 심리적 불편함, 즉 인지부조화(cognitive dissonance)를 발생시킨다.

정답 **45** ④

2026 최신판

유통관리사 3급 기출문제집

인 쇄	2026년 3월 10일
발 행	2026년 3월 20일
편 저	유통관리사연구회
발행인	최현동
발행처	신지원
주 소	07532 서울특별시 강서구 양천로 551-17, 813호(가양동, 한화비즈메트로 1차)
전 화	(02) 2013-8080
팩 스	(02) 2013-8090
등 록	제315-2014-000091호
교재구입문의	(02) 2013-8080~1

정 가   18,000원
ISBN   979-11-6633-641-6 13320